珞珈经管论丛

国家自然基金资助项目（项目批准号：70571022）
资本结构、行为金融分析与公司治理相关关系研究

资本结构、行为金融分析与公司治理相关关系研究

韦玮　罗丽琼　程崇祯　著

图书在版编目(CIP)数据

资本结构、行为金融分析与公司治理相关关系研究/韦玮,罗丽琼,程崇祯著.—武汉:武汉大学出版社,2017.5
珞珈经管论丛
ISBN 978-7-307-19206-5

Ⅰ.资… Ⅱ.①韦… ②罗… ③程… Ⅲ.①资本结构—研究 ②金融行为—研究 ③公司—企业管理—研究 Ⅳ.①F275 ②F830.2 ③F276.6

中国版本图书馆 CIP 数据核字(2017)第 081189 号

责任编辑:唐 伟 责任校对:汪欣怡 版式设计:韩闻锦

出版发行:**武汉大学出版社** (430072 武昌 珞珈山)
(电子邮件:cbs22@whu.edu.cn 网址:www.wdp.com.cn)
印刷:虎彩印艺股份有限公司
开本:720×1000 1/16 印张:21 字数:302 千字 插页:1
版次:2017 年 5 月第 1 版 2017 年 5 月第 1 次印刷
ISBN 978-7-307-19206-5 定价:48.00 元

前　言

本书是国家自然基金资助的项目（项目批准号：70571022；申请代码：G0106）“资本结构、行为金融分析与公司治理相关关系研究”的阶段性研究成果之一，是在程崇祯教授指导下，研究团队经过几年的资料收集、整理和潜心研究的劳动成果。

资本结构是公司治理的前提和基础，公司治理是资本结构的体现和反映，不同的资本结构设计影响了公司的治理成本，导致了不同的公司业绩。因此，可以通过资本结构的调整与变动，有效构建公司治理。从二者与企业价值的关系看，无论负债融资还是公司治理都会影响到企业价值，而负债融资和公司治理之间又存在着互动的关系，孤立地研究两者对企业价值的影响是不全面的。负债不仅是企业资本的来源，它对股东和经理人员的行为和利益会产生激励或约束作用，并包含企业所有权配置的特征。因此负债水平是通过影响公司治理进一步影响企业价值。治理水平又对融资结构具有反作用，企业价值的改变也会对新的融资结构产生影响。在这个过程中，公司治理是联结二者的核心纽带。

从行为金融角度来看，资本结构问题涉及股东、管理层和债权人以及其他利益相关者等各方面的利益与冲突，涉及企业管理者融投资行为、资源配置行为和企业的经营活动。国内外学者以权衡理论、融资次序偏好理论等资本结构理论为基础，分别从股权结构、专用性资产、战略选择、动态环境、企业绩效、治理结构、管理者持股、股利政策、产品市场竞争等角度对企业资本结构的决策行为进行研究，尽管这些研究的理论分析与实证结果还存在分歧，但其研究成果还是从不同角度为我们揭示了企业资本结构决策的行为规律。

我国经济处于转型和改革深入发展的重要阶段，从人的行为视角来研究资本结构与公司治理的相关关系，以形成贴近中国现实特色的资本结构决策理论，具有明显的指导意义。

本书依据行为金融学的基本理论原理，从决策者的有限理性、有限控制力、有限自利的行为特征出发，探索了资本结构决策模型，对经典的和现代的资本结构理论予以拓展。本书包括以下五个方面。一是提出了一个人类实际行为的效用函数，就是将人的物质和非物质需要的效用糅合起来并形成的一种效用函数。二是不仅从实物期权的角度在理论上重新解释了企业投资不足以及投资过度的问题，而且结合管理者的有限自控力提出了企业投资存在的投资时机过早或过晚所导致的企业投资非效率问题。三是构建了将人力资源和人力资本引入经典资本结构模型之后的两个数理模型，从而得到了与一些经典模型不同的结果，较好地说明了中国的实际问题。四是我们试图构建一个直接激励、间接激励和财务管理目标的框架，希望通过这个框架能够全面分析治理模式对管理者的影响，从而对资本结构决策产生的影响。五是构建了一个社会文化对最优资本结构决策选择影响的模型，这个模型解释了不同社会文化会产生对资本结构决策选择的影响。总体来看，我们试图从人的非理性行为过程中探索如何回归自我理性的选择。

全书一共分为 7 个部分。

第一部分是绪论，主要介绍全书的主要框架和思路，对全书的主要研究方向和结论作出简单扼要的概括。

第二部分是资本结构、公司治理及其行为财务理论概述，主要是对资本结构理论、公司治理理论、行为金融理论进行综述，从人的行为视角对资本结构、公司治理和企业价值的相关关系，行为金融与资本结构的关系进行经济学分析。

第三部分进一步对行为金融下的资本结构决策做出定量分析。这部分从两个角度分析有限理性行为对公司的资本结构决策的影响，即管理者有限理性和投资者有限理性。通过对理性管理者下的投资者有限理性资本结构决策、理性投资者下的管理者有限理性和资本结构决策、管理者有限理性与投资者有限理性结合下的公司资本结构决策等方面的研究综述和模型建立，应用模型对我国的上市公司进行实证研究，找到了我国上市公司资本结构决策和公司治理方面存在的部分问题，并提出一些政策建议。从资本结构理论的未来研究内容来看，至少有三个不同层次的方向值得重视。第一个方向就是对目前的资本结构理论，特别是MM（1958）的市场条件假设进行研究。从金融市场参与者的心理活动为视角，利用行为金融学来研究企业资本结构决策不仅具有实际应用价值，而且在方法论上具有一定的意义。目前行为公司金融研究存在着不足，未来对此的研究有着十分广阔的空间，例如，能否建立综合的理论模型，分析非理性管理者和非理性投资者共存情况下的财务金融决策，并对两者心理因素相互影响的规律，做出更加明确的描述；再例如，能否找出决定投资者心理、情绪的因素，并且分析它们是如何与管理者的行为联系在一起的。这些都是我们在未来面临的研究内容。第二个方向是研究制度安排。不同国家的制度安排、金融市场和金融体系都存在本质差异，尤其是发展中国家。研究制度安排和金融体系对公司资本结构的影响是重要方向之一。最后一个方向是研究人的价值。迄今为止，绝大部分的资本结构研究是以货币资本为核心，基本上忽视了人力资本的作用。随着知识经济的到来，企业的核心竞争力将可能主要体现为人力资本。所以，将人力资本引入资本结构理论也是非常有必要的。

第四部分试图以行为金融学为基础，从人力资本风险的角度来探讨企业的最优资本结构。从人力资本的角度入手，通过在资本结构当中加入人力资本这一当代企业中举足轻重的因素，重新构建模型来确定包含人力资本的新的意义上的最优资本结构，并用该模型对我国上市公司进行实证研究，通过分析人力资本风险我们得出一系列有关公司资本结构决策的重要推论。第一，给出合理的参数值，我们的模型导出一个适度的企业财务杠杆结构。第二，相对于劳动密集型企业，资本密集型企业拥有更高的最优财务杠杆水平。第三，相对于劳动密集型企业，资本密集型企业拥有更高的员工薪酬水平。第四，风险程度高的企业往往选择较低的财务杠杆比率。

第四，高财务杠杆企业付给员工更高的工资。本部分的结论和推论在一定程度上解决了当今资本结构理论的一些困境，比较符合现实当中企业的资本结构的实证证据。因为本部分模型当中由非最优财务杠杆比例所带来的成本都由企业的员工承担了，而不是企业的投资者，所以我们也可以得到与 MM 定理相似的结论：企业的价值与企业的财务杠杆比例无关。但是，如果企业选择了非最优的财务杠杆比例，则在均衡当中企业就雇用不到愿意为其服务的员工，也就是说没有人力资本出资者，这样的企业不会存在，所以本部分提出的模型依然可以得出最优的财务杠杆比例。但是，本部分依然存在一些不足，比如我们依然没有得出人力资本、权益资本和债权资本的完整意义上的最优资本结构。另外，我们的工作只是部分阐释了最优资本结构形成的行为基础，其分析方法是引入心理学的假设条件假定但仍然从传统的经济理论的逻辑思维来分析，并没有从完整意义上对其行为基础做出充分的论证。

第五部分试图构建一个直接激励、间接激励和财务管理目标的框架，希望通过这个框架能够全面分析治理模式对管理者的影响，从而对资本结构决策产生的影响。本书主要研究的公司治理结构主要是指两个方面的内涵：一是指公司组织制度和管理制度安排，也就是如何有效地在公司利益相关者之间分配剩余控制权和索取权，以达到相互制衡；二是指如何通过外部市场的有效约束来规范公司的行为。在对公司治理模式研究理论进行整理和分析后，本部分就不同治理结构模式对管理者的影响进行了分析，同时从财务目标、董事会制度安排、不同的经理报酬激励、外部约束力的大小等视角综合分析了管理者行为对资本结构的影响。

第六部分以湖北省上市公司为例，收集了相关资料和数据，进行资本结构与公司治理结构相关关系研究，并得到以下结论：首先从大的范围来讲，我国上市公司存在所谓的股权融资偏好，并且这一现象相当明显，我国上市公司的融资行为并不遵守 Myers 和 Mujluf 提出的优序融资理论，上市公司整体出现股权融资偏好现象的根本原因在于制度方面，这恰好说明规范公司治理结构对资本结构的影响。其次，以湖北省上市公司为例，上市公司债务融资率一般在2%~5%，上市公司的债务融资水平比重并不大。最后，以湖北省上市公司为例做实证研究的结果表明，上市公司债务融资率与上市公司市场价值之间呈显著的正相关关系。一方面，提高债务融资率能够改善上市公司治理结构，提高上市公司市场价值；另一方面，治理结构更合理，市场价值更大的公司一般有更高的债务融资水平，这意味着上市公司的债务融资率可以作为甄别上市公司治理好坏的一个信号。那么，对于政府，可以大力地扶持这类企业，争取做大做强；对于其他的公司，可以模仿这类上市公司的治理模式，优化本身的治理结构；对于投资者，投资这类公司将会获得收益。这其实也可以形成资源的整合和优化配置。

第七部分在分析社会文化的内涵及其作用的基础上，尝试着将社会文化纳入资本结构分析框架中，建立一个决策者效用最大化模型来分析社会文化是如何通过影响决策者的决策行为的效用函数从而影响资本结构的，以期考察社会文化对企业资本结构的影响。本部分以行为金融理论为基础，通过研究分析社会文化对企业决策者决策行为的影响，分析得出一个新的观点。受社会文化影响的企业决策者不再是传统经济理论分析的具有完全理性的“经济人”，而是具有有限理性、有限控制力和有限自利特征的“社会人”。因此社会文化将影响到企业决策者的效用函数。在社会文化对企业资本结构的影响分析中，将重点从企业决策者是“社会人”这个特征出发，来推导社会文化如何通过影响企业决策者的效用函数来影响企业的资本结构。

本书是在程崇祯教授指导下，由他的团队全体成员参与研究和撰写的成果，具体分工是：前言，韦玮，第一章，程超、韦玮；第二章，樊家合、詹慧、罗丽琼；第三章，董熏、张娟、罗丽琼；第四章，程宁双、韦玮；第五章，唐异、韦玮；第六章，贺群舟、罗丽琼。最终由韦玮博士进行修改校正，程崇祯教授审定完成并交付出版。

本书在写作过程中参考了大量文献，虽然已尽可能地列在参考文献中，但仍难免有遗漏，这里特向被遗漏的作者表示歉意，并向所有的作者表示诚挚的谢意。

本书是对资本结构、行为金融分析与公司治理相关内容的不成熟研究，也试图引入新的影响因素和构建新的研究模型，并得出一些新的结论，但研究仍需要进一步的深入。敬请读者能参与讨论和交流，以便完善对资本结构、行为金融分析与公司治理的研究。

韦　玮

2017 年 3 月

目　录

绪　　论

一、资本结构、公司治理及行为金融理论概述

本书通过较全面收集资料并整理和评介了国内外学术界对资本结构、公司治理及行为金融理论的研究现状、主要特点、存在问题、主要结论、研究立场及相关实证分析。从已有研究成果中我们总结出以下内容。

资本结构是公司治理的前提和基础，公司治理是资本结构的体现和反映，不同的资本结构设计影响了公司的治理成本，导致了不同的公司业绩。因此，可以通过资本结构的调整与变动，有效构建公司治理。从二者与企业价值的关系看，无论负债融资还是公司治理都会影响到企业价值，而负债融资和公司治理之间又存在着互动的关系，孤立地研究两者对企业价值的影响是不全面的。负债不仅是企业资本的来源，它对股东和经理人员的行为和利益会产生激励或约束作用，并包含企业所有权配置的特征。因此负债水平是通过影响公司治理进一步影响企业价值。治理水平又对融资结构具有反作用，企业价值的改变也会对新的融资结构产生影响。在这个过程中，公司治理是联结二者的核心纽带。

从行为金融角度来看，资本结构问题涉及股东、管理层和债权人以及其他利益相关者等各方面的利益与冲突，涉及企业管理者融投资行为、资源配置行为和企业的经营活动。国内外学者以权衡理论、融资次序偏好理论等资本结构理论为基础，分别从股权结构、专用性资产、战略选择、动态环境、企业绩效、治理结构、管理者持股、股利政策、产品市场竞争等角度对企业资本结构的决策行为进行研究，尽管这些研究的理论分析与实证结果还存在分歧，但其

研究成果还是从不同角度为我们揭示了企业资本结构决策的行为规律。

二、行为金融视野下的资本结构决策

本书进行了资本结构和行为财务学结合的定性分析。通过对资本结构这一财务决策的有限理性和有限控制力等行为特征的分析，考察其对资本结构的选择、利用及其效率产生的影响。对于公司的资本结构是一段时间内公司财务决策行为的结果表现这一结论，我们用具体的模型进行了更深一步讨论，得到管理者的最优融资策略

$$-fe(K,\cdot)=\&(\cdot)+[e+(1-£)/£]\&e(\cdot) \quad (1)$$

由上式可以看出，此时因融资而改变原有资本结构的边际损失等于“市场时机”策略的收益与市场错误定价下发行股票对公司基础价值的冲动。

又假定经理人是乐观和过度自信的，在这种条件下，他主要的工作是平衡两个相互冲突的目标：第一，最大化基于非理性判断的公司基础价值；第二，最小化基于非理性判断的资本成本。对于第一个目标，假定经理人的乐观自信因素为 α，则公司的价值为

$$(1+\alpha)f(K,\cdot)-K \quad (2)$$

同式（1）一样，f 函数是关于投资 K 的增函数，是凹函数。

如果预设投资者理性，市场有效，经理人过度自信，经理人常常认为市场对公司价值的定价比公司的基础价值少 $\alpha f(K,\cdot)$，那么卖出 e 比例份额的股权会对股东造成的损失为

$$e\alpha f(K,\cdot) \quad (3)$$

则在不考虑预算限制的前提下，有限理性经理人的投融资模型为

$$\mathrm{Max}\ (1+\alpha)f(K,\cdot)-K-e\alpha f(K,\cdot) \quad (4)$$

对 e 进行求导，则

$$(1+\alpha)fe(K,\cdot)=\alpha[f(K,\cdot)+e\,fe(K,\cdot)] \quad (5)$$

即

$$fe(K,\cdot)=\alpha f(K,\cdot)/(1+\alpha-\alpha e) \quad (6)$$

这就是关于非理性经理人在有效资本市场假设下的最优融资策

略，此时，因股权融资而带来的公司现有资本结构改变的损失等于基于乐观和过度自信条件下对“市场时机”策略造成的损失的判断。

在管理者有限理性与投资者有限理性结合下的公司资本结构决策上，我们进行了合理的推导，股票市场上投资者的偏差以及错误预期可能导致股票价格与公司内在价值的严重背离，更为关键的是，这种非理性同时将诱导公司管理者的进一步非理性行为。比如投资者的过度乐观将导致管理者对投资项目的更加乐观，因而更积极地进行高风险的投资，进一步要求高成本的融资，最终造成对公司利益的损害。因此，公司管理层和投资者的双重非理性行为更有可能加速股市泡沫的形成，同时使得公司的资本结构失调。

依据上述分析对我国的公司实际情况进行了实证研究，建立了一个多元线形回归模型

$$Td=\alpha+\beta_1\mathrm{Conf}+\beta_2\mathrm{Mb}+\beta_3\mathrm{Size}+\beta_4\mathrm{Tang}+\beta_5\mathrm{Liq}+\beta_6\mathrm{Ndts}+\beta_7\mathrm{Tax}+\beta_8\mathrm{Sos}+\beta_9\mathrm{Prof}+\varepsilon \tag{7}$$

结果说明了过度自信导致管理者高估投资价值，低估了投资风险，从而过度自信的管理者更加容易倾向使用更多的债务。

然后，我们不仅从实物期权的角度在理论上重新解释了企业投资不足以及投资过度的问题，而且结合管理者的有限自控提出了企业投资存在的投资时机过早或过晚所导致的企业投资非效率问题。

我们认为，对于管理者行为的多样性和复杂性有待于更审慎的思考。探求企业投资决策扭曲新的防范措施和机制以及更理性的投资决策内部控制机制是一项新的研究，还需要更深入的分析，以便求得切实可行且有效的解决方法。

另外，我们从资本结构与企业价值——基于有限理性行为的分析角度，即从多维角度考虑，人类的所有活动都是在一定目的驱使下、在特定资源约束的条件下通过偏好选择来实现效用最大化的。据此，构建效用函数应该把非物质变量纳入分析模型，我们将这种糅合了物质和非物质需要的效用函数称为人类实际行为的效用函数。管理者实际行为的效用函数的自变量应该包括：（1）选择成本；（2）物质需要；（3）非物质需要；（4）其他随机因素。由此我

们可以得到管理者实际行为的效用函数的一般形式

$$U=f\left[u(C),u(X_1),u(X_2),\varepsilon\right],\frac{\partial U}{\partial u(c)}<0;$$

$$\frac{\partial U}{\partial u(x_1)}>0;\frac{\partial U}{\partial u(x_2)}>0 \quad (8)$$

其中 U 为行为经济人的效用，C，X_1，X_2，ε 分别为上述的四个自变量。

（1）选择成本 C。即指为获得货币性收入和非物质需要付出的经验积累、努力、成败等风险成本；为获取非货币性收入而遭投资者制裁、解聘、声誉损失等风险成本。成本作为确定性的损失会给行为经济人带来负效用，因此，在该函数中，u（C）对总效用函数的作用方向是和其他因素相反的，即$\partial U/\partial C<0$。

（2）物质需要 X_1。物质需要可以包括货币性的收入和非货币性的收入。货币收入 X_{11}，也就是管理者报酬，在年薪制中即为经营者年薪。从年薪制试点的办法来看，包括相对稳定的基本收入 F 和浮动的风险收入，风险收入与委托人对管理者可考察的企业收益 π 有关，令 α 为分配系数，可记 $X_{11}=F+\alpha\pi$。管理者的效用是多层次的在职消费，如豪华的办公场所、私人用车、住房、出国旅游、个人资本知识的增长等，既是管理者工作所需条件，同时也是对其效用的一种满足，尤其是过度的在职消费在更大程度上是一种满足。这构成了管理者的非货币收入 X_{12}，且有$\partial U/\partial X_1>0$。

（3）非物质需要 X_2。从马斯洛的需求层次论的角度，反映出管理者成就和自我实现的需要。非物质性需要 X_2 的决定不仅取决于企业收益状况 π，还取决于股东、职工对管理者的评价 P，因而 $X_2=X_2$（π，p），且有$\partial U/\partial X_2>0$。

（4）其他随机因素。

三、人力资本和最优资本结构——对行为金融学的思考

我们主要试图以行为金融学为基础，从人力资本风险的角度来探讨企业的最优资本结构。到目前为止，由于金融学家们还没有明确地找出与高财务杠杆水平相联系的成本的本质所在，我们认为关

键是没有考虑到“人”的因素。企业绩效是人力资本和物力资本共同作用的结果，人力资本和物质资本共同构成企业的资本。完整的企业资本结构是物质资本和人力资本的统一。因此，企业资本结构的优化不能仅仅包括物质资本所有者效用最大化，同时应该包括人力资本所有者的效用最大化。

我们首先引入资本补偿顺序的概念。在此，我们证明了资本的补偿顺序为：债务资本 > 人力资本 > 权益资本。表达式如下

$$o(D) > o(L) > o(E) \tag{9}$$

经过较严密的理论分析，从人力资本（主要指企业员工）的角度入手，通过在资本结构当中加入人力资本这一当代企业中举足轻重的因素，来确定包含人力资本的新的意义上的最优资本结构。

人力资本的特性是与提供人力资本的“人”的不可分离性，在进行资本结构的决策中我们不得不从“人”的特性着手，从而在我们的推论中引入人的价值观是相当合适的。心理学中的价值观函数表明，风险规避是大多数人的特性，我们找出人力资本风险其实就是在资本结构的决策当中与债务资本的收益具有同等重要的因素。

通过分析人力资本风险，我们得出一系列有关公司资本结构决策的重要推论。首先，给出合理的参数值，我们的模型导出一个适度的企业财务杠杆结构；其次，相对于劳动密集型企业，资本密集型企业拥有更高的最优财务杠杆水平；再次，相对于劳动密集型企业，资本密集型企业拥有更高的员工薪酬水平；从次，风险程度高的企业往往选择较低的财务杠杆比率；最后，高财务杠杆企业付给员工更高的工资。

这些结论和推论在一定程度上解决了当今资本结构理论的一些问题，比较符合现实当中企业的资本结构的实证证据。因为本部分模型当中由非最优财务杠杆比例所带来的成本都由企业的员工承担了，而不是企业的投资者，所以我们也可以得到与 *MM* 定理相似的结论：企业的价值与企业的财务杠杆比例无关。但是，如果企业选择了非最优的财务杠杆比例，则在均衡当中企业就雇用不到愿意为其服务的员工，也就是说没有人力资本出资者，这

样的企业不会存在，所以本章提出的模型依然可以得出最优的财务杠杆比例。

但是，本书依然存在一些不足，比如我们依然没有得出人力资本、权益资本和债权资本的完整意义上的最优资本结构。另外，本书只是部分阐释了最优资本结构形成的行为基础，其分析方法是引入心理学的假设条件假定但仍然从传统的经济理论的逻辑思维来分析，并没有从完整意义上对其行为基础做出充分的论证。

另外，我们从对人力资本、财务资本和资本结构理论的考察中，着重研究了企业中人力资本（主要指公司经理人及其他智力资本）凸显，逐步成为与财务资本并重的关键要素的问题。人力资本不同于人力资源，人力资源是指企业员工整体的劳动素质、生产技能和知识水平等，而人力资本则主要是技术创新者和职业经理人的知识、技术、创新能力和管理方法的总称。随着人力资本重要性的凸现，企业的边界不再局限于由财务资本来决定。可以说适应知识经济时代的资本结构应该既包括财务资本（主要是股权资本和债权资本），又包括人力资本。本书以原有财务资本结构研究为基础，通过引入人力资本变量拓宽资本结构的内涵，并构造了数理模型探讨债务、股权和人力资本三者之间的相互关系和作用，得出衡量最优资本结构的新标准。

在模型中，就人力资本后续投入的必要条件分析，我们得出结论：债务比率过高，会导致股权所有者和人力资本所有者的利益不能同时得到满足，从而企业生产难以具有持续性。就人力资本后续投入的充分条件分析，设人力资本所有者、股东和债权人的谈判力量指数分别为为 θ， λ， ε。

根据控制权理论，一般情况下的债权人不参加企业经营决策，即 $\varepsilon=0$，此时谈判在人力资本所有者和股东之间进行，设谈判结果从 b 增长到 b_1，谈判纳什子博弈均衡要求

$$\max\ (b_1(x+S)-b(x))^{\theta}\ [s-(b_1(x+s)-b(x))]^{\lambda} \quad (10)$$

对 b_1 进行一阶求导，得出

$$b_1(x+S)=b(x)+\frac{\theta\times s}{(\theta+\lambda)} \tag{11}$$

当债权人的债权达到一定量和集中度的时候，就会对企业有一定的控制权，即 $\varepsilon\neq 0$，此时债权人要求债务 D 的新价值为 D_2，这时谈判结果从 w 增长到 w_2，则谈判纳什子博弈均衡要求

$$\max\ (b_2(x+s)-b(x))^{\theta}\ [s-(b_2(x+S)-b(x))-(D_2-D)]^{\lambda}(D_2-D)^{\varepsilon} \tag{12}$$

对 b_2 求一阶偏导，得出

$$b_2(x+S)=b(x)+\frac{\theta\times s}{(\varepsilon+\theta+\lambda)} \tag{13}$$

比较式（11）和式（12），我们得出 $b_1>b_2$，即当债务达到一定量时，债权人对企业经营决策有一定的控制权，此时人力资本所有者的利益索取权会减少。而且融入债务越多，债权人的谈判力量 ε 越大，人力资本的利益份额就越小，人力资本的激励就越小。另外，在存在债务的时候，由于破产风险增加，财务资本所有者会以此作为谈判筹码，要求占有更多的收益份额。所以，为鼓励人力资本所有者增加人力资本投入，进而增加企业产出，在融入财务资本的时候应该更多地考虑股权方式。

在引入人力资本后，得到企业债务融资优于股权融资的结论未必成立。一是如前文分析，债务增加时，人力资本所有者利益索取权会减少，激励人力资本增加投资的利益诱因减少，企业产出就难以增加；二是债务增加会通过增加破产风险而降低人力资本投资；三是债务增加会产生债务的限制条款，这与经理人对控制权的偏好相冲突，也会降低经理人这一主要人力资本所有者的人力资本投资。对债务融资带来这样的三点影响，我们称为人力资本投资不足的机会成本。在权衡理论（trade off theory）的基础上，我们认为债务增加，不但导致破产危机成本和代理成本增加，也导致人力资本投资不足的机会成本增加，这对我国上市公司资本结构的优化具有一定的实际指导意义。

国内外通过对现有财务资本结构效应的实证研究，发现我国股市收益与债务/权益比率呈显著负相关，我国上市公司呈现负债率

与盈利能力负相关的特征。我们的理论可以部分解释这种负相关关系，即在加入人力资本因素后，债务增加会导致人力资本投资不足问题，企业业绩就难以提高。这论证了债务通过人力资本对企业价值产生的负面影响，其重要意义就是，为合理促进上市公司的人力资本投资和持续发展，增强上市公司的竞争力，债务融资就不能太高。由此，我们还对如何做出具体的制度安排进行了分析。

四、公司治理结构对管理者行为影响分析

这部分主要是研究在不同的治理模式中，资本结构决策行为特征的异同，并根据资本结构和公司治理的内在联系，设计合理的资本结构和治理结构，解决如何限制资本结构决策的低效率问题。

我们试图构建一个直接激励、间接激励和财务管理目标的框架，希望通过这个框架能够全面分析不同治理模式对管理者的影响。

最基本的是三大财务管理目标，最终应归纳为两类：一类是股东财富最大化目标，另一类是企业价值最大化与相关者利益最大化目标，这两大类目标本质上是互通的概念。

那么我们的治理结构模式对应的财务管理目标也应分为两大类：一类是单边管理模式或“股东至上”管理模式，其财务管理目标是股东财富最大化；另一类是共同治理模式，包括欧洲的“共同决定”模式、日本的“经理协调模式”、“社会责任”模式和“利益相关者”模式，其财务管理目标是企业市场价值最大化或相关者利益最大化。

例如，在单边模式或“股权至上”模式下，这些眼前利益会导致我们的管理者倾向于债券融资，企业的资本结构中债务资本的比例会倾向于增加。“共同治理”模式下，这三者对管理者行为的影响表现为股权融资倾向的增加，企业资本结构中股权资本比例的上升。

从内部治理考察，我们可以认为单层董事会结构对管理者约束力较小，因而管理者以股东利益至上，在资本决策上，更倾向于债权融资。双层董事会结构有了监事会的监督，故而管理者不再仅仅

以股东利益至上，同时要考虑债权人、银行、工人等的利益，在资本结构上不再体现债权融资偏好。

五、资本结构与公司治理结构相关关系研究——以湖北省上市公司为例

由于我国股权融资的成本低，股权融资并不影响经理人对公司的控制权，反而增加了经理人可自由支配的现金流。同债权融资相比，股权融资是一种更弱的约束。此时，债权融资应该充分地被上市公司考虑，它在一定程度上可以起到控制公司现金流、约束经理人寻租与过度投资等行为，并在一定程度上降低社会所承担的制度成本。

从资本结构对公司治理的作用看，给出模型设定为

$$Q_{i,t} = \alpha + \beta_1 \mathrm{DFA}_{i,t} + \beta_2 \mathrm{LNSIZE}_{i,t} + \beta_3 \mathrm{PSE}_{i,t} + \beta_4 L_{i,t} + \varepsilon_{i,t} \tag{14}$$

其中，Q 为被解释变量，DFA 为解释变量，LNSIZE、PSE、L 为控制变量。初步预期参数符号 β_1 为正，体现债务融资对公司治理的积极意义；β_3 为负，体现国家股比例越高，投资主体缺位现象越严重，公司治理越不理想；β_2、β_4 符号未定。

通过回归分析：

模型（13）中所有参数在99%的置信水平上是显著的。这表示增加湖北省上市公司的债务融资率，的确对其公司治理有积极的意义，这与我们的预期一致。

另外，公司规模（LNSIZE）与公司市场价值之间呈负相关关系，这表明市场并不青睐规模大的上市公司，投资者看好的是一些规模虽小、但有发展潜力的公司。资产负债率（L）与公司市场价值之间呈负相关关系，这表示湖北省上市公司负债水平过高，已经对上市公司的市场价值产生了负面的影响。对湖北省上市公司来说，国有股比例（PSE）与市场价值之间竟然呈现出正相关的关系，这与其他学者的研究结果和事先的理论分析不太一致。一般认为，国有股比例越小，市场化程度越高，公司治理应该更有效率，公司的市场价值也应该更大。一个可能的解释是，湖北省上市公司

虽然国有控股比例较高，但是控制较为严格，并没出现投资主体严重缺位的现象，公司的经理层仍然受到国有资产管理部门的严格监督，另外，国有股比例越高的公司，在政府项目的招标过程中更容易中标，并且更可能从国有商业银行取得融资来改善经营状况。

对于公司治理对资本结构的反作用，设计模型如下

$$\mathrm{DFA}_{i,\,t} = \alpha + \beta_1 \mathrm{Q}_{i,\,t-1} + \beta_2\,\mathrm{LNSIZE}_{i,\,t} + \beta_3\,\mathrm{PSE}_{i,\,t} + \beta_4\,\mathrm{DO}_{i,\,t} + \beta_5 \mathrm{L}_{i,\,t} + \varepsilon_{i,\,t} \tag{15}$$

模型（15）中所有的变量含义同模型（14），其中被解释变量为 DFA，解释变量为 Q，LNSIZE、PSE、DO、L 为控制变量。为了在一定程度上消除债务融资率的内生性影响，解释变量采用前一年度的 Q 值，因此模型（15）中解释变量写成 $Q_{i,\,t-1}$。此处我们预期参数 β_1 为正，即公司业绩越好，企业越会加强债务融资率，其他控制变量符号未定。

为进一步检验公司治理对债务融资的积极作用，我们用净资产收益率（ROE）来取代公司市场价值 Q 作为公司治理的量化指标来重新做回归估计①，使用一个类似于（15）的模型

$$\mathrm{DFA}_{i,\,t} = \alpha + \beta_1 \mathrm{ROE}_{i,\,t-1} + \beta_2\,\mathrm{LNSIZE}_{i,\,t} + \beta_3\,\mathrm{PSE}_{i,\,t} + \varepsilon_{i,\,t} \tag{16}$$

被解释变量为 DFA，解释变量为 ROE，LNSIZE 和 PSE 为控制变量。此处我们仍预期解释变量的符号为正。通过分析，我们认为上市公司整体出现股权融资偏好现象的根本原因在于制度方面，这恰好说明规范公司治理结构对资本结构的影响。

最重要的一个研究结论就是上市公司债务融资对其治理结构有积极意义，因此，为加强公司治理、增加公司市场价值，无论是政府方面，还是上市公司的管理层方面，或者是各类投资者方面，都应该对此持支持的态度。债务融资中，尤其通过企业债券融资这种长期的债务融资形式应引起高度重视，并支持其发展。

第二个重要结论是治理结构更合理的公司有更高的债务融资水平。这意味着上市公司的债务融资率可以作为甄别上市公司治理好

---

① ROE 可代表股东财富，因此可以用来衡量公司业绩和公司治理情况。

坏的一个信号。那么，对于政府，可以大力地扶持这类企业，争取做大做强；对于其他的公司，可以模仿这类上市公司的治理模式，优化本身的治理结构；对于投资者，投资这类公司将会获得收益。这其实也可以形成资源的整合和优化配置。

六、社会文化对资本结构影响研究

这一部分也是我们着力进行研究的一个组成部分，我们以行为金融理论为基础，通过研究分析社会文化对企业决策者决策行为的影响，分析得出一个新的观点。我们认为，受社会文化影响的企业决策者不再是传统经济理论分析的具有完全理性的“经济人”，而是具有有限理性、有限控制力和有限自利特征的“社会人”。因此社会文化将影响到企业决策者的效用函数。

我们将建立一个决策者效用最大化模型来分析社会文化是如何通过影响决策者的决策行为的效用函数从而影响资本结构。即在分析社会文化的内涵及其作用的基础上，尝试着将社会文化纳入资本结构分析框架中，以期考察社会文化对企业资本结构的影响。

行为金融学已经比较接近制度学派所倡导的“社会人”的理念了，他们在行为中显示出明显的社会文化影响的痕迹，往往是追求最满意的方案而不是最优的方案。市场上的最优方案，如果从社会角度看，其实许多后果是无优可言的。

一个基本的认识是制度发生作用必须以非正式制度（包括社会文化）为基础，制度发生作用的实质是社会对制度所体现的文化的认可。因此，社会文化可以通过影响制度的存在和制度的演变而规范人类的行为。

我们在这里把社会文化与行为金融理论结合起来研究，也正是要扩大我们对行为金融和企业资本结构决策的视角。从文化这个角度来分析现实有限理性、有限自利、有限控制力条件下的企业的资本结构决策行为。行为金融学认为，人们在进行决策的时候，往往会选择一个决策参考点来判断预期的损益，而非着眼于最终的财富状况。在心理预期的过程中，人们会把决策分成不同的心理账户来考虑，常常拥有自信情结，高估已经拥有的商品或服务，并且倾向于增加这类物品或服务的使用次数，还将对预期的损失过于敏感，把同样价值的损失计算成远高于同样价值的收益，而对已经形成损失的东西却表现出一种“处置效果”，由于期待机会收回成本而继续经受可能的损失。在决策的过程中，行为者还表现出易获得性偏误、小数法则偏误、从众心理、模糊规避等一些心理现象。

人们在金融活动中的行为并不是严格遵循最优化的数学模型达到最佳解，而是在不同的框架条件和自身偏好下，寻求一种满意解。我们的研究就是要在不确定情况下，分析社会文化、理性、行为与金融四者的互动。需要指出的是，行为金融学是在传统金融学上进一步发展，它并不试图拆毁以往的理论，而只是开拓了金融学的研究思路和研究方法，以求完善和修正金融理论，使其更加可信、有效。而我们把社会文化加到行为金融理论上来研究，就是希望把鲜活的“人”从我们假设的完全理性的“经济人”还原为一个受社会文化影响的有自己独特价值观的“社会人”。

决策的关键问题是真实情况是怎样的，我们的核心价值观和真正的目标是什么。也就是说，我们代表了什么，我们究竟想干些什么，驱动我们的内部因素何在。而这些内部的判断正是由社会文化影响下的价值观决定的。所以我们认为社会文化从核心价值观、行为偏好以及激励内容来影响个人和企业的决策行为。

社会文化除了通过影响决策者的融资决策行为来影响资本结构外，还从多个方面影响企业的资本结构决策。一项金融制度（包括一种资本结构模式）能否得到一个社会的全面接受，不仅仅完全取决于制度本身是否有效率，而且依赖于该种制度是否符合社会主流文化的价值取向。即使建立了正式的金融制度，但若没有非正式制度（包括社会文化）的支持，它也很难实施。需要注意的是，社会文化对金融制度变迁的作用是双向的。社会文化可以对金融制度的变迁产生积极、正面的影响，也可能产生消极、负面的影响。由于不能排除社会文化本身的落后性，一种新的金融制度或者一种更合理的资本结构模式有可能因为社会文化的排斥作用而无法被采纳。社会文化是一个社会群体本身的共同信念，是群体成员长期共同选择的结果，一旦形成，其变化相当缓慢。所以，社会文化的变迁一般跟不上金融制度的变化，从而可能限制企业的资本结构优化行为。比如，在一个缺乏“自由交易、借债还钱、损害赔偿”信念和传统的社会中，企业大多一心一意谋骗贷，债权人则全身心防骗贷。在此情况下，企业借款必须以充足的担保为前提，债务融资在企业的资本结构中不会占很大的比例。

根据社会学的研究，在企业这个紧密联系的社会群体内部，更具风险倾向的成员可能更有影响力。由于大多数现代企业的所有权和控制权相互分离，当企业内部的风险爱好者成为企业的内部控制者时，整个社会将会偏好与高收益挂钩的高风险融资方式。高风险价值观形成的另外一个重要原因是个人代替群体决策时往往不需要承担全部成本。

企业决策者的融资决策模型

$$\pi = \max F_i(D,\ E,\ C_D,\ C_E,\ \nu) \tag{17}$$

其中 F 为效用函数的对应法则。下标 i 表示决策者的社会文化区域，这里的文化主要分为英美、日德、东南亚和中国这几个文化区域。D 为债券资本数量，C_D 为债券资本的融资成本，E 为股权资本的数量，C_E 为股权资本的融资成本，ν 表示其他影响到决策者效用函数的因素，其中 C_D 和 C_E 都是内生的。那么企业决策者的效用函数就受三个因素的影响，包括文化因素影响的效用函数法则、债务资本和股权资本的数量。如果我们能够找到不同文化下的企业决策者的效用函数法则，就可以通过 $\pi = \max F_i(D,\ E,\ C_D,\ C_E,\ \nu)$ 函数分别求 C 和 D 的一阶导数。然后通过一阶导数等于0，就可以大致分析出在不同的文化下的最优资本结构。

换个角度思考，如果社会文化对资本结果存在显著的影响，那么在不同文化背景下企业的资本结构必然存在显著的差异。

关于社会文化对最优资本结构选择的影响，我们认为，资本结构是决策者基于自己利益的选择。企业的决策者要么是企业家自己，要么是经理人。社会文化决定企业家或经理人利益偏好，利益偏好决定他的行为金融选择，最后决定他在企业中的融资偏好。

企业家愿意选择一个新的资本结构就有必要满足下面的条件

$$V_2(e_2) \geqslant V_1(e_1)$$

$$U(V_2, h_0) \geqslant U(V_1, h_0) \tag{18}$$

同时在新的资本结构下企业家的收益给他的效用要大于风险的效用。(18) 式可以表示为

$$U(V_2, h_0) = U((y_1 + y_2 - B + D_s) - D, h_0) \geqslant U(V_1, h_0) \tag{19}$$

我们认为，只有资本结构调整在满足上面两个条件的时候企业家才会进行。如果不考虑到企业家的非理性偏好的时候，那就只要求 $V_2(e_1) \geqslant V_1(e_1)$ 或者简单地就是 $(y_1 + y_2 - B + D_s) - D \geqslant 0$ 时企业家就会进行。$V_2(e_2) \geqslant V_1(e_1)$ 这个约束的意义不大，这样就可以计算出一个资本结构调整的临界点 D^*。一般在 D^* 这个不威胁到企业破产的临界点下的资本结构都不是最优的。企业家就是在找一个 D>D^* 的临界点，此时财务杠杆越高企业的价值也就越高，同时企业面临接管或破产的风险加大。因此，选择怎样的新资本结构主要由第二个约束条件 $U(V_2, h_0) \geqslant U(V_1, h_0)$ 来决定。但是企业家的非理性因素无法估算对决策效用的精确影响。正是由于 $U(V_2, h_0)$ 函数的不可测性导致了现实中企业最优资本结构的差异。

第一章　资本结构、公司治理及行为金融理论概述

第一节　资本结构理论

资本结构（Capital Structure）是指企业各种资本的构成和比例关系。广义的资本结构是指企业全部资本的构成，不仅包括长期资本，还包括短期资本（主要指短期债务资本）。狭义的资本结构是指长期资本结构，而把短期债务资本列入营运资本来管理。企业的资本结构是由企业采用各种方式筹资形成的，筹资方式的不同组合类型决定着企业的资本结构及其变化。通常情况下，企业采用债务筹资和权益筹资的组合，由此形成的资本结构又称杠杆资本结构，可以用杠杆比率（即债务比率）加以表示。简而言之，资本结构就是企业的资产中权益与负债的构成比例。

经济学家一直关注和争论的是资本结构与资本成本之间的关系问题，争论的焦点是资本结构的变化是否影响公司的资本成本进而影响公司的价值。公司的资本成本就是投资者和债权人所要求的报酬率，资本成本越高，计算公司价值时使用的贴现率就越高，公司价值就越低。因此，资本结构理论的主要内容就是研究各种资金占多大比重，才能使资本成本最低，企业价值最大，即如何确定最优资本结构。

一、早期的资本结构理论

（一）对早期资本结构理论的评述

自企业融资活动出现之后，资本结构便成为企业经营者必须考虑的重要问题，有关资本结构理论的研究也就开始了，这一时期的理论称为传统理论，其创导者主要包括冈斯曼、达加、格雷汉姆、多德、史密斯、卡冈等人。这一时期，对资本结构理论的研究虽然颇多，但并没有形成系统的研究。1952年，杜兰特（Durand）在他的一篇名为《企业债务和权益成本计量方法的发展和问题》的论文中，对之前的传统资本结构的观点做了最为系统、全面的论述。杜兰特指出，传统理论一直是从收益角度来探讨资本结构问题，而“过去的经济理论习惯于以收益最大化为原则来解释为什么企业在其资本的边际收益等于利率之前应持续发展的问题”①，但是，这种解释的前提假设是投资增量（以边际收益曲线来表示）所带来的收益是恒定的。学术界一直错误地把杜兰特当做传统理论的代表人物，事实上，杜兰特的观点与传统理论有相当程度的差异，杜兰特本人并不完全赞同传统理论的观点。② 杜兰特在《企业债务和股东权益成本：趋势和计量问题》中，将资本结构理论划分为三种类型：净收益理论、净营业收益理论以及介于两者之间的传统折中理论。

早期的资本结构理论在分析公司的融资方式、最优资本结构等问题时，基本上遵循的是新古典经济学分析框架和企业理论。他们假定市场是完全竞争的，资本市场上的套利是完全自由的，企业只是一个通过实物投资获取现金收益流的经济主体。他们是根据企业市场价值最大化或者资本成本率最小化标准，采用边际分析方法，从收益角度来研究企业资本结构选择问题。

---

① 杜兰特．企业债务和股东权益成本：趋势和计量问题．企业理财学研究会议论文集，（美国）国家经济研究局，1952.

② 杜兰特．企业债务和股东权益成本：趋势和计量问题．企业理财学研究会议论文集，（美国）国家经济研究局，1952.

尽管早期资本结构理论的假设过于完美，与经济生活现实的差距较大，但这一阶段的资本结构理论是现代理论的出发点，无论现代企业金融理论在分析方法及研究内容等方面离传统资本结构理论有多远，现代理论的形成和发展都是建立在传统理论基础之上的。

（二）典型理论

1. 净收益（NI）理论

净收益理论是传统资本结构理论中的一个极端理论。该理论假设权益资本的资本化率或者说其要求的收益率 K_c 和负债成本率 K_d 都固定不变，一般而言，权益资本风险较大，股东所要求的收益率自然高于债权人要求的收益率，即 $K_c > K_d$，则总资产成本率可表示为

$$K_a = \frac{D}{V}K_d + \frac{E}{V}K_c = K_c + \frac{D}{V}(K_d - K_c) \tag{1.1}$$

式中，D 为债务价值，E 为权益资本价值，V 为企业价值。

从式（1.1）中可以看出，随着债务 D 的增加，总资本成本率 K_a 将下降。也就是说，增加债务比率，可降低总成本率，从而提高企业的市场价值。当 $D=V$ 时，即100%的负债，企业的市场价值将达到最大，此时资本结构最优。

从上面的分析可以看出，净收益理论暗含着一个假设前提，即财务杠杆的提高不会增加企业风险。只有满足这一条件负债融资才能使企业权益资本价值与债务融资价值相同，进而实现企业市场价值最大化。然而我们在实践中发现，100%的负债融资并不能实现企业价值最大化。

2. 净营业收入（NOI）理论

净营业收入理论是传统资本结构理论中的另一极端理论。该理论假设总资本成本率 K_a 和负债成本率 K_d 固定不变。由 $K_a = \frac{D}{V}K_d + \frac{E}{V}K_c$ 可得

$$K_c = \left(K_a - \frac{D}{V}K_d\right)\frac{V}{E} = K_a + \frac{D}{E}(K_a - K_d) \tag{1.2}$$

由于 K_a 和 K_d 固定，且一般 $K_a > K_d$，随着负债比例的增加，K_c 也将不断增加。这就是说，财务杠杆扩大所带来的负债好处被增加的权益成本所抵消，结果是投资者仍以原来的固定的加权总成本率来衡量企业的净营业收入，故企业价值没有变化，即不存在最优资本结构决策的问题。

这一理论的缺陷仍在其前提假设中。我们研究资本结构的初衷在于实现企业价值最大化的资本结构。企业价值最大化就意味着资本成本最小化，即降低资本成本恰恰是我们研究资本结构的目标，该理论假设资本成本 K_a 不变，当然寻求最优资本结构也就失去了意义。

3. 传统折中理论

传统折中理论是介于上述两种极端理论之间的一种理论。该理论认为，权益资本化率 K_c、债务成本率 K_d 和总成本率 K_a 并非固定不变，均可能随着资本结构的变化而变动。从公式中可以看出，随着负债比例 D/V 的增加，$K_c > K_d$ 且 K_c 和 K_d 基本不变，K_a 逐渐减少并降至最低，相应地，企业的市场价值上升并可能达到最大；K_a 越过最低点后，K_c 和 K_d 开始上升，导致 K_a 也开始增加，相应地，企业价值也开始减小。也就是说企业负债融资的杠杆作用是有一定限度的。显然，该理论承认确实存在一个可以使企业市场价值达到最大化的最优资本结构。

第三种理论似乎接近实际，但它是凭经验而非缜密的数学逻辑推导出来的。因此，不足以令人信服。

二、现代资本结构理论

（一）现代资本结构理论的评述

现代资本结构理论的形成以 1958 年莫迪格利安尼（F. Modigliani）和米勒（M. Miller）提出的著名的 MM 理论为标志。随后许多其他资本结构理论都是在逐渐放松模型的假设前提下对 MM 理论的进一步发展。1963 年，在放松了“没有税收”这个假设前提下，米勒在其文章《企业所得税和资本成本》中提出了含有公司所得税和个人所得税的米勒模型。随后，在放松了“不含交易成本”这个假设前提下，罗比切克（Robichek）和梅耶斯（Myers）引入了“财务困境成本”和“代理成本”的概念，提出了权衡理论。

MM 理论具有重要的历史地位，它第一次通过严密的数学和逻辑推导系统，阐释了企业资本结构和企业价值的关系，随着 MM 理论的不断修正和完善，资本结构理论实现了从早期资本结构理论到现代资本结构理论的过渡，具有重要的意义。

一是从内容上，早期的理论只是个别学者对资本结构问题的某些枝节的零散看法，本身没有形成一个完整的理论体系。MM 理论超越早期的资本结构理论之处就在于它对资本结构问题的认识已经带有某种程度的理论上的系统性。①

二是从方法上，早期的资本结构理论对问题的研究停留在对事实的简单陈述上，缺少内在分析的成分。MM 理论“通篇所用的方法基本上是着重于企业和行业的一种本分均衡分析方法”②，采用了严密的数学推理。

但同时，莫迪格利安尼和米勒的每一篇文章一经发表，都立即引起学术界的激烈争论，这是因为 MM 理论得出的结论大多与实际严重不符，而这种结果可以说是必然的，原因在于这些理论的分析框架存在着致命的局限：

一是以新古典经济学假设作为前提条件，将企业视为“黑箱”（理性经济人、完全竞争市场、信息充分、理性预期等）。

二是只注重不同金融证券所有权者在企业现金收益流量方面的不同分配方式对企业价值的影响，而忽略了不同融资方式所代表的不同分配方法对企业现金收益流量可能产生的影响。

（二）典型理论

1. MM 模型

---

① 沈艺峰．资本结构理论史．北京：经济科学出版社，1999.

② 莫迪格利安尼，米勒．企业所得税和资本成本：一项修正．美国经济评论，1963，53.

这里首先介绍在讨论资本结构文献中常见的命题 1、命题 2 和命题 3 以及修正的 MM 定理。

三个命题是以完善的资本市场为前提，完善的资本市场包括以下假设：资本市场上的交易成本为零，且资本资产可无限分割；企业和个人的负债没有风险，所以借债利率均为无风险利率；企业的经营风险用 EBIT 来衡量，有相同经营风险的企业所属的风险等级一致；不同投资者对企业未来收益及风险的预期相同；企业增长率为 0，即企业的 EBIT 不变，财务杠杆收益全部支付给股东；企业各期的现金流是固定的，形成等额年金，且永续经营。

命题 1：企业的市场价值与资本结构无关，即有负债企业的价值等于没有负债的企业的价值。用公式可以表示为

$$V_L = V_U = \frac{EBIT}{K_a} = \frac{EBIT}{K_{eu}} \tag{1.3}$$

其中，V_L 指的是有负债的企业的价值；V_U 指的是无负债的企业的价值；$EBIT$ 为息税前利润；K_a 指的是有负债企业的加权资本成本；K_{eu} 指的是无负债企业的权益资本成本。

该命题的含义是，企业价值不会受资本结构的影响，有负债企业的加权平均资本成本等同于与它风险等级相同但无负债的企业的权益成本。

命题 2：由于企业资产的风险随着杠杆比率的增加而增加，所以资本成本也随着杠杆比率的增加而增加。用公式可以表示为

$$K_{el} = K_{eu} + \frac{D}{E}(K_{eu} - K_d) \tag{1.4}$$

其中，K_d 指的是企业的债务成本，即利率；K_{el} 指的是有负债企业的权益资本成本；D 指的是企业的负债或发行的债券；E 指的是企业的权益资本。

该命题的含义是，使用财务杠杆的企业，其资本成本随着负债比率的增加而增加，因此，企业的市场价值不会随着负债率的上升而提高。命题 2 实际上是从另外一个角度证实了企业价值与资本结构无关的论点。

命题 3：任何情况下，企业投资决策只能依据净权益流量资本

化率 K_{eu}，它完全不受融资工具类型的影响。

1963 年，莫迪格利安尼和米勒放松了税收 $T=0$ 的假定，得出的结论与以前有很大不同，这就是修正的 MM 定理，包括以下两个命题。

命题 4：负债企业的价值等于无负债企业的价值加上负债的节税收益。公司的价值模型为

$$V_l = V_u + T_c \cdot D \tag{1.5}$$

其中，T_c 为公司税率，D 为公司负债。

命题 5：负债企业权益资本成本等于无负债企业权益资本成本加上风险补偿，而风险补偿取决于负债率和企业所得税率。用公式表示为

$$K_{el} = K_{eu} + (K_{eu} - K_d)(1 - T_c)(D/E) \tag{1.6}$$

根据修正的 MM 定理，企业资本结构与企业价值相关，莫迪格利安尼与米勒得出了与原 MM 理论截然相反的结论，具体来说就是企业价值与企业负债率正相关。原因是在存在公司所得税的条件下，由于负债的利息费用是在税前列支的，故公司负债融资可以产生“税盾效应”，进而可以增加公司的现金流量，降低税后资本成本，从而能够提高公司的市场价值，此时，公司的价值与公司负债的比例成正比。当公司的所有资本都来源于负债融资时，公司的价值达到最大化，即企业的最佳资本结构为 100%的负债。这一结论与早期的净收益理论的结论基本一致，不同的是修正的 MM 定理建立在严格的假设及严密的逻辑推理基础之上，摆脱了早期净收益理论的经验描述。

2. 权衡理论（对无破产成本的修正）

权衡理论认为随着公司债务的增加而上升的公司风险制约了公司无限追求免税优惠的欲望。因此公司最佳资本结构就是平衡免税优惠收益与债务上升带来的财务危机成本的结果。与百分之百负债率相比，权衡理论的结论比较贴近实际。因而在 20 世纪 70 年代它一度成为公司资本结构理论中的主流学派。根据权衡理论，随着公司债务比率的增加，公司陷入财务危机的概率也增加，由此引起的财务危机成本一方面会降低公司的市场价值，另一方面会降低公司

债券购买者的收入预期，加大公司债券发行成本和发行困难。这两方面因素的作用都会限制公司无限追求免税优惠，促使其寻求最佳资本结构，都会导致公司的资本结构呈现某些稳定和有规律的分布。

Kim（1978）经过实证性的检验表明，适度的负债可以通过利息避税来增加公司价值，但当负债超过一定限度，财务危机成本的出现将逐步抵消税盾效应带来的好处，最后导致公司价值随负债率的上升而降低。Brennan 和 Schwartz（1978）进一步研究了公司负税和破产率对资本结构成本及公司价值的影响关系，指出债务的发行对公司的市场价值有两个影响效应：第一，只要公司可以生存，它便会增加避税的好处；第二，它减少了公司的生存概率。因而，公司的价值升降取决于两者之间的权衡利弊，只有当公司的边际破产成本与边际避税收益相等时，公司的资本结构才是最优的，此时公司的资本成本最低，公司的市场价值实现最大化。

权衡理论认为，当负债程度较低时，不会产生破产成本，于是，企业价值因税盾效应的存在会随负债水平的上升而增加；当负债达到一定界限时，负债税盾效应开始被破产成本和代理成本所抵消；当边际负债税盾利益等于边际破产成本与代理成本之和时，企业价值最大，资本结构最优；若企业继续追加负债，企业价值会因破产成本和代理成本大于负债税盾利益而下降，负债越多，企业价值下降越快。

在考虑税收和破产成本的情况下，企业市场价值的表达式为

$$V_l = V_u + T_c \cdot D - C_1 \tag{1.7}$$

式（1.7）中，C_1 为破产成本。

3. 米勒模型（修正无个人所得税）

米勒在 1977 年发表了《负债与税收》一文，认为 MM 理论中的公司税模型理论只考虑了公司所得税。米勒引入了个人所得税，即不管是债权投资人还是股权投资人都要交纳个人所得税，而债息收入所得税与股利所得税的高低也将决定其投资方向。依据当时的税法，债息和红利要按级支付所得税，股票的资本利得则比利息收益税率低得多，甚至部分免税，而且由于实行累进税率，每个人实

际支付的税率并不相同。企业为获得负债免税价值而愿意提高负债率，但投资者却因股票收益个人所得税优惠而愿意购买股票。

在考虑税收的情况下，无负债企业的市场价值可用下式表示

$$V_u = \frac{EBIT(1 - T_c)(1 - T_{pc})}{K_{cu}} \tag{1.8}$$

其中，T_c 为企业所得税，T_{pc} 为个人股票所得税。

有负债企业的市场价值的计算如下，先考虑负债企业每年产生的现金流量

$$\begin{aligned} CF_1 &= (EBIT - I)(1 - T_c)(1 - T_{pc}) + I(1 - T_{pd}) \\ &= EBIT(1 - T_c)(1 - T_{pc}) - I(1 - T_c)(1 - T_{pc}) + I(1 - T_{pd}) \end{aligned} \tag{1.9}$$

式（1.9）中，I 为企业每年支付的利息，T_{pd} 为利息收入的个人所得税。

对式（1.9）中的每一项分别除以适当的折现率，就可以得出负债企业的价值

$$\begin{aligned} V_l &= \frac{EBIT(1 - T_c)(1 - T_{pc})}{K_{cu}} - \frac{I(1 - T_c)(1 - T_{pc})}{K_d} + \frac{I(1 - T_{pd})}{K_d} \\ &= V_u + \left[1 - \frac{(1 - T_c)(1 - T_{pc})}{1 - T_{pd}}\right]\left[\frac{I(1 - T_{pd})}{K_d}\right] \\ &= V_u + \left[1 - \frac{(1 - T_c)(1 - T_{pc})}{1 - T_{pd}}\right] \cdot D \end{aligned} \tag{1.10}$$

从公式（1.10）中可以看出：

（1）如果 $T_c = T_{pc} = T_{pd} = 0$，则 $V_l = V_u$，这就又回到了最初的 MM 理论。

（2）如果 $T_{pc} = T_{pd} = 0$，即忽略个人所得税，则 $V_l = V_u + T_c \cdot D$。这一表达式也恰是 MM 理论的含公司税模型，它意味着在考虑公司所得税后，使用负债的企业价值会比未使用负债时高 $T_c \cdot D$，并且负债越多，企业的价值就越高，当企业负债达到 100%时，企业价值达到最大。

（3）如果 $T_{pc} = T_{pd}$，则它们对负债企业的市场价值的影响相互抵消。

（4）如果 $(1-T_c)(1-T_{pd})=1-T_{pd}$，则意味着负债节税的利益恰好被个人所得税抵消，市场处于均衡，此时，资本结构对负债企业价值或资本成本无影响。

三、新资本结构理论

（一）对新资本结构理论的评述

在现代资本结构理论之后，最具影响力的应该是詹森（Jensen）和麦卡林（Meckling）开创的关于资本结构的现代契约理论。

MM 理论、米勒模型、权衡理论成立的前提是：外生于企业的资本结构选择，决定了企业的预期收益。而这一前提成立的条件是企业内部各行为主体的决策对企业的资本结构的选择毫无影响。但在现实生活中，不仅是税率等外生变量决定着企业的资本结构选择，而且股东、经营者和债权人等企业内部的决策主体，对企业的资本结构选择也有着重要的影响，而对内部行为主体的资本结构选择作为主要研究对象的是现代契约理论。

现代契约理论将以往有关企业行为决定因素的认识由外生变量决定转变为内生变量决定，企业的行为关系不再只是一般均衡世界里的一个方程式，而是一个基于各关联方博弈而形成的契约，在此基础上的企业理论被称为契约理论。企业理论的基本逻辑为：企业资本结构的选择会影响企业契约关系，进而影响企业价值。由此，他们得出了企业预期收益内生于企业资本结果选择的结论，认为对企业资本结构选择影响最大的因素已不再是税收等外生变量，相比之下，基于信息不对称所产生的代理成本等内生变量却成为了影响企业资本结构选择的最主要因素。

资本结构契约理论的发展是以新制度经济学的企业理论和信息经济学为基础的，放松了 MM 模型“充分信息”的前提假设，致力于不完全信息下企业资本结构的研究，从企业内部治理的角度展开对资本结构问题的分析，这样就把传统资本结构的权衡问题转化为机制设计问题，将资本结构理论的研究向前大大推进了一步。主要包含以下四个方面的理论：以詹森（Jensen）和麦卡林

(Meckling)（1976）为代表的代理成本理论，以 Ross（1977）、Leland 和 Pyle（1977）为代表的信号显示理论，以 Myers 和 Mujluf 为代表的优序融资理论，以 Harris 和 Raviv（1988）、Stuls（1988）、Israel（1991）以及 Aghion 和 Bolton（1992）① 为代表的控制权理论②。这些理论的引入使得企业资本结构的选择不再仅仅是融资工具的安排，更扩展到公司治理结构的优化。

（二）典型理论

1. 代理成本理论（激励理论）

（1）代理成本说。

1976 年詹森（Jensen）和麦卡林（Meckling）的《企业理论：管理行为、代理成本和所有权结构》在这一领域做出了开创性的贡献，提出了资本结构决定的契约理论。他们指出由于信息不对称、委托人和代理人利益不一致以及不确定性的存在，导致代理成本的存在，代理成本既存在于公司股东与管理层之间，也存在于股东与债权人之间，代理成本决定了企业的资本结构。

股东与管理层之间的代理成本通常称为股权代理成本，是管理者“剥削”外部权益人所产生的代理成本。当经营者不是企业的完全所有者（存在外部股权）的情况下，经营者的工作使他承担全部成本而仅获得部分收益。同样，当他在职消费时，他得到全部的收益却只承担部分成本，结果导致经营者不努力工作却热衷于追求在职消费，这种行为的后果是企业的价值小于管理者为企业的完全所有者时的价值。这个差额就是股权的代理成本，当外部股东能够理性预期到这样一个代理成本时，他们购买股票时的价格策略将考虑到代理成本的因素，所以这一成本将由管理者负担。

---

① 也将 Harris 和 Raviv、Stuls 为代表的理论称为企业治理结构学派，主要从企业控制权角度分析投票权对资本结构的影响。

② 此外还存在一个独立的分支，即从工业组织理论角度探讨产品和生产要素市场与资本结构的相互关系，如邓洛夫斯基、史密斯、阿尔贝特和海德等人。

在企业管理者采取债务融资的方式时，在投资总量和本人财产给定的情况下，债务比例的增加将增加管理者的股权比例，从而降低股权的代理成本。但债务融资导致另一种代理成本，经营者作为剩余索取者有更大的积极性从事有较大风险的项目，因为他能够获得成功的收益，并借助有限责任制度把失败的损失推给债权人。经营者的这种投资行为所带来的企业价值的损失被称为债权的代理成本。如果债权人能够理性预期到这个代理成本，将使得债务融资的成本上升。

詹森和麦克林认为，只要资本市场是有效的，权益资本和债务资本的定价就能无偏差地反映企业的代理成本，从而存在着股权的代理成本和债权的代理成本之间的权衡，最优的资本结构可以通过最小化总代理成本得到，这时股权的边际代理成本等于债权的边际代理成本。这一理论可以通过图 1-1 表示出来。

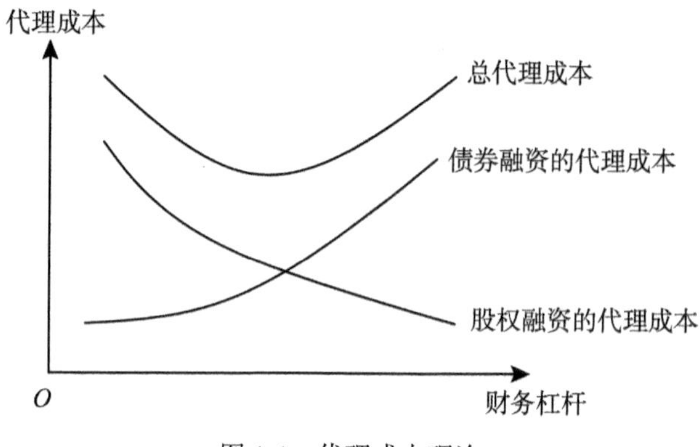

图 1-1　代理成本理论

（2）格罗斯曼（Grossman）和哈特（Hart）的担保模型（GH 模型）。

格罗斯曼和哈特（1982）建立了一个正式的代理模型（简称 GH 模型，又称债务担保模型）。在 GH 模型中，债务是一种担保机制，它能使经理人员增加个人努力，减少个人享乐，从而降低所有权与控制权分离所形成的股权代理成本。GH 模型认为经理人员的效用依赖于其职位，从而依赖于企业的生存。原因在于一旦企业破产，经理人员将丧失他们所享有的一切任职好处，即经理人员必须承担破产成本。因此，经理人员必须权衡个人收益流量与自身承担的破产成本。然而，破产对经理人员约束的有效性取决于企业的融资结构，尤其是负债—权益结构，这是因为企业破产概率与其负债/权益比率正相关。假如项目投资完全通过股权融资，其破产概率为零，经理人员就可能挥霍无度；假如项目投资完全依赖负债融资，则任何非利润最大化的选择都可能导致企业破产。因此，负债融资具有一种缓和股东与经理人员之间冲突的激励作用。在 GH 模型中，负债融资可能对经理人员有利，如果经理人员完全依赖股权融资，企业就没有破产风险，这意味着经理人员处于软约束状态，也就是说，经理人员缺乏追逐利润最大化的积极性。其结果是市场对企业的评价较低，企业融资成本较高。相反，如果经理人员进行负债融资，就会向股东传递这样一种信号：一旦经理人员放弃利润最大化目标，其自身利益也要受到损害（因为企业破产将使经理人员丧失所有的任职好处）。基于上述理由，市场将负债看做是企业利润增加的信号，因此，负债将使企业市场价值提高。这样，经理人员具有进行负债融资的积极性。

(3) 哈里斯（Harris）和雷维吾（Raviv）的债务缓和模型（HR 模型）。

哈里斯和雷维吾（1990）的债务缓和模型（简称 HR 模型）认为，经理人员与投资者（股东及债权人）的利益冲突缘于对经营决策的分歧。其分歧表现在：即使清算（liquidation）对股东更为有利，经理人员仍会希望企业继续运营。经理人员与投资者之间的这种利益冲突不可能通过现金流量或投资费用契约来消除。负债赋予债权人在现金流量不足时强迫企业停业清算的权力，从而缓和经理人员与投资者之间的利益冲突。较高的负债水平使企业违约的概率提高，从而有利于做出清算决策。然而，债权人行使控制权需要对企业前景进行调查，这会导致相应的信息成本。企业拖欠款项的频率越高，相关信息成本也就越大。最优资本结构就是权衡完善清算决策与信息成本的结果。依据 HR 模型，企业清算价值越高或破产调查信息成本越低，其负债水平可能越高，市场价值也随之提高；反之，企业清算价值越低或破产调查信息成本越高，其负债水平也就越低，市场价值也随之降低。

（4）戴蒙德（Diamond）、海什里弗（Hirshleifer）和赛克尔（Thakor）的声誉模型（HT模型）。

戴蒙德（1989），海什里弗和赛克尔（1989）分别提出了两个模型，借以揭示声誉在缓和经理人员与债权人之间利益冲突作用，我们将其称之为声誉模型。在戴蒙德看来，“资产替代效应”因经理人员顾及其声誉而得以缓解。戴蒙德的声誉模型假设有两个可能的投资项目：一是安全项目，即净现值（NPV）为正的项目；一是风险项目，即NPV为负的项目。两个项目所需投资相同，且均通过负债筹集资金。一方面，风险项目有两种可能结果：成功或者失败。成功将使其具有较高的盈利能力，进而具有如期偿债能力；反之，失败将使经理人员声誉受到损失。另一方面，安全项目总是能确保企业如期偿还债务。现有三类企业，第一类只投资于安全项目；第二类只投资于风险项目；第三类则既可能投资于风险项目也可能投资于安全项目。由于债权人事前无法区分这些企业的类型，债务融资的市场利率反映了债权人对被选项目风险的平均预期。然而，一旦企业向债权人证明自己只投资于安全项目，它就可以较低的利率进行负债融资。由于债权人只能观测到企业偿债的历史记录，企业有可能通过按时偿债建立只投资于安全项目的良好声誉。企业按期偿债的历史越长、声誉越好，其负债融资成本也就越低。因此，历史悠久的企业将发现选择安全项目是最优的，即为了避免声誉价值损失不应进行以过度投资为目的的资产替代。与具有悠久历史的企业不同，缺乏声誉的新企业可能选择风险项目。如果他们很幸运，没有违约而得以继续生存并发展，他们最终将转向安全项目。由Diamond声誉模型不难得出在其他情况相同的条件下年轻的新公司相对于历史悠久的老公司而言较难进行负债融资的结论。

在HT（Hirshleifer，Thakor，1989）声誉模型中，出于自身声誉考虑，经理人员也具有追求相对安全项目的动机。该模型假设经理人员面临两个项目，每个项目只有成功与失败两种可能结果。对于两个项目而言，失败具有相同的意义。但在股东看来，高风险高回报项目不仅具有较高的预期收益，而且项目一旦成功也将有较高的实际回报。同时，假设每个项目的成功对于经理人员的声誉而言具有相同的意义，即经理人员市场只区别“成功”与“失败”，也就是说经理人员声誉只依赖其经营项目的成败，而不考虑其盈利或亏损的数额。在上述假设基础上，经理人员以最大化“成功”的可能性为目标，股东则偏好于较高的预期收入。在安全项目成功的可能性更大的情况下，即使选择风险项目也更有利于股东，经理人员也有选择前者的积极性。经理人员这种行为方式有助于减少负债融资的代理成本。这样，相对于其他企业而言，经理人员属于声誉效应敏感型的企业应当有更高的负债水平。在海什里弗和赛克尔看来，接管市场上目标企业的经理人员对声誉效应更敏感；相反，已采取反接管措施的企业的经理人员对声誉效应不敏感。因此，前者倾向于负债融资，后者则倾向于股权融资。

2. 信号显示理论

信息完全是MM理论的一个重要假设。根据这一假设，企业经营者和投资者对企业未来的收益状况都拥有完全的信息，根据完全信息做出的决策，充分有效的资本市场正是依据这个假设来评价企业市场价值的。然而在现实经济活动中，完全信息是不可能的。而企业的经营者比投资者拥有更多的企业内部经营活动的信息，是比完全信息更接近现实的假设。因此在现实的经济活动中，不对称信息的假设理论更容易为人们所接受。

（1）Ross模型。

罗斯（Ross）首次系统地将不对称理论引入企业资本结构分析，在20世纪70年代的一篇论文中，他提出了公司负债融资的信号显示理论。该理论探讨在不对称信息下，企业怎样通过适当的方法向市场传递有关企业价值的信号，以此来影响投资者的决策。

给定投资水平，负债比率可以作为传递内部人私人信息的一种信号。负债的这种信号传递效应由Ross（1977）首先发现。在Ross模型中，企业收益服从一阶随机显性分布，且经理人员了解企业收益的真实分布状态，而投资者不了解。如果市场高估企业证券价值，经理人员将从中受益。反之，如果企业破产，经理人员将受到相应的惩罚。因此，投资者将高负债看做是企业高质量的一种信号。对任一负债水平而言，低质量企业的边际预期破产成本都较高，因此，经理人员难以模仿高质量企业进行债务融资。这样，高质量企业通过发行更多的债务将自己与低质量企业区分开来。

假设时期 1 企业的预期收益 x 在区间 $[0, t]$ 上服从均匀分布，则公司的破产概率为 D/t，该公司的破产损失为 L，预期收益为 $t/2$，经理人员具有关于 t 的私人信息。为了最大化企业时期 0 的加权平均市场价值及时期 1 的预期价值，并最小化其自身面临的破产惩罚，经理人员将选择票面价值为 D 的债务融资。以 $V_0(D)$ 表示时期 0 企业负债的市场价值，经理人员的目标函数为

$$\text{Max}\{(1-\gamma)V_0(D)+\gamma(t/2-LD/t)\} \tag{1.11}$$

式（1.11）中，γ 为权重，$t/2$ 为给定经理人员信息条件下企业在时期 1 的预期盈余，D/t 为经理人员对企业破产概率的估计。如果经理人员发行债务为 D，投资者预期 $t=a(D)$，则

$$V_0(D)=a(D)/2 \tag{1.12}$$

将式（1.12）代入目标函数，并对 D 求一阶导数。在均衡条件下，投资者能够依据 D 正确地判断 t，即如果经理人员选择最优负债水平 $D(t)$，则

$$a(D(t))\equiv t \tag{1.13}$$

将式（1.13）代入式（1.11）的一阶条件，并解所得到的等式，得

$$D(t)=ct^2/L+b \tag{1.14}$$

式（1.14）中，c，b 为常数。

Ross 模型的主要结论是企业价值或企业获利能力与负债/股权比例正相关。由式（1.14）还可以看出，在其他条件相同的条件下，破产惩罚的增加将导致负债水平的下降。

（2）风险厌恶模型。

在存在信息不对称的情况下，为使投资项目融资能够顺利进行，筹资方与出资方就必须交流信息，这种交流可以通过信号的传递来进行，例如掌握了内幕信息的企业家本身对申请融资的项目进

行投资，这本身就向投资者传递出投资项目是个好项目，即企业家进行投资本身就可作为这个投资项目质量的信号。利兰派尔推出几个有意义的命题：①给定投资项目的风险越大，意味着债务最优水平越低；②与可能的破产成本无关，带来风险收益的企业其最优负债水平越低。

（3）Heinkel 模型。

Heinkel（1982）设计了一个模型。但在 Heinkel 的模型中，没有假定企业收益服从一阶随机显性分布，相反，而是假定高质量企业有较高的市场价值，且其股票价值较高，债券价值较低（对于给定面值的债券，其市场价值较低）。在这一假设条件下，内部人借助给定数量的外部融资追求剩余索取权最大化，与此同时，企业质量得以自动分离。这是因为，任何一家企业，如果企图模仿其他类型企业进行融资，虽然会从一种证券的价值高估中获益，但同时也要承担另一种证券被市场低估的损失。均衡状态下，每一类企业按照边际收益等于边际损失的原则决定发行各种证券的数量。高质量企业不会模仿低质量企业。低质量企业要模仿高质量企业必须增加低定价的债务发行，减少高定价的股权发行，这会增加低质量企业的经营风险。结果，高质量企业发行更多的债务，低质量企业发行较少的债务，其结论与 Ross 模型一致。

3. 优序融资理论

在罗斯研究的基础上，迈耶斯（Myers）与麦吉勒夫（Mailuf）进一步考察了信息不对称对资本结构的影响，发展了融资方式的优序融资理论。

根据信号显示理论，由于管理者与外部投资者相比享有信息优势，外部投资者只能根据内部人所传递的信号来评价他们的投资决策。企业资本结构、融资决策或股利政策都是内部人传递信号的手段。假设企业现有一个新的高盈利性投资项目，且该项目一旦付诸实施，一定能使企业价值上升。当存在非对称信息时，投资者对这个项目的盈利能力缺乏足够的认识。此时，企业若选择发行新股筹集资金，往往被市场误认为其资金周转失灵。因此，其公司股票价格将下跌，而不是上升。此外，公司招股说明书用语相当谨慎，并不能充分说明投资项目的前景，证券交易法规也禁止企业在招股说明书上过分乐观地描述项目前景。所以，企业最为稳妥的融资选择是以保留盈余进行内部融资。这样不仅可以避免外部融资所造成的企业价值下跌，而且可以确保原有股东的利益。在企业保留盈余不足以满足项目投资的资金需要的情况下，企业外部融资的最优选择应当是债务融资。因为，利用债务融资，一旦项目实现盈利，债权人得到的只是固定利息，得到"大头"的仍然是原股东。再者，债务融资以企业资产为抵押，通常对企业价值的影响较小。

在这种情况下，迈耶斯和麦吉勒夫得出的研究结论是：由于非对称信息总是鼓励企业管理者少用股票融资，企业总是先用企业内部积累资金来投资，其次是发债券，直到因债券增发引起企业破产概率达到危险区后才发行股票。

这个结论与1965—1982年美国经验统计基本相符，此间美国非金融企业集资总量中，内部积累占61%，债券占23%，股票仅占2.7%。由于内部人和外部人关于企业的真实价值或投资机会的信息不对称，导致了企业市场价值的扭曲，降低了投资效率。不同的融资结构会传递有关企业真实价值的不同信号，管理者应选择合适的融资结构，即资本结构，以增强正面的信号，避免负面的信号。

4. 控制权理论

20世纪80年代后期，有关资本结构的研究重点转向探讨公司控制权市场与资本结构的关系。这是因为普通股有投票权而债务则没有，因此资本结构必然影响企业控制权的分配。

(1) 哈里斯和雷维吾模型。

Harris和Raviv（1988）考察了经理人员持股、资本结构与接管市场之间的关系。他们假定经理人员既从其所持股份又从其控制权获益。由于在任经理人员与其竞争对手的经营能力不同，企业价值取决于接管市场竞争的结果。接管市场竞争的结果反过来又受经理人员持股比例的影响。因此，必须对经理人员持股比例进行权衡：一方面，随着在任经理人员持股比例的提高，其掌握企业控制权的概率增大，其收益也随之增大；另一方面，如果在任经理人员持股比例过大，企业价值及相应的经理人员持股价值就会下降，这是因为更有能力的潜在竞争者成功的概率变小。在任经理人员通过权衡其持股收益与控股损失确定其最优持股比率。由于经理人员持股比率由企业资本结构间接决定，对持股比率的权衡也就演变为一种资本结构理论。具体而言，假定在任经理人员所持股份固定不变(可用其初始股份代表)，他们可以通过提高企业负债水平，回购消极投资者所持股份，增加其持股比例，从而最大化其个人收益。最后，他们得到如下结论：一般而言，代理权之争需要负债，而确保企业不被接管则需要更多的负债，因此，接管目标通常会提高其负债水平。

(2) AB (Aghion 和 Bolton) 模型。

AB 模型集中讨论了债务契约中的破产机制。得出的结论是：在一个多期的过程中，当出现不利、公开观测得到的收益信息时，将控制权转移给贷款人是最优的，这样，融资结构的选择也就是控制权在不同证券持有人之间分配的选择，最优的负债比例是在该水平上导致企业破产时将控制权从股东转移给债务人。这是由企业家与外部投资者的目标差异所决定的。企业家既关心货币收益，又关心非货币收益，而外部投资者只是关心货币收益。最优资本结构应保证社会总收益最大化。正是基于社会总收益最大化的考虑，利用与破产机制密切相关的债务契约优化资本结构，以实现控制权的适时转移，就显得尤为重要。

(3) Israel 模型。

Israel (1991) 认为，如果接管发生，增加负债将增加目标企业股东的收益，同时，负债增加又会降低企业被接管的可能性。不过，在 Israel 模型中，目标企业股东收益因负债水平提高而增加的作用机制有所变化。Israel 观察到，根据债务契约，债权人享有固定数额的接管收益。因此，目标企业股东与收购企业股东只能就事先未承诺支付给债务人的那部分收益讨价还价。一般而言，在接管得以实施的条件下，负债数量越多，收购企业支付的价格就越高，但收购企业获得的收益份额反而越小，目标企业股东所得却越多。这是因为目标企业股东可以因增加发行债券而获得接管实施后由于管理水平提高而形成的负债溢价。这样，一旦接管发生，目标企业的负债水平越高，其股东的收益也越多。企业最优负债水平是权衡接管中因负债增加而导致的目标企业收益增加效应与接管可能性减少效应的结果。

从以上的讨论中可以发现，资本结构的契约理论实际上也是对MM定理的发展，相当于放松了无交易成本和信息对称等经典的MM定理假设条件。总而言之，现实生活中的税收、交易成本、破产成本以及信息的非对称等一系列因素，使得公司的市场价值与公司的资本结构密切相关。

从前面对资本结构理论的简单回顾中，可以看出，在信息对称条件下，资本结构理论基本是沿着理财的角度研究企业价值与资本结构之间内在的关系，资本结构与公司治理几乎没有什么直接关系。随着对信息对称假定的放松，资本结构理论逐渐侧重公司实体的权利、利益关系意义上的研究，强调公司的激励与绩效，考虑了资金提供者与经理人之间因信息不对称产生的委托代理问题，分析了资本结构如何通过公司治理结构来影响企业的市场价值，使得我们可以深入探究资本结构与公司治理的紧密关系。资本结构是公司治理的前提和基础，公司治理是资本结构的体现和反映，不同的资本结构设计影响了公司的治理成本，导致了不同的公司业绩。因此，可以通过资本结构的调整与变动，有效构建公司治理。

第二节　资本结构与公司治理相关关系

一、公司治理理论

（一）公司治理

关于公司治理的有关研究很早就存在①，比较典型的有伯利和

① 一般认为，最早提出与公司治理类似的概念的是威廉姆森（Williamson）（1975），他提出的是治理结构（governance structure）的概念，与公司治理的含义已较为接近。

米恩斯（Berle and Means）1932年发表的文章《现代公司和私有财产》，他们提出了所有权和控制权分离的理论，为公司治理的基本理论——代理理论奠定了基石；詹森和梅克林（Jensen 和 Meckling）1976年发表的关于代理成本的开创性论文，其焦点是降低代理成本，使所有者和经营者的利益相一致；法玛和詹森（Fama 和 Jensen）（1983）的文章则侧重于股东的利益；科克伦和沃提克（Cochran 和 Wartick）（1988）认为公司治理要解决的是公司的管理人员、股东、董事会及其他利益相关者的各种问题；布莱尔（Blair）（1995）将公司治理做了狭义和广义之分，从两个角度探讨公司治理的含义；斯雷佛和维什尼（Shleifer 和 Vishny）（1997）认为公司治理要处理的是公司的资本供给者确保自己可以得到投资回报的途径问题。在国内的有关文献中，费方域（1996）研究的主要内容是设计控制内部人控制的机制；林毅夫（1997）认为最重要的是要通过竞争市场所实现的间接控制来实现外部治理；张维迎（1998）认为公司治理结构是这样一种解决股份公司内部各种代理问题的机制。

从以上的各种有关公司治理的文献中可以看出，尽管公司治理的研究已经系统化，但对于公司治理还没有一个统一的定义，每位学者都是从自身研究的角度去定义公司治理，都有其可取之处。

这里我们认为公司治理有狭义和广义之分。狭义的公司治理是指一组联结并规范公司股东、董事会、经理人之间责、权、利关系的制度安排；广义上，公司治理还包括公司与其他利益相关者（如员工、客户、供应商、债权人和社区等）之间的关系，以及有关的法律、法规和规则等。从内容上看，公司治理包括三个层次：公司内部治理机制、公司外部治理市场、有关公司治理的法律法规。公司内部治理机制的主要内容是在公司内部构造一个合理的权力结构，从而在股东、董事会与经理人之间形成一种有效的激励、约束与制衡机制，以保证公司遵守有关法律法规、并实现公司及股东利益的最大化。公司外部治理市场主要是指公司外部的产品市场、资本市场、经理人才市场等通过产品与价格竞争、公司控制权竞争、经理人才竞争等方式对公司产生的激励约束作用。有关公司治理的法律法规主要是指政府及监管部门为了保护广大投资者的利益、保证公司遵守国家法律与社会道德规范而制定的一系列规定，包括董事的法律责任、会计准则、信息披露要求等，这些法律法规构成了有关公司治理的法律约束。良好的公司治理机制既包括一个有效的公司内部激励、约束与制衡机制，也包括一个有效的公司外部治理市场，同时还必须有一套完善的有关公司治理的法律法规和执法系统。

（二）公司治理的有关理论

公司治理的涵义上面已经说明，那么如何解决好公司的治理问题，还需要以治理的理论作为研究的基础。公司治理理论的发展从最早的古典管家理论开始，已经经历了相当长的一段历史时间。随着时间的推移，一些治理理论已经不能支持现代公司治理，而一些新的理论又相继替代出现。

1. 古典管家理论

古典管家理论是以新古典经济学的理论为基础的。新古典经济学认为企业是在一个信息与资本能够自由流动的、在完全竞争市场中的一个具有完全理性的经纪人。该理论认为，由于完备信息和古典管家（代理人）无比忠诚于所有者（委托人）并以所有者利益最大化作为自己行动的最高标准。因此，不存在控制权安排和代理人问题，公司治理结构被看做是古典的信托责任关系。

在此意义上，公司治理表现为股东主权至上，以信托为基础的股东与董事会、总经理间的关系使经营者亦会按照股东利益最大化原则行事。

2. 委托代理理论

委托代理理论是以信息经济学为基础的。代理理论认为一人为获取某种服务而雇佣另一人代为决策和实施时，委托代理关系便产生了，前者称为委托人，后者为代理人，委托人与代理人之间的契约为代理合同。如果契约是完备的，契约中将规定所有可能发生的情况，就不会存在委托代理问题，但在实际中，契约不可能是完备的，这正是因为人们之间信息的不对称。在现代企业制度中，委托代理关系是随着企业的所有权和控制权相分离而产生的①。

随着企业规模的扩张，企业的技术和管理过程日益复杂化、专业化，这就使得公司所有者不可能亲自经营自己的公司，而是要在保留公司所有权的同时将公司的资产经营权委托给职业经理人去行使。于是，所有权与经营权发生了分离，即“两权分离”。而由两权分离导致的公司所有者与管理层的对立所引发的代理问题正是委托代理理论研究的主要内容。委托代理理论认为，现代公司治理的主要目的就是降低两权分离所产生的代理成本。该理论放弃了新古典理论的一般假设并认为：首先，作为代理人的经营者和作为委托人的所有者具有不同的效用函数。经营者的目标是追求自身利益的最大化，而所有者追求的是利润或公司价值最大化，于是不同的利益取向形成了两者激励的不相容。其次，所有者和经营者所拥有的信息是不对称的。经营者对自己的能力、偏好和努力程度所拥有的信息要远远超过所有者，所以，只要度量成本足够高，经营者就会利用私人信息优势而采取对所有者不利的机会主义行为来谋求个人利益。委托代理关系的实质是委托人不得不对代理人的行为后果承担风险，而这又来自信息的不对称和契约的不完备。因此，需要制衡的机制来对抗潜在的权利滥用，用激励机制使代理人为股东出力和谋利。依照这个理论，公司治理被看做是委托代理关系。

3. 现代管家理论

古典管家理论建立在完备信息及完全竞争假设条件之上，显然无法解释现实经济现象；而委托代理理论的前提是代理人的偷懒行动和自利行为，经实证分析也不完善。因此，Donaldson（1990）提出了一种与代理理论截然不同的理论——现代管家理论。该理论认为人是复杂的社会人，代理人有自尊、信仰和事业成就感，会不断努力成为公司的现代好管家，即委托人与代理人利益是可以一致的，公司治理结构被看做是现代的信托责任关系。现代管家理论认

① 200多年前，亚当·斯密就认为股份公司在产权安排上存在缺陷。他在《国富论》（1976）一书中说道“在钱财的处理上，股份公司的董事为他人尽力，而私人合伙公司的伙员则纯粹为自己打算……”

为，在自律的约束下，经营者和其他的相关者的利益是一致的。

4. 产权理论

产权理论认为所有权规定了公司的边界，是控制公司权力的基础。这些权利包括提名和选举董事的权力，要求董事就企业资源的配置做出决策并给予解释的权力，任命独立审计师检验公司账目的准确性及对董事的报告和账目提出质疑的权力，等等。而对于公司资产运作和日常经营的控制权，则分别授予董事会和经理层掌握。要想使企业组织能够有效发挥其比较优势，必须解决好对企业的成员特别是高级管理人员的激励和约束问题，使企业成员在关心自身利益的基础上实现企业收益的最大化。要解决这个问题，须从制度上将企业的产权结构化，在企业内部形成一种可监督的结构性制度安排。这种有效的制度安排借助产权制度的调整，赋予监督这一财产的剩余索取权，即企业其他成员以工资形式获取劳动报酬，而监督者获取扣除工资等固定支出后的剩余收入。依照这个理论，公司治理被看做是产权或控制关系。

5. 相关利益者理论

西方古典公司治理理论是以古典管家理论（董事会由于有信托的责任，而会以公司的利益最大化为重）或者更为现代的代理理论为基础的，这些思想开始受到人们的质疑，因为它们把更广泛的相关者的利益排除在外（Moon 和 Otlev，1997）。虽然关于如何确定相关利益主体在公司治理中的地位和作用，还远未形成完整的理论体系，但有许多公司已经在这方面做了有益的尝试。例如，员工持股计划、雇员进入董事会和监事会、董事会结构的重构以及机构投资者和债权人的作用，等等。同时，我们的环境正发生着复杂、快速的变化。在此环境下，顾客和投资者在购买产品和进行投资上拥有前所未有的广阔天地。公司的权力正在由内部向外部转移，正在由管理阶层向自由市场转移，趋向于在其利益相关者之间重新分配，特别是向顾客、投资者、供应商和社区手中转移。因此，如何在公司、股东、竞争对手、供应商、经销商、顾客、员工、社区等利益相关者之间建立起一套有效的制衡机制已成为历史发展的必然要求。

二、资本结构、公司治理与企业价值

（一）资本结构的公司治理效应

资本结构是公司治理机制最重要的一个方面，治理机制的有效性在很大程度上取决于资本结构。从理论上讲，只有公司治理达到这样一种状态，即能够均衡所有对公司有经济资产投入的利益主体在公司中的权利和利益，才是效率最高的治理结构。公司为了达到较理想的治理绩效就要在资本结构中对负债和股权结构进行选择，进而形成资本结构的治理效应。资本结构的治理效应主要体现在两个方面：股权的公司治理效应和债权的公司治理效应。

1. 股权的公司治理效应

股权的治理效应，也就是股权结构对企业治理效率的影响，其具体表现为股东如何有效地控制和监督经营者行为。股权结构对公司治理的影响主要取决于两个因素——股权集中度和股权构成，股权集中度和股权构成的不同安排对企业的治理结构和经营绩效都有决定性的影响，合理的股权结构才能形成完善的治理结构。一般认为，在股权高度集中的情况下，股权结构对公司治理既可能产生利益趋同效应，又可能产生利益侵占效应。所谓利益趋同效应，是指由于股权高度集中，使大股东具有足够的激励去收集信息并有效监督管理层，从而避免了股权高度分散情况下的“免费搭车”问题。所谓利益侵占效应，是指控股股东的利益和外部小股东的利益常常并不一致，在缺乏外部控制威胁，控股股东可能以其他股东的利益为代价来追求自身利益，从而使自身福利最大化。而在股权高度分散的情况下，股权结构过于分散易造成“内部人控制”问题。内部人是指经营管理企业的经理人员，由于他们相对于外部股东具有明显的信息优势，并且他们和股东的效用目标不同，因此存在着经理人员为了追求自身利益的最大化，而损害股东利益的可能。“内部人控制”主要表现为过分在职消费、短期行为和过度投资等方面。而就股权构成而言，就大多数上市公司来讲，股东包括个人、非金融企业、非银行金融机构、政府、国外投资者、一般职工及高层管理者，在一些国家，商业银行也成为上市公司的股东，甚至是大股东。股东性质的多样性，使得股东对公司进行监督和控制的手段以及进行监控的积极性各有不同。比如，银行作为公司的股东，可以利用其向公司发放贷款和其在银行开设的账户，对公司的经营状况和财务状况进行及时的监督和控制。

股权视角下的公司治理机制主要体现在股票的所有者，股东拥有对企业的剩余索取权和剩余控制权。一方面，作为公司股权资本的供给者，股东拥有由其出资额所决定的资本受益权，此种受益权是一种剩余索取权，股东根据其所持股份等比例地获取企业的剩余收益，即对企业收入扣除其他所有固定支付后的余额。另一方面，作为企业剩余收益索取者的股东，拥有企业的剩余控制权，此种剩余控制权是通过股东所持股票的投票权实现的。在上市公司中，股东对企业的控制权主要是通过内部治理机制和控制权市场等两种途径来实施的。

内部治理机制是股东以其所拥有的“每股一票”的投票权，通过投票选择经营者和参与公司重大事项的决策来实现的。首先，股东通过股东大会来行使投票权，达到对公司的最终控制作用。在投票制基础上，一些要夺取公司管理权的人（也包括股东），也可不必通过收购股份而是通过说服、联合其他股东，以争夺更多投票选举的方式挤掉在职管理者或改变公司的政策。投票制和在此基础上形成的争夺代理权，就是股东控制权的基本形式。其次，由股东决定了董事会的人选，而董事会这种内部治理机制的一个功能就是控制经理和股东利益之间的不一致、监管沉溺于机会主义行为的经理，特别是部分股东进入董事会之后，股东的控制权又顺延到董事会中或间接通过董事会机能进一步发挥出对经理层的控制作用，如果经理未能对股东尽法律上的义务，或者股东认为经营者因道德风险行为而未能使经营有效率时，股东可以通过董事会更换企业经理。董事会监控成为股东控制权的又一形式。内部治理机制的有效性受多方面因素的制约，主要包括股权结构、股票所有权的集中程度、股东的性质、股东的投票权限的强弱和投票机制。

当公司股权很分散或者股权结构中存在大量的有“廉价投票权”的股票，使得内部治理机制不能有效发挥作用，这时通过市场退出和控制权市场这种外部治理机制能有效地解决股东控制经理的问题。股东对公司业绩和管理效率表示不满或失望的信号就是利用资本市场转让股份或抛出股票。控制权市场主要通过兼并、收购、敌意收购、杠杆收购等方式来使企业达到效率经营目的。这种对公司经营者有致命打击的“接管”是资本市场比较发达的国家中一个非常重要的外部治理机制。股票的可转让性及股票的所有权特征构成了控制权市场的基础。当企业的经理经营不善，经营效率低下，或者股东无法有效地对董事会和经理进行控制时，股东可以利用将股票转让给外部投资者或收购股份等方式将企业的经营管理权转移给能为股东利益进行效率经营的经理。而且，控制权市场的存在，能给企业经理以潜在的压力，使董事会和经理能自觉地按股东利益要求，从事经营活动。退出和接管机制，可以说是股东一种剧烈的彻底的外部控制权形式。市场退出和控制权市场这些外部治理机制有效性的必要条件是公司的股票必须公开发行，而且还必须能在资本市场自由地买卖。充分条件是资本市场必须是有效率的市场，即资本市场上交易的金融证券的价格要能正确地反映公司的经营业绩，在这种情况下，资本市场的定价功能才能正确且充分地发挥作用。否则，就会使企业的外部治理机制扭曲，造成治理失灵。

以上投票权、争夺代理权、董事会监控、退出和接管机制共同组成一个有机的股东控制权体系，该体系又构成公司治理机制的基本组成部分。在这里需要注意的是，同样是股东，小股东的控制意义就无法与大股东相比。小股东发挥作用的主要途径就是投票权和退出，往往对公司经营者形成不了太大的制约。争夺代理权、董事会监控和接管这些直接决定公司经营者命运的控制活动基本都是由大股东或机构投资者操纵。不过，小股东往往成为大股东为壮大自己竞争实力时所考虑的联合对象。

2. 债权的公司治理效应

债权的治理效应，即负债对公司治理机制效率的影响。债权的相机控制使公司的控制权在公司发生财务危机、面临破产的情况下发生了转移，公司的剩余控制权和剩余索取权由股东转移到债权人，从而实现治理机制的重新安排，这种情况下可以实现债权人直接对经营者的控制，负债可以更好地约束经营，所以在强化债权的"相机控制"的基础上适当增加负债比率也可以起到对"内部人控制"的抑制作用。

债务合约具有这样的特征：债务人向债权人承诺一个非或有的支付流；债权人有权在违约状态下取消债务人资产的赎回权；破产时债权人有优先权。在新古典企业金融理论中，在企业正常经营情况下，债权人按负债合约规定获取固定利息收益，债权人不拥有企业的剩余索取权和剩余控制权；当企业破产时，债权人通过清算，获取企业的剩余索取权。在现代企业金融理论中，债务合约不仅仅隐含着对现金流量的状态索取权，而且隐含着控制权的配置。在委托代理理论中，负债的作用是在破产可能性出现的情况下，阻止企业继续经营。在交易费用理论中，负债是通过破产的威胁来对经营者施加市场压力的工具。在不完全合约理论中，强调的是负债所具有的企业重组功能，认为当企业经营破产时，不仅仅只是剩余索取权由股东向债权人的转移，还包含着控制权的转移。负债从本质上隐含着控制权的配置，当企业违反债务合约或资不抵债时，债权人拥有企业的控制权，可以通过处理抵押资产、迫使企业破产等方式来行使控制权，对经营者构成硬约束。这就是说债权人对企业的控制通常是通过受法律规范的破产程序来进行的。

大多数国家的《破产法》规定债权人对偿债能力不足的企业可以有两种处理方式：一种是清算，即把企业的资产拆开卖掉，收益按债权的优先序列分配；另一种方式是重组，即由股东、债权人和经营者等就是否对负债企业的资产及负债重新进行调整、组合和处理的协商过程。如果重组后的价值大于清算的价值，破产企业可能被重组。典型的债务重组是"债转股"，延期偿债，减免债务本金和利息，注入新的资本等；典型的资产重组可能包括剥离不良资产，引入新的管理制度，改变经营方向及采用更合适的生产技术。

由于交易成本问题，清算与重组之间的选择与债权人的集中度有关。如果债权人比较集中，每个债权人持有的债权比较大，重组的可能性就大，因为大的债权人清算后的损失大，而债权人较集中时达成重组协议的可能性也大。相反，如果债权人比较分散，每个债权人持有的债权相对较小，重组的成本就高，清算的可能性就大。

尽管债权人控制的意义多围绕着破产情形，债务融资也可能提供其他方式来有效的缓解经营者的代理问题。债务会迫使经理将企业现金收入及时分配给投资者而不是自己挥霍，债务还会迫使经理们出售不良资产及限制经理进行无效但能增加其权力的投资。当债务人无力偿债或企业需要再融资以偿还到期债务时，债权人就会根据债务合约对企业的财务状况进行调查，从而有助于揭示企业的信息并更好地约束和监督经理。

（二）公司治理对资本结构的影响

针对公司治理对资本结构的影响研究直到 20 世纪 70 年代后期才开始受到学术界的重视。在这方面进行开创性研究的是詹森和梅克林（1976）。他们提出的代理成本理论从股权结构和管理者激励的全新视角探讨了资本结构的决定因素，指出公司最优资本结构取决于外部股权代理成本与外部债务代理成本。针对资本结构的代理成本理论，国外学者做了大量实证研究。Friend 和 Lang（1988）的实证研究显示，无论公众公司还是私人公司，当主要股东身兼管理者时，公司负债比率普遍较高。在公众公司中，当主要股东身兼管理者时，公司负债比率随着管理者持股比率的上升而下降，而在私人公司中，无论管理者是否由主要股东兼任，公司负债比率都与管理者持股比率负相关。Kim 和 Sorensen（1992）的研究认为，公司选择负债融资的可能性会随着管理者持股比率的提高而增大。Mohd、Perry 和 Rimbey（1998）研究了管理者持股和股权分散程度对资本结构的影响，结果表明，管理者持股与负债比率呈负向关系，股份分散程度与负债比率呈正向关系。Timothy Brailsford 等（1999）以 216 家澳大利亚上市公司为样本进行的实证研究发现，公司负债水平与其外部股权呈正相关关系，与内部人持股呈 U 形曲线关系。

国内学者开展公司治理对资本结构影响的实证研究是 21 世纪初才兴起的。主要发现如下。

①股权集中度（第一大股东持股比率）与负债比率负相关（梁彤缨等，2001；谭克，2004；曹廷求、孙文祥，2004），但肖作平（2004）的结果是正相关。②流通股比率与负债比率不相关（蒋殿春，2003；曹廷求、孙文祥，2004），但也有一些研究认为两者的关系是负相关关系（谭克，2004；肖作平，2004）。③负债比率随着管理者持股比率的增加而下降（吕长江、王克敏，2002；顾乃康、杨涛，2004），但曹廷求、孙文样（2004）的研究表明，负债比率与董事长持股比率正相关，而与总经理持股比率的关系在统计上不显著。肖作平（2004）却得出了二者不相关的结论。④董事会构成对公司资本结构具有重要影响，董事会中内部董事占大多数，导致内部人控制失控，上市公司内部人可以不受股东和市场的约束，按照自己的意志和价值取向选择融资方式和安排资本结构，形成强烈的股权融资偏好（黄少安、张岗，2001）。⑤中国上市公司经理的收益主要来自控制权收益，而与股票价格无关，股票价格对管理层不构成约束和激励，因而管理层并不关心配股造成的股价下跌（刘明、袁国良，1999）。⑥国有上市公司高管激励模式属于行政导向，民营上市公司的高管激励模式属于市场导向，但两类上市公司高管激励模式的不同并没有导致其资本结构的差异（吴晓求等，2003）。

1. 股权结构与资本结构

股权集中度是股权结构的基本标志。股权集中度对公司融资决策有很大影响，因为融资方式的选择要涉及两种关键成本：一是风险成本，即投资者的投资风险损失；二是治理成本，即维持公司治理有效运作而发生的成本，它主要包括治理的组织结构本身发生的成本和治理活动的组织协调成本（李维安，2002）。这两种成本与股权的集中或分散存在密切关系，如果公司存在控股股东即股权高度集中于第一大股东手中（拥有绝对控股权或相对控股权），按照所有权与剩余索取权相匹配的原则，公司所取得的一切利益大部分应该归该股东所有，在利益的驱动下，第一大股东为追求利益的最大化，就会利用一切制度和手段积极主动地监控经营者的行为，由于这属于高度的内部监控，因而监控花费少，治理成本低，但股权高度集中在第一大股东手里，对该股东来说投资风险大，风险成本高。因此当一家公司股权高度集中于第一大股东时，其在融资方式的选择上更有可能推崇股权融资，以分散投资风险，减少风险成本。结果使该公司的股份由更多的股东持有，第一大股东的风险成本虽然降低了，但相应地削弱了其对公司的控制权。随着公司股权的日趋分散，治理成本会不断上升，第一大股东为了防止控制权的进一步松散以及治理成本的上升，在融资方式的选择上更倾向于负债融资。

如果公司存在若干个大股东，那么随着大股东持股比率的增大，其监督和控制管理者行为的激励也随之增强以保护其显著的投资利益（Stiglitz，1985；Shleifer 和 Vishny，1986）。由于债务作为一种治理机制在约束管理者的在职消费行为方面较其他直接干预的方法效率更高，而大股东持有比管理者更为分散的投资组合，风险厌恶程度相对较低（Friend 和 Lang，1988），因此，大股东具有使用债务机制的偏好，并拥有足够的投票权以实现其偏好。另外，持股比率较高的第二大股东的存在，将对第一大股东起到一定的制衡作用，使公司在资本结构决策中可以避免绝对控股情况下第一大股东的“一言堂”现象（肖作平，2004）。

2. 董事会特征与资本结构

董事会作为代表公司行使法人财产权的决策机构，处于公司内部决策体系的顶端，也是公司治理的核心。公司所有权和控制权两权分离后，委托人（股东和债权人）需要通过董事会来选择和监督代理人（经理层），并解决如何分担剩余风险和进行决策控制等问题。董事会的任务包括监督代理人的行为和做出公司重大决策，以防止公司代理人损害公司委托人的利益。描述董事会特征的变量主要有董事会规模、内部董事比率，独立董事比率，以及董事长和总经理两职状态等，把这些变量与资本结构相联系，可以考察董事会特征对资本结构决策的影响。

（1）董事会规模。

根据代理理论和组织行为学的观点，董事会人数太多，不利于公司治理效率的提高。Evans 和 Dion（1991）指出，董事会规模越大，董事们参与董事会会议的积极性和达成一致意见的可能性都会降低。Lipton 和 Lorsch（1992）进一步指出，董事会人数的增加虽然会增强董事会的监控能力，但也会带来相应的成本，如决策速度趋于缓慢、举行更少的关于经理层绩效的公正性讨论，这些成本将超过上述收益。Alexander 等人（1996）则认为，公司董事会规模较大时，经理可以通过一些策略在与董事会成员的交往中获取权利优势，比如结盟、提供有选择性的信息渠道、分化和"征服"等。Jensen（1993）也认为当董事会人数超过 7 人或 8 人时，它们有效运作的可能性就越小，就越容易被 CEO 所控制。

那么董事会规模对公司资本结构决策的效应究竟如何呢？我们试图给出两种解释。一种解释是，董事会规模越大，越难以达成一致意见，如果采用股权融资方式，由于存在股权和控制权稀释效应，公司要付出高昂的交易成本解决沟通和协调问题。而负债融资方式不会稀释现有股东的股权，也不会轻易动摇现有股东的地位，因而容易被董事们所接受。另一种解释是，董事会规模越大，越容易被经理们所控制，董事会成为一种象征的可能性也就越大。这样经理们的效用函数就决定了公司融资方式的选择。

（2）董事会构成。

内部董事通常是指担任董事的控股股东和公司经理等内部人。内部董事比率越高，董事会独立性就越低，公司的资本结构决策将在更大程度上反映内部人的融资偏好。在我国，股权融资市场存在软性分红约束，股权融资不仅资本成本低，不影响控股股东和经理对公司的控制权，还增加了可自由支配的现金流，而债务融资却减少了公司的自由现金流（Jensen，1986），对内部人具有更强的约束作用，所以，内部人偏好较低的负债水平。

在现代公司中，董事会是股东的受托人，董事会的独立性是其对经理层进行有效监督的前提。独立董事由于在财产、人格、业务、利益和运作上都具有独立性，不像内部董事那样直接受制于控股股东和公司经理层，因此可以比较客观公正地参与董事会的活动，有利于董事会对公司事务的独立判断。但我国的公司独立董事并不独立。

(3) 董事长和总经理两职状态。

董事长和总经理两职状态，即董事长是否兼任总经理，是董事会的另一特征。当董事长和总经理两职合一时，由于决策控制权(decision control) 和决策管理权 (decision management) 集于一身将导致董事会对总经理监督的有效性降低，而董事会不能有效行使监督、考核、解聘总经理等关键职能，内部治理系统将失灵(Jensen, 1993)，这样，董事长或总经理对公司的融资决策就有绝对的发言权。由于控制权市场和经理市场在我国仍不发达，不足以对管理层构成威胁，通过发行股票筹集的资金被普遍视为既缺乏监督约束又没有偿付股息压力的免费且永久的资金，而董事长或总经理支配的这种资金越多，越有利于自身效用的最大化。因此，相对于负债融资而言，股权融资给两职合一的董事长或总经理带来的收益更多，公司倾向于股权融资。当董事长和总经理两职分离时，股权融资的大部分收益会被协调董事长和总经理之间的意见分歧而产生的交易成本所抵消（梁彤缨等，2001），于是对董事长或总经理来说，负债融资的收益会大于股权融资的收益，公司倾向于负债融资。

3. 激励机制与资本结构

(1) 高层管理人员持股。

公司治理的重要作用，不仅体现在对高层管理人员的约束方面，而且体现在对他们的激励方面，二者是不可或缺的。高层管理人员持股可以使经营管理者拥有部分公司的剩余索取权，同时承担一定的经营风险，促使经营者关心公司的长期发展，所以高层管理人员持股是一种普遍接受的激励方式，其目的是通过股权收益与风险的有效结合促使高层管理人员的效用目标与公司的长远发展目标保持一致。由于对融资方式的选择可能触及到不同权益主体的切身利益，因此，在高层管理人员持股情况下，对不同融资方式的选择很可能会渗入个人利益因素。例如，当资产收益率和负债利息率一定，且资产收益率大于负债利息率时，高层管理人员的股权收益会随着负债融资数量的增加而增加。如果公司能够获得足够多的负债融资，以支持公司运作或项目投资，进而公司可以直接减少或者通过回购股份减少来自其他股东的股权融资数量，则负债融资数量增加及其他股东的股权融资数量减少的双重作用可以较大幅度地增加高层管理人员的股权收益（孙永祥，2002）。因此，高层管理人员作为与股东利益相一致的权益主体倾向于提高负债融资比率（Jensen 和 Meckling，1976），并且在债权人与高层管理人员之间存在信息不对称的情况下，还会产生资产替代效应，即他们会倾向于选择高风险项目进行投资，因为股东和经理等高层管理人员只承担有限责任：项目成功，大部分收益归自己；项目失败，大部分损失归债权人。Leland 和 Pyle（1977）指出，在外部资金来源一定的条件下，经理人员持股比率与债务水平正相关。Harris 和 Raviv（1988）也认为，经理人员可以通过提高负债水平来增加自己的股份。理论分析表明，在不完备的公司治理下，公司高层管理人员具有追逐债务资本的动力。但当公司高层管理人员持股比率较低时，高层管理人员持股对公司融资方式选择的影响可能得出相反的结论。高层管理人员持股比率偏低，说明其大部分收益并非由股权收益构成，而是来自控制权收益，因此，设法保留高层管理职位，并获得相应的在职消费利益远比持股并获取股权收益更为重要，高层管理人员在外部融资决策中倾向于相对安全的股权融资，即高层管理人员持股比率与负债水平负相关。

（2）高层管理人员薪酬。

薪酬制度是公司激励机制设计的重要内容。理论上，高层管理人员薪酬水平越高，他们就越有动力努力工作，在公司资本结构决策中将选择使股东利益最大化的融资方式。按照 Myers 和 Majluf（1984）排序理论的观点，他们应该在公司利润率较高时选择内部融资，当内部融资不能满足项目投资需要而不得不依赖外部融资时，对股价没有负面影响的负债融资是首选，结果导致负债率上升。吴晓求等（2003）在比较国有上市公司和民营上市公司两种不同的高管激励模式对资本结构选择的影响时发现，两类公司高管的薪酬即货币性收入没有显著差异，但国有上市公司的股权激励强度明显低于民营上市公司的股权激励强度。这说明两类公司在资本结构方面的显著差异与公司对高层管理人员的股权激励强度有关，而与高层管理人员的薪酬水平高低无关。

（三）资本结构、公司治理、企业价值三者的互动关系

融资结构的股权融资直接决定了所有权结构，而所有权结构的分配必然影响到企业的治理机制。资本结构的负债融资作为企业内部信息的信号，能有效地将企业的内部信息传递给外部投资者，增强投资者的投资激励。融资方式的合理选择有利于克服因信息不对称引起的过度投资和投资不足问题，负债融资同时还对控制权的分配和转移起着重要作用。

从某种意义上说，融资结构是公司治理结构最重要的一个方面，融资结构中的股权和债券契约表明不同的企业所有权配置特征，公司治理结构的有效性在很大程度上取决于融资结构。

同时，公司治理对于融资结构也有反作用。负债水平的确定是公司财务决策的一个重要组成部分（融资决策），它的最终决定则是股东、债权人和经理人员相互博弈的结果。公司治理正是通过决策机制来确定公司是否需要负债融资和负债融资的数量，进而改变现存的负债水平，从而影响企业的资本结构。

在治理结构与企业价值的关系上，我们认为治理结构将在激励、制约和保护的框架下使管理者积极工作，降低经理的内部人控制、控股股东对小股东的侵害，从而可以使企业价值得到提升。同时企业价值的改变又会通过公司内部融资决策和资本市场的反应作用于公司的融资结构。

从上述分析可以看出，无论负债融资还是公司治理都会影响到企业价值，而负债融资和公司治理之间又存在着互动的关系，孤立地研究两者对企业价值的影响是不全面的。负债不仅是企业资本的来源，它对股东和经理人员的行为和利益会产生激励或约束作用，并包含企业所有权配置的特征。因此负债水平是通过影响公司治理进一步影响企业价值。治理水平又对融资结构具有反作用，企业价值的改变也会对新的融资结构产生影响。在这个过程中，公司治理是联结二者的核心纽带。

第三节　行为金融理论与资本结构

一、行为金融理论

1951 年，Burrel 发表了论文《投资研究实验方法的可能性》，1969 年 Bauman 发表了论文《科学还是幻想》。这两篇论文都主张把心理学和金融学研究结合起来，认为将行为方法和定量投资模型相结合具有更大的意义。1972 年，Slovie 发表了一篇具有启发性的论文《人类判断的心理学研究对投资决策的意义》。这三篇论文可视为行为金融理论研究的开始。

行为金融理论发展的根本原因是虽然经典金融理论体系比较完美，能够对大量金融现象做出合乎逻辑的解释，但是其假设前提非常的苛刻，与此同时大量异常现象的产生和一些心理学实证研究均表明经典金融学存在根本的缺陷。行为金融理论对经典金融理论的严格假设条件反思，注重对个体行为的研究。行为金融研究首先关注的是"实际发生了什么"，注意对现实的研究，再试图找出这些现象背后深层次的经济学和超越经济学的解释。和经典的金融理论相比较，行为金融理论认为，金融市场上的经济行为是社会人在相互作用的过程中，以客观的形式外在表现出来的，是对经济刺激的主观反应。行为金融理论广泛地吸收了现代心理学的研究成果，为金融研究提供了新的方法或者路径。行为金融学的主要成就有期望理论（prospect theory）、过度自信理论（over-confidence）、反应过度（over-reaction）和反应不足（under-reaction）理论、效用价值和表现理论、行为资产定价模型、行为资产组合理论等。行为金融理论为公司财务研究带来了巨大的冲击，也为资本结构理论研究提供了新方法。

结合心理学研究的成果，行为金融学认为现实中的个体都是有限理性的，也就是说个体在决策过程中都存在着心理偏差，概括起来有如下两类。

（一）启发式偏差

问题解决的方法是多种多样的，一个问题的解决不仅依赖于问题的内容和性质，也依赖于人的知识和经验。一般来说，人们常用的解决问题的策略可以分为算法（Algorithm）和启发法（Heuristic）。所谓算法，是指解决问题的一套规则，它精确地指明解题的步骤。人类在解决规范性、确定性的问题时，尤其是就封闭性任务做出决策时往往采取算法思维，如数学家利用数学推导形成假设的过程是典型的算法过程。Heuristic 在字典里的定义是“启发式的、探索的”，是指人们不是严格理性地收集所有信息并进行客观分析和概率计算，而是试图在头脑中寻找捷径，依靠直觉或以往的经验做决策，也称之为“经验法则”或“拇指法则”（the rule of thumb），虽然算法具有理性推理的合理性，但有些情况下，不是所有的问题都有自己的算法，而且许多问题的算法过于繁杂，人们受制于时间、信息等限制，事实上很难应用这些算法。心理学的研究表明，人们在面对复杂的、不确定的、缺乏现成算法的问题时所采取的是启发式决策过程（Heuristic Decision Processes）方式进行决策，寻求解决问题的捷径。这种方法会导致人们形成一些经验规则，这些规则往往使得人们在处理问题和决策判断时有了一些相对迅速简单的方法和标准。在日常生活中，启发式决策经常被采用而且十分有效。比如，去 2000 公里以外的地方，坐飞机比火车快，去折扣店买东西便宜一些等。在这些情况下，我们不用经过论证才做决定，就知道结果是正确的。

但是当涉及与投资有关的投资行为时，大量的行为学研究发现，人并不是良好的直觉统计处理器（intuitive statistical processor）。人的心理状况会扭曲推理过程，常常会导致一些不自觉的偏差，这些错误的推理结果就表现为一系列心理偏差，即所谓的启发式偏差（heuristic bias），通常所说的错觉就是一个典型的例子。

1. 易获得性偏差

投资者在实际投资的时候，其决策与该问题的资料信息是否充分、容易获取有关。很多时候，人们只是简单地根据信息获取的难易程度来确定事件发生的可能性。Kahneman 和 Tversky（1973）将“容易令人联想到的事件会让人误认为这个事件常常发生”这种现象称为易获得性偏差。他们认为，之所以造成这种现象，是因为个人不能完全从记忆中获得所有相关信息，因此往往对容易记起来的事情更加关注，认为其发生的可能性较大。比如，具体事情比抽象概念容易记住，因此给人印象更深刻。现实金融市场中有许多这方面的例子，Shiller（2000）通过调查发现，由于 20 世纪 90 年代后期的股市繁荣伴随着网络的迅速发展，网络使用者们倾向于将股市繁荣归功于网络的发展。由于网络发展给人的印象比较深刻，相对于其他的事情，这些投资者认为网络在这一轮牛市行情中起着更为重要的作用。

2. 代表性偏差

Kahneman 和 Tversky 最早进行了这方面的实验探索。他们在实验中发现，被试者对先验概率是忽视的，其后验概率主要受样本信息的特征影响。人们倾向于根据样本是否代表（或类似）总体来判断其出现的概率，他们把这一效应称为“代表性启发”(representativeness heuristic)。常见的表现包括，人们习惯用大样本中的小样本去替代此大样本，或者凭经验掌握了一些事物的“代表性特征”，当人们判断某一事物是否出现时，他们常常只看这一事物的“代表性特征”是否出现。Grether（1980）也认为，人们会倾向于根据传统或类似的情况，对事件加以分类，然后在评估事件概率高低时，会过度相信历史重演的可能，或者说容易依赖于历史事件去评估某事件发生的可能性。

Kahneman 和 Tversky（1974）揭示了人们利用代表性的启发方法形成信念和推理时存在的两个严重偏差：一是过于注重事件的某个特征而忽视了其出现的无条件概率；二是忽略了样本大小对推理的影响。对于第二点，Kahneman 和 Tversky 指出，人们通常会认为一个小样本将具有与大样本近似相同的概率分布。也就是说，在评估某事件发生的可能性时，人们常常过度依赖自己所感受到的其他事件的经验而不重视整体母体的情况，误认为小样本也适用大数法则（Law of large numbers）。比如，人们会认为扔10次硬币出现5次正面和5次反面的事件与扔1000次硬币出现500次正面和500次反面的事件一样具有代表性。Rabin和Thaler（2001）称这样利用小样本特征反映母体特征的信念为小数定律（Law of small numbers），如果人们事先知道产生数据的过程，小数定律将导致“赌徒谬论效应”（Gambler's Fallacy），或者“反向调整的平均法则”。比如，在公平的扔硬币中连续产生多次正面，人们通常会认为下一次应该是反面，因为他们认为即使是一个小样本也应该遵守扔硬币正反概率相等的特征。

代表性偏差的两种表现在股票市场中也常常可见。比如对公司未来收益的预测就通常使用代表性启发法。如果公司过去的表现不错，那么未来高利润就显得比较有代表性，反之亦然。由于受到代表性启发的影响，投资者认为过去的状况会持续，股市中过去的输家（loser）会过度悲观，而过去的赢家（winner）会过度乐观追捧，结果使得股价和基本面的差异越来越大。Debondt（1991）发现股市有一种和“赌徒谬论效应”相类似的现象，在3年的熊市后预测会过度乐观，而3年的牛市后预测会过度悲观。Debondt（1999）发现，华尔街的分析师倾向于“赌徒谬论”，常常认为价格将会反转，而大量散户则倾向于认为股市趋势将持续，这两种偏差都受制于“代表性偏差”。

3. 锚定与调整启发法

所谓锚定调整启发法则（anchoring and adjustment），即人们在判断和评估中，往往先设定一个最容易获得的信息作为估计的初始值和基准值（称之为“锚点”），目标价值以锚点为基础结合其他信息进行一定的上下调整而得出。这些起始值的设定，会受到很多影响，围绕起始值的调整也是不充分的，而且不同的起始值会产生不同的最终估计，这种由于参考点的不同引起的暂时的反应不足和决策偏差称为“锚定效应”（Anchoring Effect）。锚定效应在复杂事件的风险评估过程中尤其显著。

Kahneman和Tversky（1974）认为，起始值的设定，会被问题的被陈述时提到的任何数量所影响，他们描述的幸运轮实验就清晰的表明：人们过多地受到无意义的初始值的约束和左右。金融市场中常见的对价格的锚定以及反应不足等现象与锚定与调整启发法有着密切的关系。Cutler、Poterba 和 Summers（1989）发现，当重要消息发生时，起先股票价格只有少许变动，随后在没有其他什么重大信息跟随时却发生巨大变动。Cutler、Poterba 和 Summers（1991）又发现短于一年的短期报酬率呈现正相关的现象，此种正自我相关的现象意味着价格对消息一开始反应不足，然后逐渐消化并反映出来。Bernard 和 Thomas（1992）发现公司价格会延迟反映公司盈余的消息。

LaPorta（1996）发现分析师预期的低盈利成长的公司在盈利宣布日股价会上升，而分析师预期的高盈利成长的公司股价在盈余宣告日会下跌。他认为该现象的主要原因是分析师（包括市场）会过度依赖过去的盈利变化来做预测，而且当盈利的消息产生时，调整的速度相对较慢。Shefrin（2000）也认为分析师和投资者对新信息的反应都比较保守。

（二）框架依赖

人们在决策过程中，并不仅仅依赖于已有的知识和记忆，他在形成认知时，出于自己心理状态、问题表述方式的不同，其所获得的感知程度也不同。因此，背景或者说事物描述和表达的方式会影响到我们对一个事物的认知和判断。框架依赖（Framing Dependence）就是指个人会因为情境或问题表达的不同而对同一种选项表现出不同的偏好序列，从而做出不同的选择。框架依赖体现出人是有限理性的，同一个选择的不同表达方式可能会引导我们关注问题的不同方面，致使我们在寻找真事、潜在的偏好时犯错误。由框架依赖导致的认知与判断偏差即为“框架偏差”（Framing Bias），它是指人们的判断和决策很多时候依赖于问题的表明形式。行为金融目前基本认为以下一些带有普遍性的行为因素，影响了框架依赖的现象。

1. 损失厌恶（loss aversion）

损失厌恶认为人们对损失的敏感程度高于获利，即一定数量的损失（如货币量）在人们精神上引起的痛苦感受的强烈程度要远大于相同数量的获利引起的愉快感受的强烈程度。金融市场上的投资者在获利时表现为风险规避，在亏损时表现为风险爱好。换句话说，投资者在亏损时为了挽回亏损，趋向于愿意采取更为冒险的行动。损失厌恶表明，在面对不同情况时，人们的风险偏好发生了改变。Odean（1998）研究了由损失厌恶导致的处置效应（disposition effect），即投资者趋向于较长期地持有亏损的投资，同时又过快地卖出获利的投资。卖出亏损的投资等于承认损失并将其转化为现实的损失，正因为投资者损失厌恶，所以不愿这样行动。

2. 后悔（regret）

后悔是一种常见的心理状态。人们在做出选择时往往会考虑到该选择可能会带来的后悔程度。金融市场上的投资者也不例外，其倾向于做出后悔值最小的选择。如果一种投资方案有两种可能结果，较高概率的高获利（95 %的可能获得 20 万元）和较低概率的更大损失（5 %的可能损失 100 万元）。虽然按客观概率计算该方案的期望值（获得 14 万元）表明该方案是可接受的，但因为较低概率的损失一旦发生后，其对投资者造成的精神后悔程度是巨大的，所以在一般情况下投资者很可能放弃该方案。后悔概念也为金融市场上的一些现象提供了部分解释，如为什么基金经理往往持有同行较一致看好的股票。

3. 心理账户（mental accounting）

心理账户认为人们在面临不同的选择和问题时，会将其放入不同的心理账户，即用不同的评价方式（框架）进行衡量。例如人们对作为现金的一块钱和作为资本的一块钱的感觉是不同的，因为它们在投资者的心理中处在不同的心理账户上。同样，投资者对风险和损失也使用不同的心理账户进行评估。行为金融对心理账户的揭示进一步表明了个体偏好系统的易变性。

4. 自我控制（self-control）

自我控制指的是受自身情绪影响的控制。行为金融认为金融市场上的一些异常现象，部分地是由自我控制引起的。将股票投资作为养老基金的投资者因担心自己情绪性的过度消费造成作为未来保障的资金的减少，因而他们采用自我控制的手段，不挪用投在股票上的作为资本的资金，只是花费每年所得的股利。正因为存在投资者将股票作为资本，股利作为现金看待的自我控制方式，虽然标准金融学认为将股利作为资本再投资（不发放股利）的公司可以为股东在减少税收损失的同时创造更多的财富，但在同样条件下投资者仍然偏好发放股利的公司。

以上主要概括了行为金融微观基础理论所揭示的投资者行为的两大类型心理决策偏差特征，除此之外，行为金融对其他的情绪特征对金融市场的影响也做了一定的研究，包括货币幻觉（money illusion，Shafir，Diamand 和 Tversky，1997）、短视（myopic）（Benartzi 和 Thaler，1995）、保守主义（conservatism）等，但基本上都可归入上述两大类型之内。

行为金融并不认为投资者会同时受到所有的决策偏差的影响。在不同的决策环境下，投资者会受到不同形式的决策偏差的影响，而且受影响的程度也随投资者个体对各类偏差的心理敏感度的不同而不同。但不管怎样，投资者的决策理性在行为金融理论中是非完全的。

二、行为金融理论与资本结构

正是因为各种非理性行为，使得经典公司财务理论很难解释很多金融异常现象，比如规模溢价、长期翻转、惯性效应。行为公司财务（behavioral corporate finance）则认为由于受心理因素的影响，使得经典公司财务研究的基础，如理性行为假设、CAPM 模型和有效市场假设（EMH）受到了挑战，最终导致经典公司财务模型对于资本市场的很多现象不能够给予完美解释。行为公司财务很重要的就是将心理活动行为结合到财务理论中来。行为财务认为对经济现象的研究应当从经济行为的发生、变化的内在心理机制和心理活动的特点和规律入手，探索一种经济现象与其他经济现象之间的联系，建立基于信念或者偏好的模型，从而解释经济现象的本质。

行为公司财务理论假定人们是：①回避损失的（loss aversion）；②易于接受次优选择的（susceptible to framing or packaging that leads them to select inferior option)；③过于自信的(over-confident)；④根深蒂固、偏见的（prone to confirmation bias）。Shefrin 认为股东价值最大化存在两个重要的行为障碍，一个是在厂商的内部，另外一个在厂商的外部。内部障碍称之为行为成本（behavioral cost），主要是指公司经理人员由于认知错误或者感情用事而导致的价值损失的差错。外部障碍是分析师和投资者的行为错误。以下按照 Shefrin 的分析框架来分别进行论述。

（一）外部障碍——投资者非理性行为

行为公司财务关注资本市场条件对企业融资决策的影响，即企业与资本市场的博弈。最近，大量行为公司财务的研究集中在基于理性的公司管理人员和非理性的投资者假设前提下企业的资本结构、融资决策和投资行为。研究结果显示：投资者的非理性导致股票市场不总是那样的理性，并往往给企业价值错误定价，典型的研究有 La Porta 在成长性股票发现的异常现象。投资者的非理性行为造成的定价错误对于公司资本结构产生重要的影响。

1. 投资者非理性行为对企业融资决策的影响

Stein 在其“市场时机选择”（market timing）模型中指出：公司的管理人员在他们认为公司的股票被高估的时候进行股权融资，在认为公司股票被低估的时候进行股份的回购；高管人员不会把高估情况下募集的资金进行无效的投资，而是将它增加公司的现金流量，或者投资一些和公司股价市值相匹配的投资。简言之，非理性的投资者会影响股权融资的实践，但是并不会影响公司的投资计划。西方企业融资选择行为和资本结构的实证研究，验证了上述结论，即公司融资行为与资本市场融资环境密切相关。Baker 和 Wrugler（2002）的实证研究表明，公司往往根据资本市场条件变化选择融资时机，在股票市场高估的时候发行股票，低估时候回购股票。因此股票的回购或者增发可以看做是企业实际价值的信号。Graham 和 Harvey 对于 300 多家美国公司的管理层进行问卷调查的结果表明，2/3 的企业财务主管认为“股票市场对于公司股票价格的高估或者低估是融资行为的重要考虑因素”。Ikenberry，Lakonishok 和 Riter 的实证研究表明企业股票回购后能够体现高的长期收益。Korajczyk 和 Levy 发现宏观经济条件显著影响无财务约束的企业的融资选择，而对于受到财务约束的企业的融资选择影响不大，无财务约束的企业在宏观经济条件较好的时候，可以选择融资时机，而受到财务约束的企业则别无选择。

2. 投资者非理性行为对于企业收购兼并的影响

Shleifer 和 Vishny 研究了股票市场估价水平变化对公司兼并收购方式的影响，认为美国公司 20 世纪 60—70 年代不相关多元化并购、80 年代 LBO 和 90 年代后期相关并购都是受股票市场对于企业价值错误估价驱动的。Titman 认为，公司财务资本结构研究一直忽视资本市场供给条件对于企业融资选择的影响，而在企业融资时机选择中，更加需要考虑的是资本市场融资条件的变化，而不是现有的主流理论认为的债务成本与收益的权衡。此外，多元化、分立、股权分割等重组热也可以从这一角度重新解释。

3. 投资者非理性行为对于股票价格反应的影响

投资者行为的非理性还体现在“过度反应”（over-reaction）和“反应不足”（under-reaction）。过度反应是指某一重大事件（如宏观经济政策某项内容的变动、公司年报的出台、分配方案的确定等）引起股票价格发生了剧烈的变动，超过预期的理论水平（超涨或者超跌），然后再以反向修正的形式回归至其应有的价位上的现象。美国股市 1987 年 10 月崩溃事件曾引起相关专家相当程度的重视，Blouse、Mark dilay、Hialer 发现 10 月 19 日 S&P 股价指数比非 S&P 股价指数超跌 20%，而在次日的反向调整中幅度超过非 S&P 股价指数，表现为过度反应的现象。与过度反应相对应，金融市场中还存在一种“反应不足”的现象。市场上有重大消息时，股价波动平平，而一些较大的波动却出现在没有什么消息的日子里。Cutler 和 Summers 在研究中还发现：许多重要指数在较短期限内的短期收益具有正的自相关性，这种现象随着研究的逐步深入被越来越多的学者证实。“反应不足”最常见的就是市场对刚公布的信息没有足够的反应力度，随后才逐步修正的现象。Barberis 和 Shleifer 提出了一个行为财务模型。他们的模型在代表性启发原理的基础上，较好地协调了过度反应和反应不足现象之间的矛盾。

（二）内部障碍——公司管理者非理性行为

对于公司管理者的行为，传统公司治理理论主要是基于代理成本理论，通过激励相容的设计，使得公司管理人员按照股东利益最大化原则行事。但是实际上，公司的管理者并不总是理性的。如果管理者对于自己的利益具有错误的信念，并且基于该错误信念导致非价值最大化行为，那么这种行为成本并不能够通过激励机制的设计而消除。

1. 公司管理者过于自信和回避损失的非理性行为对资本结构决策的影响

公司管理者往往具有回避损失和过于自信的认知特点。在公司管理者过度乐观和自信对资本配置绩效的影响方面，Goel 和 Thakor（2000）认为，管理者的过度自信是投资分散组合完善的股东希望的特质。Gervais 、Heaton 和 Odean（2000）也认为，风险厌恶的理性管理者倾向于投资风险较小的项目，除非激励合适，他们会放弃风险较大但可能增加企业价值的项目。而过度自信的管理者会选择风险比较大但实际上可以增加企业价值的项目。

Shefrin 通过对日本 SONY 公司和美国制药企业 YNTEX 公司的案例研究得出结论：持有公司股份、成为股东并不能够阻止经理层犯过于自信、损失回避甚至根深蒂固的偏见的认知错误，决策的透明度对于这种现象将起到非常重要的放大作用。激励机制的设计并不能够克服行为因素的不良影响。过于自信的首席执行官还可能低估项目失败的风险，结果是采用了过高负债的资本结构。

2. 群体决策条件下的公司管理者非理性行为

大型公司几乎所有重大的决策都是通过委员会进行群体决策的，同时还诱导非理性的公司管理者加剧过度乐观自信，更加低估投资风险，高估投资价值，更积极地进行实际上高风险的投资扩张活动，包括兼并收购。比如，在股票市场青睐网络概念、网络公司股票价格普遍很高时，很多网络公司管理层并不认为自己的公司股票价格被高估。公司治理问题比较严重时，非理性管理者可以利用股票市场投资者及分析家的非理性，谋求自身利益最大化，从事迎合股票市场短期积极评价、但有损公司长期健康发展和真实价值的资本配置行为，包括投资净现值为负的项目和短期投资行为。因此，公司管理者集体非理性时，更可能加速和加剧股市泡沫的形成和破灭。

Russo 和 Schoemaker 研究了群体决策对于行为错误的放大作用。群体行为到底是缓和还是扩大了个人倾向的认知错误？Russo 和 Schoemake 在 1989 年的研究中发现，群体行为经常扩大个体错误，这对于公司经理人来说是一个特别重要的发现。大多数的公司决策是在群体环境下所做的。G. White 1993 年关于项目终止决策的群体扩大影响的研究提供了针对个体决策者和群体决策者的两项描述。现在有两个项目，项目的未来期望并不十分诱人，一个项目描述了沉没成本，另一个则没有。试验表明，当没有描述沉没成本时，有 29.9%的个人决策者接受这个项目，而当描述沉没成本时，有 69%的个人决策者接受这个项目。在群体决策中发生的事也很有趣，当没有描述沉没成本时，有 26%的群体接受这个项目；但是当描述沉没成本时，有 86%的群体接受这个项目。这项研究表明，在群体决策中行为学错误确实被扩大了。Staw 的研究表明，经常在委员会工作的高级经理更加倾向于增加对往往有问题项目的投资，或者不加选择的支持继任董事或者继任首席执行官所建议的项目。

资本结构问题涉及股东、管理层和债权人以及其他利益相关者等各方面的利益与冲突，涉及企业管理者融投资行为、资源配置行为和企业的经营活动。国内外学者以权衡理论、融资次序偏好理论等资本结构理论为基础，分别从股权结构、专用性资产、战略选择、动态环境、企业绩效、治理结构、管理者持股、股利政策、产品市场竞争等角度对企业资本结构的决策行为进行研究，尽管这些研究的理论分析与实证结果还存在分歧，但这些富有成效的研究成果还是从不同角度为我们揭示了企业资本结构决策的行为规律。由于上述资本结构理论与实证的研究是以有效市场假设、资本资产定价模型和理性行为假设为前提的，导致对企业资本结构的横截面差异不能给予共识性的解释，研究者们质疑经典公司金融的研究基础，转向寻求行为金融学角度的解释。基于市场时机假说的资本结构理论是行为金融理论用于解释投资者非理性、管理者理性条件下企业现实融资行为的成果之一。在管理者非理性或有限理性方面，有关管理者的过度自信和乐观对企业融资行为影响的研究也取得了一定成果。而且，随着行为金融理论的进一步发展，有关资本结构的研究也将取得更大的成果。

◎ 参考文献

1. Andrei Shleifer, Robert Vishny. Large Shareholder and Corporate Control. Journal of Political Economics, 1986: 461-488.
2. Andrei Shleifer. Clarendon Lectures: Inefficient Market. New York: Oxford University Press, 2000.
3. Andrei Shleifer. 并非有效的市场—行为金融学导论．北京：中国人民大学出版社，2003.
4. E. Williamson Oliver. Corporate Finance and Corporate Governance. The Journal of Finance, 1998, 43 (3): 567-591.
5. F. Modigliani, M . Miller. Corporate Income Taxes and the Cost of Capital: A Correction. American Economic Review, 1963, 53: 433-434.
6. F. Modigliani, M . Miller. The Cost of Capital, Corporation Finance, and the Theory of Investment. American Economic Review, 1958, 48: 261-297.
7. Eugene F. Fama. Market efficiency, long-term returns, and behavioral finance. Journal of Financial Economics, 1998, 49

(3): 283-306.

8. Sanfond J. Grossman, Oliver D. Hart. Takeover bids, the free-rider problem, and the theory of the corporation, Bell Journal of Economics, 1980 (11): 42-64.

9. Harris, M. and A. Riviv, Theory of Capital Structure, Journal of Finance, 1991, 46: 297-355.

10. Hsee. Behavioral decision, lecture held in CEIBS on Dec. 13, 2000.

11. Michael C. Jensen, William H. Meckling.. Theory of the firm: managerial behavior, agency costs and ownership structure. Journal of Financial Economics, 1976, 3: 305-360.

12. Michael C . Jensen. Agency costs of free cash flow, corporate finance and takeovers. American Economic Review, 1986, 76 (2): 323-339.

13. D. Kahneman, A. Tversky. Prospect theory: An Analysis of Decision uncertainty. Econometrica, 1979, 47 (2): 263-291.

14. H. Leland, D. Pyle. Information Asymmetries Financial Structure, and Financial Intermediation. Journal of Finance, 1977, 32: 371-388.

15. Michael C. Jensen, William H. Meckling. Theory of the Firm: Managerial Behavior, Agency Costs and Ownership Structure. Journal of Financial Economics, 1976 (3): 305-360.

16. Merton H. Miller. Debt and Taxes. The Journal of Finance, 1977, 32: 261-275.

17. Myers, S. C. The Capital Structure Puzzle. The Journal of Finance, 1984, 39 (3): 575-592.

18. Myers, S. C. , N. Majluf. Corporate Financing and Investment Decisions When Finns Have Information that Investors Do Not Have. Journal of Financial Economics, 1984, 13 (2): 187-221.

19. Myers, Stewart C.. Determinants of corporate borrowing. Journal of Financial Economics, 1997, 5: 147 -175.
20. Morck, Randall, Andrei Shleifer, Robert W. Vishny. Management ownership and market value: an empirical analysis. Journal of Financial Economics, 1988, 20 (1): 293-315.
21. Stephen A. Ross, Randolph W. Westerfield, Jeffrey F. Jaffe, Corporate Finance (Fifth Edition) . New York: The McGraw-Hill Companies, 1999.
22. Stulz, Rene. Managerial discretion and optimal financing policies. Journal of Financial Economics, 1990, 26 (1): 3-27.
23. 黄少安，张岗．中国上市公司股权融资偏好分析．经济研究，2001 (11): 12-19.
24. 李维安．公司治理研究．北京：中国人民大学出版社，2002.
25. 李义超．中国上市公司资本结构研究．北京：中国社会科学出版社，2003.
26. 陆正飞，辛宇．上市公司资本结构主要影响因素之实证研究．会计研究，1998 (8).
27. 马向阳，赵桂娇，赵建科．传统公司治理结构理论及其当代发展．天津大学学报（社会科学版），2003，5 (1): 29-33.
28. 青木昌彦，钱颖一．转轨经济中的公司治理结构．北京：中国经济出版社，1995.
29. 沈艺峰．资本结构理论史．北京：经济科学出版社，1995.
30. 吴晓求．资本结构与公司治理关联性分析．经济理论与经济管理，2003 (7): 5-13.
31. 吴晓求等．中国上市公司：资本结构与公司治理．北京：中国人民大学出版社，2003.
32. 姚伟，黄卓，郭磊．公司治理理论前沿综述．经济研究，2003 (5): 83-90.
33. 张春森．从融资角度分析国有企业的治理结构改革．改革，1995 (3): 34-36.

34. 赵蒲，孙爱英．产业竞争、非理性行为、公司治理与最优资本结构——现代资本结构理论发展趋势及理论前沿综述．经济研究，2003（6）：81-89.
35. 郑志刚．投资者之间的利益冲突和公司治理机制的整合．经济研究，2004（2）.
36. 朱武祥．行为公司金融：理论研究发展及实践意义．证券市场导报，2003（5）：33-58.
37. 朱叶．中国上市公司资本结构研究．上海：复旦大学出版社，2003.

第二章　行为金融视野下的资本结构决策

传统上对企业融资决策的研究属于标准金融范式，其本质参照了数学研究的范式，即根据直觉常识提出一些假定，并将之规范为公理，然后依据这些公理推导出一系列在理论上很“完美”的结论，这就是标准金融学及其研究范式。标准金融研究的范式涉及的一个重要的假设就是有关人的行为心理的理性假设，即假设人是完全理性的。但是由于企业在处理其融资活动时，面临的环境非常动荡复杂，其决策过程充满了不确定性，于是投资者和管理者在很多时候都表现出有限理性的特征。现有研究成果又主要集中在标准金融的范畴内，尚无法解释实证研究中出现的诸多异常现象，如羊群行为、过度自信等。显然这是由现代标准金融学的研究范式所决定，只有对那些由公理推导出的“完美公式”进行重新思考，才能解决实证中的诸多异常现象。目前行为金融学及其研究范式已得到金融界的广泛认可，其研究方法和成果也受到金融界高度关注，并为包括企业融资决策的许多研究领域所借鉴。因此，在行为金融理论范式下研究企业资本结构决策问题具有重要的理论和现实意义。

第一节　投资者有限理性和管理者有限理性

一、投资者有限理性

从投资者方面来看，第一，投资者由于在信息处理时存在认知偏差，因而他们对市场的未来不可能做出无偏估计。第二，投资者不具有同质期望性。投资者由于处在各自的认知与环境的选择中，导致偏好与行为方式不同，因而对未来的估计呈现出期望值的多样性。第三，投资者不是风险厌恶型的，而是损失厌恶型的，投资者面临确定性收益时表现为风险厌恶，而面临确定性损失则表现为风险追求，投资者实际上是厌恶损失型而不是厌恶风险型。第四，投资者在不同选择环境下对不同资产的效用判断是不一致的，其风险偏好倾向于多样化并且随着选择“框架”的改变而改变。第五，有效市场并不存在。因为理性人假说并不存在，所以理性价格无法形成，有效市场是不存在的。总之，行为金融学通过对个人心理因素、社会行为因素的研究，发现经典金融理论与实证的结果是不断背离的，原因就在于其前提假说的失败，投资者并非完全理性，而是有限理性的。

情感心理学认为，人们在不确定条件下对未来的收益和损失不仅具有不同的价值判断，而且同时具有贪婪和恐惧等冲动与保守的心理。在此心理支配下，投资者会产生金融市场“异常”反应。主要表现为：

（1）过度自信（over-confidence），即投资者总是过于相信自己的判断能力，高估自己的成功机会，造成金融市场的过度反应、交易和价格的波动。

（2）保守主义（Conservation），即受认知过程的“锚定”心理影响，人们改变自己原有的信念是困难的。特别是职业的投资经理人以及证券分析师们由于对证券市场有很深的研究，就更是如此。他们对自己的判断比较自信，不会轻易改变自己的决策，从而对新信息反应不足。

（3）心理账户（mental accounting），投资者对不同的账户具有不同的风险偏好，面对不同的风险资产，投资者会做出不同的选择方案并进行单独的心理计算，对于避免损失的账户，他们表现为高风险厌恶；对于追求潜在收益的账户又表现为高风险寻求。

（4）损失厌恶（loss aversion），即投资者在亏损时为了挽回亏损，趋向于愿意采取更为冒险的行动，人们在决策过程中，其内心对利害的权衡是不均衡的，赋予“避害”因素的考虑权重远大于“趋利”因素的权重，也就是表现出所谓的“损失厌恶”的特征。金融市场上的投资者在获利时表现为风险规避，在亏损时表现为风险爱好。换句话说，投资者在亏损时为了挽回亏损，趋向于愿意采取更为冒险的行动。损失厌恶表明，在面对不同情况时，人们的风险偏好发生了改变。

（5）羊群行为（herd behaviors）与反馈刺激（feedback），即人们有追求时尚与从众的心理，表现为情绪传染和行为感染。羊群行为是指处于群体中的投资者在信息环境不确定的情况下，行为受到其他投资者的影响，模仿他人投资决策，做着他人都在做的事情，完全失去了自己的理性判断。羊群行为表现在投资者在同一时间买卖相同股票，买卖压力将超过市场所能提供的流动性，从而导致股价的不连续性和大幅波动，破坏了市场的稳定运行。反馈刺激则表现为群体中彼此模仿、相互传染的人们通过相互间信息的循环传递和媒体刺激，情绪不断高涨，行动不断升级，带动股价异常波动。

二、管理者有限理性

在实际的经济运行环境中，投资者和管理者都并非完全理性的，而是有限理性的。近年来，随着行为金融学的兴起，公司金融研究已经开始认识到管理者和投资者的非理性可能对公司资本结构决策产生影响。不过，相对于投资者的非理性行为而言，管理者的非理性行为对公司决策影响的相关研究落后很多。

其实，随着人力资本在企业中的作用越来越重要，作为人力资源的一种主要表现形式，企业的管理者直接决定着企业投融资决策的制定，对企业的资本结构有着重要影响，企业管理者具有日常经营运作的决定权和管理权，即管理者可以直接决定着公司的资金融通方式及数额，因此，管理者的有限理性行为对公司的资本结构产生显著的影响。

对于管理者，即经理人的有限理性，首先产生于所有权和经营权的分离，主要原因是经理人不是所经营公司的全部股东。由于代理问题的存在，与完全由所有者经营的企业相比，股份公司的经理可能偏离企业价值最大化，将资金用于非效率支出。在当今大型上市公司里，经理层持有该公司的股份通常是很少的。据统计，1984—1991 年，美国上市公司 CEO 平均只持有 2.7%的该公司股份。经理层努力工作所创造的财富并不全归他们所有，因此经理层乐意到度假胜地开会，拥有豪华的办公室，购买公司专用飞机等。他们享受这些奢侈品，但又不必承担相应的所有成本，所以经理层很可能偏离企业价值最大化，产生非理性问题，这样看来因此而造成的无效率应该与经理层所持有公司股票的份额成负相关。

两权分离本身已经使管理者与股东的利益相冲突，由此导致了管理者的有限理性。然而，就算公司治理结构以及各种激励措施可以在一定程度上使管理者按照公司价值最大化的目标进行管理和决策，但是管理者自身是非理性的。在这种情况下，即使管理者仍然采取基于价值的管理，但自身难以避免的认知误差和情绪影响使得他们难以达到绝对的真正理性。所以，管理者决策的偏误并不仅仅是代理问题产生的，更主要的原因是管理者本身是非理性的，他们自身难以避免的认知偏误和情绪影响使得他们难以做到“真正的理性”。

企业管理者融资行为的心理动机是多方面的，包括个体的心理偏好与偏差，集体决策的羊群心理对融资决策偏差的影响，公司市值对于管理者心理的影响，治理缺陷条件下的管理者不道德心理与行为等，由此表现出的有限理性很多，而其中最为重要、也最为显著的便是管理者的“过度自信”。目前，关于管理者的有限理性的研究主要集中在管理者的乐观与过度自信。其他的一些行为因素，对公司金融决策的冲击作用还没有成形的理论模型体系。

据行为金融学研究，人们在做出判断的时候都容易过度自信，而相对于其他人，特别是高级经理人更加容易过度自信，曾经一位经济学家说过，乐观的信念是企业家的一种特质资产。归纳一下，造成这种现象的主要原因有以下几点。

第一，人们在做更加复杂决策时一般较之简单决策会更容易相信自己的能力，企业决策环境是比较复杂的。所以，管理者在做这些决策时容易过度自信。第二，管理者作为决策者面临着股东、董事会及外界的很大压力，而适度的过度乐观情绪有助于提高管理者的业绩表现，激烈的市场竞争和公司内部的提拔机制决定了管理者要想生存和发展就必须不断地提高业绩，而在这种竞争机制下，过度自信的管理者具有更高的胜出概率，同时自我归因也会增加管理者的个人效用和福利。第三，在企业人才选用的过程中，由于信息不对称的存在，企业对经理人无法进行全面的了解，在这种情况下，自尊心强的人通常更能受到关注，这种选择性的偏差本来就使过度自信的人更容易成为经理人。另外，管理者的高收入会增强其成功感，从而导致了过度自信。同时，公司治理模式给予管理者过高的权力，但是在决策失误时并不能让管理者有效地承担相应责任，进而滋长了管理者的过度自信情绪。而且，管理者是公司政策的制定者，对决策具有较高的参与程度，长期在这种决策环境中也容易形成过度乐观情绪。所以，管理者相对于其他人来说更容易产生过度自信的心理。

管理者过度自信即人们往往过度高估自己的判断能力，高估自己成功的概率，把成功更多地归功于自己的能力，而低估运气、机遇、外部力量的作用。其表现主要有：自我归因（self-attribution），控制幻觉（illusion of control），知识幻觉（illusion of knowledge）和过度乐观（over-optimistic）。

自我归因是指人们往往把成功归因为自己的能力，而把失败归因为运气不好等。Bettman 和 Weitz（1983）发现公司管理者在分析年度财务报告时，会将公司业绩上升归因为自己的出色能力而公司业绩下降则是由外界因素造成。

控制幻觉是指人们过高的估计对不确定性事件的结果的控制能力；当人们采取一些行动试图控制结果时，某些控制行为其实与结果如何并无关系。例如，人们认为自己抽的彩票比随机分派的彩票具有更高的中奖机会，而事实上两种方式的中奖几率并无差别，自己抽取彩票的行为也不会对结果有任何影响。

知识幻觉是指人们往往过高地估计自己掌握知识的精确性和对不确定性事件的判断的准确性。Russo 和 Shoemaker（1992）的研究发现职业经理人也具有高估判断准确性的特点。

过度乐观是指人们会高估有利事件发生的可能性，低估不利事件发生的可能性。调查显示，大约有 90%的人认为自己在驾车技术、幽默感等方面高于平均水平。

第二节　有限理性和资本结构决策

行为金融学主要从两个角度分析有限理性行为对公司的资本结构决策的影响，即管理者有限理性和投资者有限理性。如果说表 2-1 中区域 A 是传统金融学的研究范畴，那么区域 B、区域 C 和区域 D 则属于行为金融学的研究范畴。

表 2-1　**管理者和投资者的理性与有限理性**

	投资者理性	投资者有限理性
管理者理性	区域 A（理想状态）代理问题、信息不对称问题	区域 C（投资者有限理性，管理者理性）
管理者有限理性	区域 B（投资者理性，管理者有限理性）	区域 D（投资者有限理性，管理者有限理性）

行为金融学为资本结构决策理论开辟了一条新的道路。我们将分别从投资者有限理性以及管理者有限理性的角度对资本结构决策的影响做一个简单的综述。

一、理性管理者下的投资者有限理性资本结构决策

投资者的有限理性所导致的股票价格偏离真实价值将会极大地

影响公司的筹融资行为，进而影响公司的资本结构。

（一）基于“市场时机假说”下的资本结构决策

Stein 于 1996 年提出假说：如果股票市场有限理性而管理者理性并致力于公司真实价值的最大化，那么在公司的股票被高估时，管理者应该利用投资者的这种非理性狂热时机发行更多的股票；在公司股票被低估的时候，管理者应当进行股份回购。这个假说就是企业融资的“市场时机假说”（Market Timing Hypothesis）。

“市场时机假说”认为，市场时机对企业资本结构具有显著的影响，公司一般选择在股票市场行情上涨阶段实施增发，而股票被低估的公司倾向于延迟增发，直到股票价格上涨到适当水平，因此公司存在着最佳融资时机（Timing）和融资窗口机会（Window of Opportunity）.

西方企业融资选择行为和资本结构的实证研究，验证了上述结论，即公司融资行为与资本市场融资环境密切相关。在总体水平上，当整个股票市场价格水平被高估时，在所有新发行证券中，普通股增发价格最高。就单个公司来说，公司账面价值与市值比例是新股是否发行在横截面上的良好预测指标。账面价值与市值比例高的公司将增发股票，而比例低的公司将回购股票。Baker 和 Wrugler（2002）的实证研究表明，公司往往根据资本市场条件变化选择融资时机，在股票市场高估的时候发行股票，低估时候回购股票。因此股票的回购或者增发可以看做是企业实际价值的“信号”。Graham 和 Harvey 对 300 多家美国公司的管理层进行问卷调查的结果表明，2/3的企业财务主管认为“股票市场对公司股票价格的高估或者低估是融资行为的重要考虑因素”。公司往往在股票市场高估其价值时发行股票，低估时回购股票。公司股票价值普遍被股票市场高估使股票市场形成公司股票发行热，而普遍低估则形成公司股票回购热。

许多学者在“市场时机假说”的基础上进一步提出了“基于市场时机假说的资本结构理论”。该理论认为，公司的资本结构是一段时间内公司财务决策行为的结果表现。假设两个公司在规模、盈利能力等传统财务理论认为会影响资本结构的因素方面相似，同时过去一段时间内公司 A 的市场/账面价值比高于公司 B，那么可以断定，公司 A 的管理者必定已经利用市场时机增发了股票，从而公司 A 目前必定有了更高比例的股权资本。

我们可以用具体的模型来进一步讨论。

我们假定投资者是有限理性的，但公司经理人，也就是管理者是理性的。于是，理性的管理者能够认识到由于投资者的有限理性而产生的错误定价的存在，从而做出推动或者回应错误定价的决策。基于上面的假设，管理者要平衡三个层次的目标：基础价值，迎合股东和市场时机。最大化基础价值是最基本的目标，迎合股东则是指使股票的市场价值达到最大化，市场时机则是指利用市场错误定价对股票采取的一些措施。

首先，最大化公司基础价值需要选择投资项目来不断增加公司未来的现金流，我们定义公司的基础价值为

$$f(K,\ \cdot) - K \tag{2.1}$$

K 即新投资，这里的 f 函数是 K 的增函数，是凹函数。

管理者的第二个目标就是要最大化公司的股票价格。在有效资本市场中，公司的市场价格等于基础价值，但是在投资者有限理性条件下，公司的市场价格经常会偏离公司的基础价值，管理者的这两个目标在某些时候会存在一些冲突。事实上，在这种情况下管理者会通过对公司极其股票某种方式的包装来最大化诱导短期投资者的投资需求，从而实现公司股票价格最大化。这种诱导行为实际上就是管理者在影响市场的定价。我们把这种影响作用定义为

$$\& (\cdot)$$

这里函数 & 的自变量依赖于投资者的情绪，是随时间变化而变化的。

市场时机是管理者的第三个目标，也就是利用当前市场的错误定价为公司的长期投资者牟利，通过“市场时机”策略，在市场

价格被高估时发行股票，在市场价格被低估时回购股票。在这里，把管理者利用“市场时机”策略卖出公司 e 比例份额的股份的获利定义为

$$e\,\&\,(\cdot)$$

则推出在这种情况下管理者的金融决策模型为

$$\text{Max}\pounds\ [f(K,\ \cdot) - K + e\,\&(\cdot)] + (1 - \pounds\ )\,\&(\cdot) \quad (2.2)$$

其中£ 是指管理者的眼界水平，$0 \leqslant \pounds \leqslant 1$。通常，参数£ 是作为一个给定的外生变量，其值取决于管理者的性格、事业前途、薪酬合同等因素。当£ =1 时，说明管理者仅关心对股东的价值创造活动，则（1-£ ）&（·）=0，意味着不存在管理者“诱导”作用的冲击。当£ 取 0 的时候，£ ［f（K，·）$-K+e$ &（·）］为 0，最大化公司的股票价格成为经理人的唯一目标。

对式（2.2）中的 e 求导数，则推出在投资者有限理性条件下，管理者的最优融资策略为

$$-fe\ (K,\ \cdot) = \&\ (\cdot) + [e+\ (1-\pounds\ )\ /\pounds\ ]\ \&e\ (\cdot) \quad (2.3)$$

从式（2.3）可以看出，此时因融资而改变原有资本结构的边际损失等于“市场时机”策略的收益与市场错误定价下发行股票对公司基础价值的冲动。

投资者的有限理性对资本决策的影响还体现在“过度反应”和“反应不足”。过度反应是指某一重大事件（宏观经济政策某项内容的变动、公司年报的出台、分配方案的确定等）引起股票价格发生剧烈的变动，超过预期的理论水平（超涨或者超跌），然后再以反向修正的形式回归至其应有的价位上的现象。过度反应通过对股价的变化引起了资本结构的变化。与过度反应相对应，金融市场中还存在一种反应不足的现象。市场上有重大消息时，股价波动平平，而一些较大的波动却出现在没有什么消息的日子里。“反应不足”最常见的现象就是市场对刚公布的信息没有足够的反应力度，随后才逐步修正。

（二）投资者有限理性的群体行为对资本结构的影响

金融市场中的群体行为是一种特殊的非理性行为，它是指投资者在信息环境不确定的情况下，行为容易受到其他投资者的影响，模仿他人决策，或者过度依赖舆论（即市场中的压倒多数的观念），而不考虑自己的信息的行为。这是典型的有悖于传统金融理论的投资者行为，在我国证券市场表现得尤为充分。简单来说，当投资者看到大多数投资者都在买入或即将买入某一只股票，自身很容易受到多数人行为的影响，在没有进行深入分析和获得正确信息的基础上，非理性地跟随（跟风）其他投资者买入。在我国1999—2000年的“牛市”中，市场大幅上涨，投资者发现周围的人都在加大投资，由于群体心理，从而也加大投资力度，纷纷买入股票，其结果是将大盘进一步推向高位，上市公司股本大涨。这是典型的买方群体行为。同样，在“熊市”里，大盘的走低使得大部分的投资者担心自己持有的股票价格也会大幅下挫，一旦发现周围的人在抛售股票，则会采取同样的策略，大幅抛售股票，这种卖方的群体行为反过来使得许多股票价格同时下降，进一步将大盘砸向低谷。我国股市常见的“追涨杀跌”的根源之一就是投资者的群体心理，有研究证明，在我国股市的“熊市”中存在着更为广泛的群体行为。

二、理性投资者下的管理者有限理性和资本结构决策

尽管公司治理结构以及各种激励措施可以在一定程度上使得管理者按照公司价值最大化的目标进行管理和决策。但是如前面我们所提到的，管理者决策的偏误并不仅仅是代理问题所产生的，更主要的原因是管理者自身是非理性的，而且这种情况也是绝对避免不了的。在这种情况下，即使管理者仍然采取基于价值的管理，但自身难以避免的认知误差和情绪影响使得他们难以达到绝对的真正理性。

近几年来，管理者的有限理性对公司财务决策所造成的影响引

起了国际学术界的重视，公司行为金融得到了长足的发展。管理者有限理性的表现很多，其中最重要的是管理者的“过度自信”对公司决策的影响。所以，我们将主要讨论管理者的“过度自信”对公司资本结构的决策影响。

（一）管理者有限理性对企业融资决策的影响

过度自信的管理者高估了公司价值，认为外部融资较内部融资成本过高，权益融资较债务融资成本过高。因此过度自信的管理者更多地使用公司内部资金；而在必须外部融资的条件下，会优先进行债务融资，使公司融资呈现顺序偏好（Pecking Order Preference）。同时在筹集权益资本时，过度自信的管理者会“相机抉择”，在认为公司股票被低估一定程度时回购股票，认为公司股票没有被严重低估时发行股票（Equity Market Timing）。

Hackbarth（2004）通过建立以随机现金流为基础的公司价值模型，指出过度自信的管理者倾向使用更多的债务，并且债务期限更短，发行更频繁；管理者进行融资时会“相机抉择”，但不一定具有融资顺序偏好 。

Landier 和 Thesmar（2004）通过研究理性投资者和过度乐观的企业家之间缔结合同的行为，发现过度乐观的企业家会更多使用短期债务，而理性的企业家更偏好风险较低的长期债务资金。Graham 和 Harvey（2001）对 392 个 CFO 就公司资本成本、资本预算和资本结构进行调查，结果显示：在发行权益时，近期股价是最重要的影响因素，公司股票被市场低估的程度次之，公司股票是否被低估为第三重要的影响因素。在 1999 年第二季度的调查中，大约有 70%的 CFO 认为自己公司的股票被市场低估。公司具有融资顺序偏好，过度自信的管理者在权益融资时会进行“相机抉择”。Malmendier 和 Tate（2005）在其实证研究中，假设问题的个人投资组合中持续保持过多的公司个别风险为过度自信的替代变量，使用福布斯 500 家企业的面板数据，发现在进行融资时，过度自信的 CEO 安排债务比例时较理性的 CEO 至少多使用 10%的内部资金；

在进行外部融资时，至少多使用15%的债务融资。过度自信的管理者具有融资顺序偏好，并且在使用债务上更加保守。Oliver（2005）以密歇根大学的消费者情感指数（University of Michigan Consumer Sentiment Index）为管理者自信程度的替代变量，对美国具有 25 年以上历史的企业进行实证检验，发现管理者的自信程度与公司外部融资中负债的比例成正比，证明了行为金融中对于过度自信的管理者会倾向于发行债务的论点，但该实证研究不支持管理者会择时发行权益证券的观点。

我们将用一个关于过度自信经理人的模型来进一步说明。在投资者理性的条件下，假定经理人是乐观和过度自信的，在这种条件下，他主要的工作是平衡两个相互冲突的目标：第一，最大化基于非理性判断的公司基础价值；第二，最小化基于非理性判断的资本成本。

对于第一个目标，假定经理人的乐观自信因素为 α，则公司的价值为

$$(1+\alpha)f(K,\ \cdot)-K \qquad (2.4)$$

同前文一样，f 函数是关于投资 K 的增函数，是凹函数。

假定投资者理性，市场有效，经理人过度自信，经理人常常认为市场对公司价值的定价比公司的基础价值少 $\alpha f(K,\ \cdot)$，那么卖出 e 比例份额的股权会对股东造成的损失为

$$e\alpha f(K,\ \cdot)$$

则在不考虑预算限制的前提下，有限理性经理人的投融资模型为

$$\mathrm{Max}(1+\alpha)f(K,\ \cdot)-K-e\alpha f(K,\ \cdot) \qquad (2.5)$$

对 e 进行求导，则

$$(1+\alpha)fe(K,\ \cdot)=\alpha[f(K,\ \cdot)+e\,fe(K,\ \cdot)] \qquad (2.6)$$

即

$$fe(K,\ \cdot)=\alpha f(K,\ \cdot)/(1+\alpha-\alpha e) \qquad (2.7)$$

这就是关于非理性经理人在有效资本市场假设下的最优融资策略，此时，因股权融资而带来的公司现有资本结构改变的损失等于

基于乐观和过度自信条件下对“市场时机”策略造成的损失的判断。

（二）管理者有限理性对企业收购兼并的影响

过度自信和过度乐观往往是公司进行非理性、大规模购并的心理动因。心理学研究认为当一个人过于肯定未来事件的某个特定结果时，就会产生乐观偏差，例如管理者经常过高估计其并购公司获取利润的能力，个人想法与公司氛围促使管理者对公司未来发展持过度乐观态度等。Roll 在 1986 年提出了“自大假设” （Hubris Hypothesis）理论，即大部分兼并活动与管理者过度自信有关。他认为由于管理者的过度自信，他们会过于重视自己的主观判断而轻视已披露信息揭示的客观情况，特别是当信息不完全时，同时对凭借个人努力获得成功过于乐观。更为重要的是，从事并购的管理者显然正在取代目标公司目前的管理者，成功的并购实际上加强了管理者目前的地位和工作前景。因此，他可能很大程度上存在对结果控制的幻觉并低估最终失败的可能性。因此，管理者在进行并购决策时容易受到过度自信心理的影响，相信并购能挽救经营不善的目标公司，给其盈利带来奇迹。过度自信的管理者常常过高地估计了并购业绩和协同效应等，并会接受过高的并购价格，高估了并购所带来的收益，从而导致许多公司并购后价值下降，从而损害了公司价值。

正确的并购战略要求管理者对并购所产生的未来现金流及将会遇到的风险等做出准确的估计，但是管理者在处理这些并购信息时，由于存在各种各样的认知偏差，往往不能理性地估计并购后未来的现金流和风险。上市公司在并购过程中，要根据自己的发展战略和资源来选择目标，但是，由于管理者的过度自信，在对目标公司的价值估计过程中，可能会由于对并购的目标公司价值估计过高或对并购过于乐观而产生超额支付的风险。同时，过度自信的管理者经常过高的评价息税前盈余的增长率，过低的估计息税前盈余的波动率，因此他们更倾向于选择高的杠杆，而资本市场上的融资条件是变幻莫测的，这会给并购融资带来很大的风险。此外，过度自信的管理者在融资决策时喜欢采用短期债务融资方式，这也加大了并购融资的风险。

相对于代理成本理论建立在经理人以追求自身利益为前提的假设上，过度自信的管理者仍然很大程度上认为他是以股东利益为前提决策的，故而对传统的以激励为补偿的方式没有反应，如对大量的股票收益没有反应。因此，即使限制了管理者由于代理问题出现的不利于公司发展的并购决策，将管理者的目标与股东的目标整合为一致，管理者也会因其过度自信等非理性心理做出有损公司价值的并购决策。

Malmendier 和 Tate（2004）认为过度自信是导致并购行为的重要因素之一。他们以 CEO 对个人投资组合的决策为过度自信为替代变量，对 1980—1994 年美国的公司数据进行实证研究，表明过度自信的 CEO 会高估自己的领导能力，高估项目决策能力，高估合并的协同效应，从而更多地进行并购活动，尤其是降低公司价值的多元化并购活动。对于现金流量充足的公司来说，这种现象就更为明显。此外，过度自信的 CEO 会认为公司被市场低估，从而不愿以通过发行权益的方式进行并购，并在并购过程中，接受过高的价格。同时，市场对过度自信的 CEO 所进行的并购活动的负面反应也更为激烈。

（三）群体决策条件下的公司管理者有限理性对资本结构决策的影响

对于资本结构决策的影响，大型公司几乎所有重大的决策都是通过委员会进行群体决策的。同时还诱导非理性的公司管理者加剧过度乐观自信，更加低估投资风险，高估投资价值，更积极地进行实际上高风险的投资扩张活动，包括兼并收购。比如，在股票市场青睐网络概念、网络公司股票价格普遍很高时，很多网络公司管理层并不认为自己的公司股票价格被高估。公司治理问题比较严重时，非理性管理者可以利用股票市场投资者及分析者的非理性，谋求自身利益最大化，从事迎合股票市场短期积极评价、但有损公司长期健康发展和真实价值的资本配置行为，包括投资净现值为负的项目和短期投资行为。因此，公司管理者集体非理性时，更可能加速和加剧股市泡沫的形成和破灭 。

群体行为到底是缓和还是扩大了个人倾向的认知错误？这是个很难回答的问题，至少在目前的状况下是没有统一答案的。E. Russo 和 P. hoemake 在 1989 年的研究中发现，群体行为经常扩大个体错误，这对于公司经理人来说是一个特别重要的发现。大多数的公司决策是在群体环境下所做的。G. White1993 年关于项目终止决策的群体扩大影响的研究提供了针对个体决策者和群体决策者的两项描述。现在有两个项目，项目的未来期望并不十分诱人，一个项目描述了沉没成本，另一个则没有。试验表明，当没有描述沉没成本时，29. 9%的个人决策者接受这个项目；而当描述沉没成本时，有 69%的个人决策者接受这个项目。群体决策中发生的事也很有趣。当没有描述沉没成本时，有 26%的个人决策者接受这个项目；但是当描述沉没成本时，有 86%的群体接受这个项目。这项研究表明，在群体决策中行为错误确实被扩大了，不过，这只是一个实验的结构，并不能代表绝对永远的理论。对于这个问题的认识，还待以后更多的研究。

三、管理者有限理性与投资者有限理性结合下的公司资本结构决策

现有的文献资料一般都是从投资者有限理性和管理者有限理性两个相对来说比较极端的角度入手，对于两者同时非理性的情况研究比较少，目前在这方面的研究还存在不足。

不过，我们可以合理地进行推导，股票市场上投资者的偏差以及错误预期可能导致股票价格与公司内在价值的严重背离，更为关键的是，这种非理性同时将诱导公司管理者的进一步非理性行为。比如投资者的过度乐观将导致管理者对投资项目的更加乐观，因而更积极地进行高风险的投资，进一步要求高成本的融资，最终造成

对公司利益的损害。因此，公司管理层和投资者的双重非理性行为更有可能加速股市泡沫的形成，同时使得公司的资本结构失调。

1980 年代以来，随着行为金融学的发展，使得资本结构决策的研究又有了新的研究视角，放松了传统金融理论认为的完美假设，将管理者有限理性和投资者有限理性因素注入了模型，使之更接近现实。

在这一部分，通过行为金融学知识对有限理性的基本含义，基本特征等进行分析，了解投资者的有限理性和管理者的有限理性的表现及其原因，然后从投资者的有限理性和管理者的有限理性角度来分析资本结构决策。

第三节 我国上市公司的资本结构决策行为分析

一、我国上市公司资本结构存在现状

在我国，上市公司大多由国有企业转变而来，上市公司作为改革开放后出现的特殊企业，是股份制改革和证券市场发展的结果。受到公司特殊的成长背景以及我国经济运行模式和企业组织形式的制约，使得其资本结构严重扭曲，呈现出与社会经济发展不协调的一面。同时，我国市场机制尚未健全，资本市场还不发达，筹资形式有限且约束条件也较多，这些使我国上市公司形成了独特的资本结构。

（一）股权融资占主导地位

按照资本结构理论，由于负债的节税效果，适度的负债对企业降低筹资成本具有财务杠杆效应，一定比例的负债可以大大降低企业的综合资本成本。从理论上讲，以股东财富最大化为目标的上市公司在筹资战略的决策上必然以追求最优资本结构为前提。然而纵观我国上市公司的资本结构，结果并非如此，只有极少数上市公司发行过公司债券，而且公司的分配方案也较少采取

现金股利形式，而多以股票股利为主。各上市公司配股之风盛行，存在对股权融资的过度偏好。据统计，我国境内上市公司自1991年首次从证券市场进行融资以来，到2006年年底通过这一方式共融资89403.90亿元，比2005年年底增加了175.68%。上市公司通过股票市场直接融资较之银行的间接融资近年来已呈显著的增加态势。另外，从上市公司的负债比例看，除了在1992年较高（达到65.02%）以外，以后各年基本上稳定在50%左右，应该说总体上呈现下降的趋势。

总体而言，在中国上市公司总体融资结构中，内源融资比重普遍较低，外源融资比重较高。其中外源融资中股权融资所占比重平均超过50%。中国上市公司的外部资金来源表现出典型的“轻债务融资，重股权融资”的特征。融资顺序的一般表现为：股权融资、短期债务融资、长期债务融资。融资方式选择体现着较为强烈的股权融资偏好。

（二）股权过于集中的根据

2002年上市公司建立现代企业制度检查的资料统计，截至2002年4月底，在沪、深两市上市的1175家A股公司中，有控股股东的公司1051家，占89.4%，其中，国有性质的控股股东813家，占全部控股股东的77.4%。单一国有持股比例在50%以上的公司有390家，占全部上市公司的33.2%；持股比例在20%~50%的公司有387家，占全部上市公司的32.9%。两项相加，单一国有股东绝对控股或相对控股的上市公司占全部上市公司的66.1%。2005年我国开始实行股权分置改革，控股现象相对好转，但是仍在很大程度上，到2005年末，国有控股比例仍然高达45%，比2004年年底仅仅下降了1.78%。由此可见，我国的上市公司多属于“一股独大”型。

（三）负债结构不合理

负债结构是公司资本结构的另一重要方面。我国上市公司的净现金流量不足，公司要使用过量的短期债务来保证正常的经营。一般而言，短期负债占总负债一半的水平较为合理，偏高的流动负债水平将增加上市公司在金融市场环境发生变化，如利率上调时，资金周转出现困难的可能性增加了上市公司的信用风险和流动性风险，是公司经营的潜在威胁。

近年来，在上市公司资产负债率基本持平并略有下降的情形下，公司债务流动比率却呈攀升趋势，流动负债在债务总额中均占70%以上。2003 年最具发展潜力的 50 家上市公司中有 8 家公司债务流动比达到 100%，比率超过 90% 的共 30 家，占 60%。数据表明上市公司虽然资产负债率不高，但其负债结构极不合理，流动负债水平偏高。由于资金和负债期限的不对称，将因利率的上升而加大公司破产风险。

（四）资本结构弹性小

资本结构弹性是指企业资本结构状况对理财环境及财务目标变动的适应程度及相应调整的余地和幅度。资本结构弹性主要表现为适时调整资产负债结构、长期资金与短期资金比例的速度和数量。但在我国债券市场发展落后，股票市场发展不完善，资本市场不规范，使得公司缺乏有效的融资渠道。目前公司理财人员自身的素质还未达到经济发展的要求，致使大多数上市公司资本结构调整的弹性很小。

二、我国上市公司的管理者过度自信与激进负债行为分析

我国上市公司资本结构的独特性也决定了它的不完善，理论与现实之间的差距也更为巨大。因此，在目前中国这种金融市场环境下照搬西方传统主流金融理论的一些成果似乎并无多大的意义。于是，行为金融学的出现使问题的解决得到了很大的发展，因此，在中国这个独特的金融市场环境和传统理论解释无效的情况下，行为金融学在中国得到特别的关注绝非偶然。

将国外实证模型应用于中国金融环境中的现象进行实证检验，无论是用于检验这些现象在中国的存在性，还是用来检验中国的特殊性，都具有重大的理论意义和现实意义。中国上市公司的资本结构是如此独特，那么它是否也符合国外上市公司资本结构的理论？本着这个想法，在下面的章节里我们将以选取的部分上市公司为样本，试分析在我国上市公司的管理者过度自信是否影响公司的资本结构决策，以及是如何影响的。

（一）建立样本和数据来源

本书的样本选自 2004—2005 年在沪深两市挂牌交易，且发行了 A 股的上市公司。样本选择的条件如下：公司在 2003 年 12 月 31 日前已上市，以保证上市公司公开披露的财务报表，在时间上具有可比性；剔除银行等金融类上市公司，因为银行等金融类上市公司的资本结构以及融资模式具有特殊性；排除在研究期被 ST 和 PT 的上市公司；剔除数据不完整的公司。结果仅从深市和沪市中选取了 65 个样本，样本分布行业很广泛，基本上涵盖了所有行业，并以 2004—2005 年作为数据窗口。

数据是由新浪网站（www. sina. com）提供的上市公司的资产负债表和利润表，南方证券交易查询系统、中国上市公司咨询网（www. cnlist. com）、巨潮咨询网（www. cninfo. com. cn）、证券之星网站（www. stockstar. com）等提供的数据，国家统计局网站（www. stats. gov. cn）公布的企业景气指数，使用软件为 EXCEL 和 SPSS 。

（二）变量定义

在各种负债指标中，因为总负债率较其他指标概念简单和容易界定，相对更加具有代表性，所以本书采用总负债率代表资本结构，作为被解释变量。

根据已有的理论和研究表明，影响资本结构的解释变量很多，但由于只对 2004 年和 2005 年的数据进行分析，同时鉴于数据的可获得性，书中只选取了一些具有代表性的影响因素，主要包括：企业规模、抵押价值、资产流动性、盈利能力、非债务避税、所得税和成长性。其中，用流动比率来衡量企业流动性，用净利率作为反映企业盈利能力的指标，用有形资产比率作为抵押价值的反映指标，用成长机会作为反映公司成长性的指标。所以，我们将在模型中引入这些企业特征变量。

另外，由于我国的股权结构比较特殊，所以本书把国有股比例作为股权度量的指标。上市公司从 2005 年开始实行股权分置改革，总股本不再划分为国家股、法人股和流通股，完成股改的上市公司股本分为流通股和受限制的非流通股。报告以 2004—2005 年的数据作为研究，但是由于 2005 年股改刚刚开始，所以受股权分置改革的影响不大，我们忽略不计。

对于所有这些变量都直接采用，但是由于总资产相对于其他指标而言绝对数太大了，所以取自然对数。

最重要的就是管理者自信这个变量的引入。管理者的过度自信程度是以国家统计局网站公布的企业景气指数来代表的。企业景气指数也称为企业生产经营综合景气指数，它是根据企业家对当前企业生产经营状况的综合判断和对未来发展变化的预期而编制的指数。指数每季度披露一次，其表现形式为纯正数，以 100 作为景气指数的临界值，其数值范围在 0~200。当景气指数大于 100 时，表明经济处于上升、繁荣的景气状态，企业家对企业生产经营和对未来发展乐观；当景气指数小于 100 时，表示经济处于衰退、萧条的不景气状态，说明企业家对企业生产经营状况和对未来发展悲观。指数越接近 200，景气状态越好，企业家越乐观；指数越接近 0，景气度越差，企业家也越悲观。因为模型的意义在于验证管理者过度自信与资本结构的关系，所以我们挑选样本的企业景气指数都在 100 以上，表明所挑样本的管理者都存在不同程度的管理者过度自信现象。在实证分析中，因为我们是以年度指数来表示其他变量的，所以管理者过度自信程度也必须用年度指数来表示。由于原始的景气指数是每季度披露一次，所以年度行业指数以当年 4 个季度的平均值计算而得。

根据中国证监会公布的《上市公司行业分类指引》，上市公司所属行业一共有 13 类，但是金融保险类因为特殊的资本结构在本书中被我们排除在外。而制造业集中了上市公司中绝大多数，所以本书将制造业进行了细分，最后一起分了 21 个行业：A 农、林、牧、渔业；B 采掘业；C1 食品、饮料；C2 纺织、服装、皮毛；C3 木材、家具；C4 造纸、印刷；C5 石油、化学、塑胶、塑料；C6 电；C7 金属、非金属；C8 机械、设备、仪表；C9 医药、生物制品；C10 其他制造业；D 电力、煤气及水的生产和供应业；E 建筑业；F 交通运输、仓储业；G 信息技术业；H 批发和零售贸易业；J 房地产业；K 社会服务业；L 传播与文化产业；M 综合类。我们以 A 类行业为基准行业，得到 20 个行业虚拟变量。时间差异用年度虚拟变量来表示，2004 年为基准年，得到年度虚拟变量。变量说明表如表 2-2 所示。

表 2-2 **变量说明表**

变量名称		度量方式
被解释变量	总负债率 Td	总负债/总资产账面值
解释变量	公司规模 Size	总资产的自然对数
	有形资产比率 Tang	（固定资产+存货）/总资产
	流动比率 Liq	流动资产/流动负债
	市净率 *M/B*	每股市价/每股净资产
	非债务避税 Ndts	固定资产累计折旧/总资产账面价值
	所得税率 Tax	所得税/税前利润
	成长机会 Mb	（债务面值+权益市值）/总资产
	国家股比例 Sos	国家股/总体股×100%
	管理者自信 Conf	企业景气年度指数

（三）模型设定

在这里我们的目的是检验管理者过度自信与企业资本结构的关系，方法是在控制影响资本结构的其他变量基础上检验管理者过度自信与资本结构的相关关系。基于前文的理论讨论，我们假设管理者的过度自信程度与企业的负债水平是正相关的。

先使用 EXCEL 计算了 9 个解释变量的相关矩阵，得到 9 个变量中绝大多数变量之间的相关系数是比较小的，所以我们排除了变量之间的共线形。

基于前面的讨论，我们假设：管理者的过度自信与企业的负债水平正相关。

根据要求，建立多元线形回归模型：

$$Td=\alpha+\beta_1 Conf+\beta_2 Mb+\beta_3 Size+\beta_4 Tang+\beta_5 Liq+\beta_6 Ndts+\beta_7 Tax+\beta_8 Sos+\beta_9 Prof+\varepsilon \quad (2.8)$$

（四）结论分析

通过对样本的 65 家上市公司资料分析，得到以下的结论（见表 2-3）。

表 2-3　**描述性统计特征**

Variables	N Statistic	Minimum Statistic	Maximum Statistic	Mean Statistic	Variance Statistic
Td	65	0. 97	96. 58	46. 63	17. 52
Size	65	0. 00	603. 10	22. 34	115. 86
Tang	65	0. 12	97. 85	48. 65	20. 39
Lip	65	0. 49	12. 63	1. 84	4. 09
Prof	65	−0. 43	0. 38	0. 11	0. 07
Ndts	65	0. 00	79. 55	2. 67	2. 47
Tax	65	0. 00	36. 28	15. 92	7. 06

续表

Variables	N Statistic	Minimum Statistic	Maximum Statistic	Mean Statistic	Variance Statistic
Mb	65	0. 06	15. 86	2. 14	0. 63
Sos	65	0. 00	73. 10	31. 40	17. 65
Conf	65	118. 10	148. 00	129. 85	5. 26

表 2-3 列出的是主要变量的描述性统计特征，总负债率都比较低，最大值和最小值之间相差特别大，平均值为 46. 63%，这是个比较低的值，说明我国上市公司融资方式具有典型的“轻债务融资，重股权融资”的特征。衡量管理者过度自信的企业景气指数平均值为 129. 85，这表明在样本期间管理者是相当乐观的。

表 2-4 **管理者过度自信与企业的负债水平**

	结果显示		结果显示
Intercept	-27. 89 (-3. 74)	Prof	-0. 327 (-12. 276)
Conf	0. 296 -7. 023	Ndts	-0. 618 (-4. 374)
Size	1. 593 -8. 446	Tax	0. 165 -6. 37
Tang	0. 239 -0. 87	Mb	1. 239 -2. 937
Lip	-0. 249 (-0. 927)	Sos	0. 071 -3. 596
F-value	28. 22	R^2	0. 321

注：表中第一行数据表示的是 1%的显著性水平，括号中的数字为 t 值。

我们将数据放入模型进行检验，得到表 2-4 中的结果。

从表 2-4 中可以看出，调整后的 R^2 只有 0. 321，说明拟合程度不是很好，不过仍然通过了 F 检验，说明该模型仍然具有一定的解释能力。

从上表可以看出，净资产收益率、流动比率、非债务避税与总负债率是负相关。公司规模与总负债率正相关，股权结构、成长机会、有形资产比率与总负债率也是正相关关系的。

Conf 的系数在 1%的显著水平上为正。这意味着管理者过度自信与企业的负债水平是正相关。这个结果支持了前文中的假设，即过度自信的管理者高估投资项目的盈利能力，低估了投资的风险，进而选择较多的债务融资。这正如我们在上一章节里所讨论的一样，过度自信导致管理者高估投资价值，低估了投资风险，从而过度自信的管理者更加容易倾向使用更多的债务。

（五）局限之处

本书选取的样本比较有限，只是选取了 65 家上市公司，相对于我国几千家上市公司来说，样本较少，难免会影响到模型的精确性。同时由于数据的局限性，很多影响上市公司资本结构因素没有反映进来，如抵押价值、市场能力等，没有完整地揭示出上市公司资本结构决策的影响因素。度量资本结构的有总负债率、流动负债率和长期负债率等指标，这里只把总负债率作为被解释变量进行了实证分析，而没有揭示出长期负债率和流动负债率与管理者过度自信之间的相互关系。这些问题还有待以后进一步地细致研究。

三、对我国上市公司资本结构的政策建议

虽然我国上市公司资本结构较之其他国家或地区比较独特，但通过对上市公司管理者过度自信与公司负债率进行的实证检验，得出了管理者的过度自信程度与企业的负债水平正相关的结论。

过度自信作为人类固有的心理特征和行为规律，客观的存在于我国上市公司管理者之中，特别是目前我国经济环境大好，企业生产经营继续呈现平稳较快发展的态势，企业家对未来经济走势持有良好的信心与预期，管理者过度自信现象更为明显。初看起来，这好像跟我国目前上市公司资本结构特征是相矛盾的，因为按照我们

的理论论证和实证论证，在这种情况下我国上市公司资本结构中债务融资占的比例应该较之股权融资更大，但实际情况是我国上市公司是典型的“轻债务融资，重股权融资”。究其原因，有以下几点。

首先，在我国上市公司中，国有股股东“一股独大”，外部治理机制如代理权争夺、敌意收购和融资结构约束对上市公司都不起作用，造成了“内部人控制”问题。特别是在股权分置改革之前，相对弱小的流通股比例根本不能动摇国有股股东强大的控股地位。大股东认为，债权融资会带来财务风险，如果到期不能偿债，会导致企业破产；向银行举债也存在各种各样的限制条件，这种“一股独大”的股权结构，导致上市公司的控股股东完全可以依照自己的意愿和融资价格进行再融资。所以，在股权融资并不能对上市公司大股东和管理层构成强有力的治理约束下，公司管理者通常更倾向配股来筹集资金。股权分置改革的成功使得流通股比例大大提高，但是还没有根本改变“一股独大”的状况。另外，融资成本低是上市公司偏好股权融资的动力。因为证监会配股和增发新股的制度存在一定的缺陷，我国的会计准则、制度也不完善。有的上市公司通过关联交易、债务重组来达到配股或增发标准，有的上市公司则利用会计准则、会计制度处理的可选择性进行盈余管理，有的上市公司甚至通过“造假”来达到配股或增发的目的，这也是上市公司偏好股权再融资的原因之一。

其次，管理层持股比例的过小也造成上市公司偏好股权融资。在我国，管理者持股的比例远远低于同时期的其他发达国家。由于管理者的持股比例很小，且没有恰当的激励机制，管理者的货币性收入很少，导致与上市公司绩效的关联度很弱。管理者的绝大部分收益来源于控制权收益，使得管理者厌恶负债融资带来破产和清算的威胁。这样，无需还本、付息和无强制性的股权融资变成了管理者的最佳决策。

虽然目前我国股权融资仍然占据首要地位，债务融资比重不大，但是负债结构极不合理，流动负债水平偏高，这一点也证明了我们在前文论证中得到的结论，管理者过度自信可能更多的导致短期负债的借入。

但是，由于资金和负债期限的不对称，会产生因利率的上升而加大公司破产风险。因此，国有资产管理机构、控股公司以及上市公司董事会，应该有效识别管理者过度自信等行为心理特征，依据管理者的特质更为合理的设计企业决策者之间的组织制约形式，减少管理者过度自信行为对企业投融资等重大决策的负面影响。长期来看，只有切实推进股权分置改革，从源头上改变大股东治理下的内部同源董事比例偏高的现状，才能有效规避公司现金充裕条件下，管理者过度自信特质对过度投资行为的放大作用，进而减少短期负债的引入，合理化负债结构，进一步改善实施股权激励上市公司的绩效水平。

我国上市公司中由于法人治理结构的不完善和经营层股票期权激励等机制的缺乏，导致上市公司股东与公司经理之间的“代理问题”相当严重。我国上市公司从 1999 年开始在高管人员中实施激励机制的变革，股权激励作为长期激励机制的一项重要制度安排，是今后改革的方向。但是公司法、证券法等法规完善的滞后，使得实施股权激励的上市公司缺乏制定行权进程的政策依据，管理者的风险特征过大，容易引发受迫式过度自信行为，进而影响企业的融资决策，更进一步影响公司的资本结构决策。因此，相关部门应尽快完备原有法规的相关条款，并出台指导性和实用性兼备的股权激励原则框架。

四、资产结构理论的未来发展

归根结底，资本结构问题主要产生于股权和债权的差异。前 30 年对资本结构的研究是基于债务合约的四个性质：破产、股权现金流对公司收益的凸性、债务价值相对公司业绩不敏感、公司经理持股比例与公司杠杆比例的关系。因为前面的三个性质都源于股东有限责任这一现代公司最重要的制度安排，因此可以看到现代资本结构理论的主体是研究税收的影响和基于股东有限责任、外部股权融资的激励问题。但是由于行为金融学的发展，资本结构理论又有了很多新的发展。

从资本结构理论的未来研究内容来看，至少有三个不同层次的方向值得重视。

第一个方向是目前的资本结构理论，特别是MM（1958）的市场条件假设进行研究。自MM（1958）以来，将近半个世纪的研究主要是MM定理的现金流假设，然而对市场条件假设的研究则几乎是空白的。目前为止，学术界已经发展了多种资本结构理论，但大部分属于标准金融范畴。但是，学术界对市场条件的重视说明市场条件可能是影响公司资本结构的重要因素。行为金融学的发展使得有限理性更为现实，因此从金融市场参与者的心理活动为视角，利用行为金融学来研究企业资本结构决策不仅具有实际应用价值，在方法论上也具有一定的意义。

具体从这个研究方向来看，目前行为公司金融研究存在着不足，未来对此的研究有着十分广阔的空间，例如能否建立综合的理论模型，分析非理性管理者和非理性投资者共存情况下的财务金融决策，并对两者心理因素相互影响的规律做出更加明确的描述；能否找出决定投资者心理、情绪的因素，并且分析它们是如何与管理者的行为联系在一起的。这些都是我们在未来面临的新的研究内容。

第二个方向是研究制度安排。制度是公司资本结构的重要决定因素之一，现有的资本结构理论不是放之四海而皆准的理论，而主要是基于美国的制度安排，包括税法、破产法、公司法、并购在内的外部公司治理安排等。然而，不同国家的制度安排和金融市场、金融体系都存在本质差异，尤其是发展中国家。所以研究制度安排和金融体系对公司资本结构的影响是另一个研究方向。

最后一个方向是研究人的价值。迄今为止，绝大部分的资本结构研究是以货币资本为核心，基本上忽视了人力资本的作用。随着知识经济的到来，企业的核心竞争力将可能主要体现为人力资本。所以，将人力资本引入资本结构理论也是非常有必要的。

从总体方法上来说，20世纪80年代之前资本结构理论的发展主要是理论推动型的，典型代表是金融学家把经济学中发展起来的不对称信息理论和代理成本理论移植到金融学中。相比而言，过去

15 年实证对理论的推动发挥了重要作用。展望未来，实证对资本结构理论的研究可能发挥更大的作用。

从现有研究来看，资本结构的研究成果主要是基于西方特别是美国的金融环境特点与企业特征取得，这些成果在我国特定的金融环境和企业特征下的适用性是需要检验的，这也是我们面临的新的研究内容。

第四节　管理者的过度自信和过分乐观与企业投资决策

一、企业投资机会的实物期权分析法

投资是指投入一定的成本以期望在未来获得一定收益的行为。大部分的项目投资在不同程度上具有如下三个基本特征：（1）投资部分或完全不可逆性。项目实施后，一旦市场发生不利变动或严重脱离预计发展趋势，企业不能完全收回投资的最初成本；（2）收益不确定性。未来的投资收益是不确定的，事先能做的只是评估投资收益较高或较低不同结果的概率；（3）时机可延迟性。投资者可以根据当时的经济环境和未来的可能变化，选择最佳的项目实施时机。

长期以来，传统的投资决策方法如净现值法（NPV）一直占据风险项目投资决策的核心地位。实物期权的兴起源于学术界和实务界对传统投资评价的净现值技术的质疑。传统的净现值法（NPV），尤其是将期望现金流按照风险调整折现率贴现的净现值法（DCF）应用最为广泛。迈尔斯（Myers，1977）首先指出，当投资对象是高度不确定的项目时，传统净现值理论低估了实际投资。迈尔斯认为不确定下的组织资源投资可以运用金融期权的定价技术。组织资源投资虽然不存在正式的期权合约，但高度不确定下的实物资源投资仍然拥有类似金融期权的特性，这使得金融期权定价技术可能被应用到这个领域。

迈尔斯认为，企业面对不确定做出的初始资源投资不仅给企业

直接带来现金流，而且赋予企业对有价值的“增长机会”进一步投资的权利。因为初始投资带来的增长机会是不确定的，传统净现值理论在计算投资价值时忽略了这部分价值。科格特和库拉蒂拉卡（Kogut 和 Kulatilaka，1994）认为企业已经发展出成熟的短期绩效评价工具，如果企业着眼于长期盈利机会，就需要进行平台投资（Platform Investment）。平台投资可以理解为目前实施部分投资以获得在未来进一步投资的选择权，等待时机成熟时进行全面投资。科格特和库拉蒂拉卡认为期权定价技术可用于量化此类投资。

不确定条件下的初始投资可以视为购买了一个看涨期权，期权拥有者因此拥有了等待未来增长机会的权利。这样，企业就可以在控制下界风险的前提下，利用不确定获得上界收益。如果“增长机会”没有出现，企业的下界风险仅为初始投资，这部分可以视为沉没成本，可以视为期权的购买成本；如果“增长机会”来临，企业进一步投资，新的投资可以视为期权的执行，期权的执行价格就是企业进一步投资的金额。这样，企业内存在两种不同资产：一是实物资产，其市场价值独立于企业投资战略；二是实物期权，实物期权指在合适时机购买实物资产的机会。迈尔斯明确指出实物期权的价值是基于实物资产的，就像股票期权是基于标的股票一样。

从直观上看，一个不可逆的投资机会类似于金融看涨期权。一个典型的金融看涨期权赋予期权投资者在特定的时期，按照特定价格获得一定数量金融资产的权利。从实物期权的视角审视某投资行为（假定该投资完全不可逆，项目价值来自于它产生的现金流的净现值），根据投资目的的不同可能存在两种理解。第一，该投资行为可以视为是期权的购买。如果该投资是通过支付沉没成本获得进一步购买具有波动价值资产的权利，我们可将该投资引起的沉没成本视为期权费用。第二，该投资行为可以视为是期权的执行。如果该投资发生以前已经存在初始投资，投资者现在的投资可以视为是以预先设定的执行价格购买了一种价值波动的资产，这应该理解为期权的执行。企业的投资机会被视为期权，会按照最优化策略来执行。新项目的投资是否能够完成取决于企业投资期权的执行策略。新项目的投资存在一个投资临界点。假设投资项目产生的收益流为X，投资临界点为X^*。当X超过X^*的时候，新项目就会被投资，相反，当X小于投资临界点X^*时，企业就会持续等待。投资的临界点与投资项目的不确定性和波动性直接相关。按照期权理论，项目的投资原则为：当项目的价值等于项目投资的成本加投资等待期权的价值的时候，才对项目进行投资。

假设企业面临一个无限期的投资机会，产生的随机收益流为$\{X(t)\}_{t=0}^{\infty}$，由一个对数正态扩散过程所支配

$$dX(t)=\mu X(t)dt+\sigma X(t)dZ(t) \tag{2.9}$$

μ，σ分别表示投资项目收益流的期望增长率和标准差，$dZ(t)$是维纳过程的增量，完备而理性的市场提供无风险收益$r>\mu$。投资项目与市场组合的相关系数为ρ，用数学形式可以表示为：$dzdz_m=\rho dt$，风险的市场价格为λ，为了计算的简便，我们假设项目的投资成本为1单位。

投资项目的期权分析法实质是一个最优的停时问题，企业通过延迟投资，等待投资项目期权的执行产生最大的收益。

根据动态规划的思路（或有要求权分析法，Contingent Claim Analysis），投资期权价值要满足如下的微分方程：

$$\frac{1}{2}\sigma^2X^2F''(X)+(\rho-\delta)XF'(X)-\rho F(X)=0,\ \delta=\rho-\mu \tag{2.10}$$

在风险中性下，$\rho=r$。

微分方程所要满足的边界条件为：

$$\begin{cases}F(0)=0 & (2.11)\\ F(X^*)=\dfrac{X^*E(V)}{\delta}-I & (2.12)\\ F_0'(X^*)=\dfrac{P^*E(V)}{\delta} & (2.13)\end{cases}$$

X^*为执行投资的最优边界。在符合边界条件式（2.11）、（2.12）和（2.13）的微分方程通解的条件下，我们可以计算出投资项目的价值：$V(T)=\dfrac{X}{r+\lambda\rho\sigma-\mu}-1$，投资期权的价值：$F(X)=$

AX^a，其中 $a=\frac{1}{2}-\frac{\mu-\lambda\rho\sigma}{\sigma^2}+\sqrt{\left(\frac{1}{2}-\frac{\mu-\lambda\rho\sigma}{\sigma^2}\right)^2+\frac{2r}{\sigma^2}}$，$A=\frac{(X^*)^{1-a}}{(r+\lambda\rho\sigma-\mu)a}$，最优投资边界（或称为最优投资临界点）$X^*=\frac{a(r+\lambda\rho\sigma-\mu)}{a-1}$。

根据 Harrison（1985）的研究，在给定的时间 T 内，达到投资临界点的概率可以定义为：

$$P^*=P(X=X^*)$$
$$=\Phi\left(\frac{\ln(X_0/X^*)+(\mu-0.5\sigma^2)T}{\sigma\sqrt{T}}\right)+\left(\frac{X^*}{X_0}\right)^{2\mu/\sigma^2-1}\Phi\left(\frac{\ln(X_0/X^*)-(\mu-0.5\sigma^2)T}{\sigma\sqrt{T}}\right) \tag{2.14}$$

式（2.14）的直观意义就是达到投资的临界点的概率越高，投资项目被执行的可能性就越大。

将投资临界点也就是最优投资边界的 X^* 的表达式代入式（2.14）可得：

$$P^*=\Phi\left(\frac{\ln\left[\frac{X_0(1-1/a)}{(r+\lambda\rho\sigma-\mu)}\right]+(\mu-0.5\sigma^2)T}{\sigma\sqrt{T}}\right)+\left(\frac{r+\lambda\rho\sigma-\mu}{X_0(1-1/a)}\right)^{2\mu/\sigma^2-1}\Phi\left(\frac{\ln\left[\frac{X_0(1-1/a)}{(r+\lambda\rho\sigma-\mu)}\right]-(\mu-0.5\sigma^2)T}{\sigma\sqrt{T}}\right) \tag{2.15}$$

综上所述，我们可以得出结论：企业的投资决策不仅取决于投资临界点的高低，而且取决于投资收益流达到投资临界点的概率。具体来说，投资的临界点越低，企业的投资水平也就越高，企业也就容易实现投资；投资收益流达到投资临界点的可能性越大，相应地企业同样也就容易实现投资。与此同时，投资的临界点又是投资项目收益流预期增长率和标准差的函数。投资项目收益流预期增长率和标准差的取值直接决定投资临界点的大小，归根结底来说，企业投资决策和投资水平是投资项目收益流预期增长率和标准差的函数，直接受它们的影响。因为企业投资量和投资水平取决于投资决策的执行，而与此同时投资决策的执行又取决于投资的临界点和达到投资临界点的可能性。

（一）投资项目临界点基本模型分析

就投资项目收益流达到投资临界点的概率来说，它不仅取决于投资项目收益流预期增长率和标准差，还取决于投资项目收益流的初始值。可以肯定的一点是投资项目收益流达到投资临界点概率的大小主要是受投资项目收益流预期增长率和标准差作用的。下面来具体分析投资项目的临界点和达到投资临界点的可能性与投资项目收益流预期增长率和标准差的关系。

1. 投资临界点与投资项目预期增长率的关系

从 $X^* = \dfrac{a(r + \lambda\rho\sigma - \mu)}{a - 1}$ 我们可以求出，$\dfrac{dX^*}{d\mu} < 0$，用函数图像大体描述如图 2-1 所示。

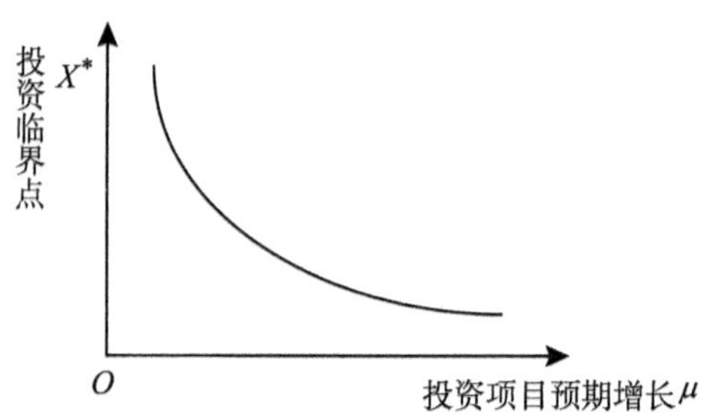

图 2-1　投资临界点与投资项目预期增长率的函数关系图

从图 2-1 中，我们可以直观地看到投资的临界点是投资项目预期增长率的减函数，可以解释为投资项目预期增长率越大，投资的临界点也就越低。

2. 投资临界点与投资项目标准差的关系

大量的金融期权研究表明不确定性的水平越高，也就是说风险越大，期权的价值也就越大，金融期权执行的临界值也就越高，认为不确定性水平与期权的执行价格呈正向递增关系。借鉴这种思维，实物期权研究同样预测项目投资的不确定性程度越大，也就是说项目投资的标准差 σ 越大，项目投资期权的价值也就越大，投资的临界点相应也就越高，认为投资与不确定性呈负向关系，因为大的不确定性增加了等待期权的价值。

在未加入管理者的特性之前，也就是说局限于新古典经济学的框架和分析范式来分析企业投资的决策行为问题。在这个大前提下，企业的管理者是完全理性的，这时投资临界点为：$X^* = \frac{a(r+\lambda\rho\sigma-\mu)}{a-1}$。这是企业投资决策的重要参考公式。通过求导数，我们知道 $\frac{dX^*}{d\sigma} > 0$，很显然不确定性的增加，提高了投资的临界点，企业相应的投资量就会减少。我们很容易得出企业投资水平与投资项目的不确定性呈负向关系。可是，不确定性对投资额影响还有另外一个效应。Metcalf 和 Hassett（1995）的文章指出：由于不确定性的加剧，收益流 X 更有可能达到投资的临界点 X^*。他们认为投资的不确定性与企业的投资水平呈正向关系。基于上面的分析，我们可以得知投资项目的标准差对企业投资水平具有双向作用。投资临界点与投资项目标准差的关系用函数图像描述如图 2-2 所示。

从图 2-2 中，我们可以直观地看出，投资的临界点是投资项目的标准差增函数，可以理解为投资项目标准差的增大，投资临界点相应也会越高，企业的投资水平就会越低。

3. 到达投资临界点的可能性与投资项目预期增长率的关系

$$P^* = \Phi\left(\frac{\ln\left[\frac{X_0(1-1/a)}{(r+\lambda\rho\sigma-\mu)}\right]+(\mu-0.5\sigma^2)T}{\sigma\sqrt{T}}\right)+\left(\frac{r+\lambda\rho\sigma-\mu}{X_0(1-1/a)}\right)^{2\mu/\sigma^2-1}\Phi\left(\frac{\ln\left[\frac{X_0(1-1/a)}{(r+\lambda\rho\sigma-\mu)}\right]-(\mu-0.5\sigma^2)T}{\sigma\sqrt{T}}\right) \qquad (2.16)$$

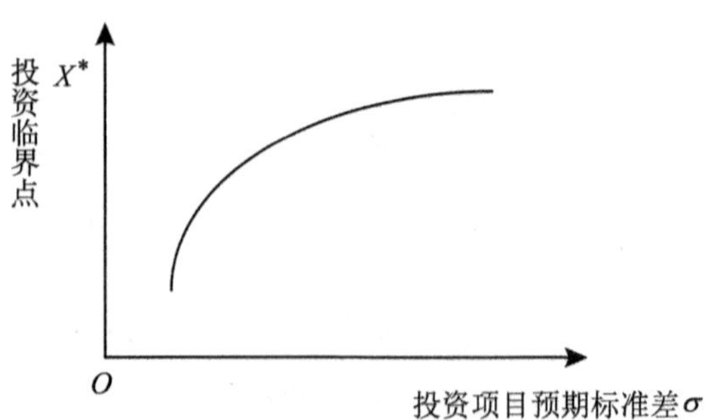

图 2-2　投资临界点与投资项目标准差的关系

由于导数 $dP^*/d\mu$ 的表达式非常复杂，并且正负性难以判断，因而从数理严密逻辑推导的角度来说，到达投资临界点的可能性与投资项目预期增长率之间的关系是模糊和不清楚的。为此，我们采用了数值法，将相关标量都赋予具体的数值，通过 Matlab 软件计算出到达投资临界点的可能性与投资项目预期增长率之间的一一对应数值关系，并将其点描绘成图，其函数图像如图 2-3 所示。

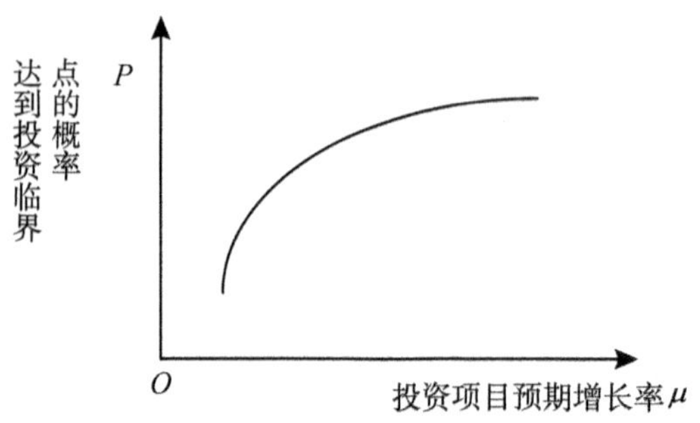

图 2-3　投资临界点的可能性与投资项目预期增长率的关系

从图 2-3 中，我们可以直观地看出到达投资临界点的可能性是投资项目预期增长率的增函数，随着投资项目预期增长率的增大而增大。

4. 到达投资临界点的可能性与投资项目预期标准差的关系

$$P^* = \Phi\left(\frac{\ln\left[\frac{X_0(1-1/a)}{(r+\lambda\rho\sigma-\mu)}\right]+(\mu-0.5\sigma^2)T}{\sigma\sqrt{T}}\right)+\left(\frac{r+\lambda\rho\sigma-\mu}{X_0(1-1/a)}\right)^{2\mu/\sigma^2-1}$$

$$\Phi\left(\frac{\ln\left[\frac{X_0(1-1/a)}{(r+\lambda\rho\sigma-\mu)}\right]-(\mu-0.5\sigma^2)T}{\sigma\sqrt{T}}\right) \tag{2.17}$$

同样，由于导数 $dP^*/d\sigma$ 的表达式非常复杂，并且正负性难以判断，因而从数理严密逻辑推导的角度来说，到达投资临界点的可能性与投资项目预期标准差之间的关系是模糊和不清楚的。为此，我们采用了数值法，将相关标量都赋予具体的数值，通过 Matlab 软件计算出到达投资临界点的可能性与投资项目预期标准差之间的一一对应数值关系，并将其点描绘成图，其函数图像如图 2-4 所示。

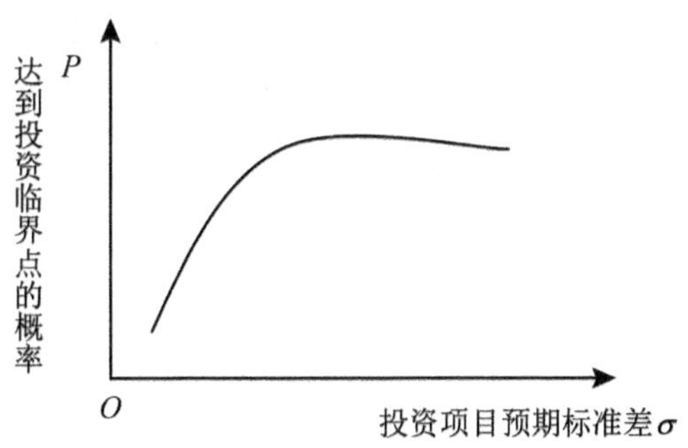

图 2-4　到达投资临界点的可能性与投资项目预期标准差的关系

从图 2-4 中，我们可以直观地看出到达投资临界点的可能性与投资项目预期标准差之间呈先上升后下降的关系。

这里需要说明的是：根据到达投资临界点的可能性与投资项目预期标准差关系的数学特征，我们知道到达投资临界点的可能性与投资项目预期标准差的关系主要受双重作用的影响。影响到达投资临界点的可能性与投资项目预期标准差关系的双重因素此消彼长，向两个不同的方向作用着到达投资临界点的可能性与投资项目预期标准差的关系，因此不难理解为什么图 2-4 中的曲线是先上升而后下降。

（二）管理者的特性与企业投资的关系

过去的企业投资理论研究都是在赋予经济主体理性预期的框架下进行的。大量的实验心理学研究表明人们会经常偏离完美理性，人们倾向于过度乐观和过度自信。具体来说就是人们预测好事件发生的可能性要高于好事件实际发生的概率，人们会认为自己对未来事件有更多确切的知识，而实际上不是这样的。企业的管理者也会呈现出这些人性特征，这些特征会对企业的投资决策产生影响。因此，弄清楚过度乐观和过分自信的管理者如何影响公司的投资决策是十分重要的。本文说的管理者的特性就是过度乐观和过分自信。

管理者的特性可以用管理者的信念向量 $b^* = \{\mu^*, \sigma^*\}$ 来表示。收益流的实际变化记为 $b = \{\mu, \sigma\}$，基于行为经济学的解释，过度乐观的管理者会导致 $\mu^* > \mu$，过度自信的管理者会导致 $\sigma^* < \sigma$。管理者的乐观主义与企业的投资水平之间关系的函数图像如图 2-5 所示。

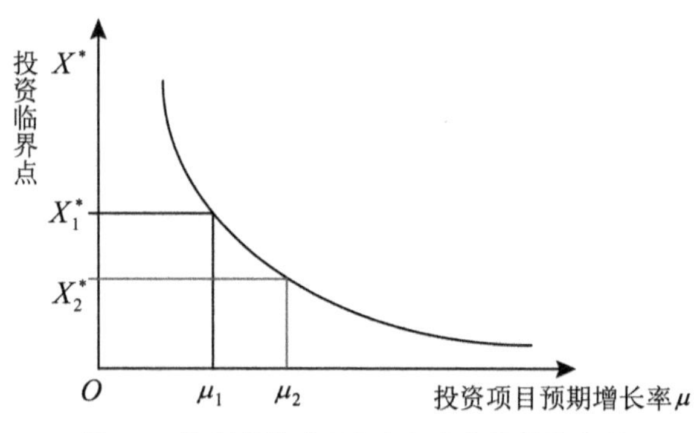

图 2-5　管理者的乐观主义与企业的投资水平

图 2-5 中，μ_1 和 μ_2 分别表示有效市场和乐观管理者对投资项目收益流预期增长率的反映和评价。根据管理者乐观主义的特点，我们不难发现 $\mu_1 < \mu_2$，依据投资项目预期增长率和投资临界点的关

系，可以得出 $X_2^* < X_1^*$，此时管理者认知的投资临界点比市场给予的客观真实临界点要低，为此企业的投资水平就会高于按照经济主体理性帕雷托最优化得出的投资水平，从而，我们可以得出结论：管理者的乐观主义会降低企业的投资门槛，提高企业的投资水平，从而带来投资过度的问题。

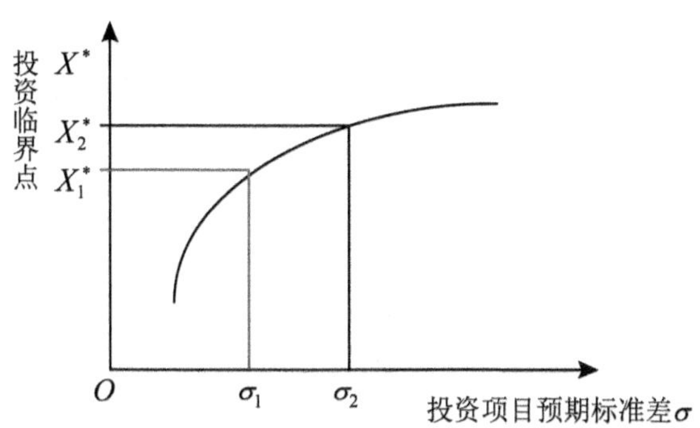

图 2-6　管理者的过度自信与企业的投资水平

管理者的过度自信与企业的投资水平之间关系的函数图像如图2-6所示，图 2-6 中，σ_1 和 σ_2 分别表示过度自信管理者和有效市场对企业投资项目未来收益流波动性的衡量。根据管理者的过度自信，我们不难知道 $\sigma_1 < \sigma_2$。依据投资的临界点和投资项目预期标准差的关系，从图 2-6 中可以简单明了地看出 $X_1^* < X_2^*$，也就是说管理者的过度自信同样会降低企业的投资门槛，提高企业的投资水平，带来投资过度的问题。这里有一个问题值得注意，就是投资项目真实的不确定性很大的时候，此时的不确定性可能更容易达到投资的临界点。换句话说就是市场计量的投资门槛比管理者认知的投资门槛低，管理者的过度自信反而会增加投资项目的投资门槛和达到投资项目门槛的可能性。这个时候，管理者的过度自信会带来投资不足的问题。投资项目预期标准差的双向作用会带来投资过度和投资不足两者之间的权衡问题。

（三）管理者的有限自我控制与企业投资决策的关系

企业的项目投资是企业价值最大化的主要手段和企业经营战略管理的重要内容。企业的投资行为是企业最核心的经济行为。我们不仅要认识到企业的项目投资不仅需要好的和更加优良的估值技术和科学的分析方法，我们更要认识到管理者的特性在企业的项目投资中扮演着重要的角色。分析管理者的因素对企业项目投资的影响可以帮助我们制定科学的投资决策，在理论和实际操作上都具有很高的价值和意义，有待于进一步的研究。

二、最佳的投资时机分析

投资项目的成本收益分析法是建立在现金流贴现的框架下，用项目净现值（NPV）来决定投资的时机。如果投资项目净现值大于零，那么投资的最佳时机就是现在；如果投资项目的净现值小于零，那么这个项目永远也不会被投资。Marglin（1963）指出投资的价值是随着时间而变化的，投资不仅有要不要投资的问题，而且也存在何时投资的问题，也就是说投资的准则不仅要满足投资项目的未来收益的净现值要大于零，而且要在投资项目的未来净现值达到最大值时投资，投资的效率才是帕雷托最优的，否则就存在帕雷托改进的余地。投资具有最佳投资时机，最佳的投资时机就是投资项目的净现值达到最大值的时刻，用数学形式可以表示为：$T^* = \arg\max V(T)$（2.18）。下文将结合年净收益的增长率来探讨最佳的投资时机问题，并在企业决策者有限自我约束条件下进一步拓展。

（一）投资项目净现值的离散时间模型

离散时间模型下，投资项目的净现值可以表示为：

$$V(T) = -\frac{I}{(1+\rho)^T} + \sum_{t=T}^{\infty} \frac{[b(t) - c(t)]}{(1+\rho)^t} \qquad (2.19)$$

其中V（T）代表投资项目的净现值，I代表项目的投资成本，$b(t)$代表年收益，$c(t)$代表年运营成本，ρ代表贴现率，T表示投资开始的时间，T^* 表示最佳的投资时机。如果用 ω 表示年净收益的增长率，在投资项目投资后，t 时刻的年净收益可以表示为：

$$b(t)-c(t)=(b_0-c_0)(1+\omega)^t \tag{2.20}$$

化简可得：

$$V(T)=-\frac{I}{(1+\rho)^T}+\sum_{t=T}^{\infty}\frac{(b_0-c_0)(1+\omega)^t}{(1+\rho)^t} \tag{2.21}$$

通过数学运算，式（2.21）可以化为：

$$V(T)=-\frac{I}{(1+\rho)^T}+\lim_{n\to\infty}\frac{\left(\frac{1+\omega}{1+\rho}\right)^T-\left(\frac{1+\omega}{1+\rho}\right)^n}{1-\frac{1+\omega}{1+\rho}} \tag{2.22}$$

为了使模型具有经济意义，假设 $\left|\frac{1+\omega}{1+\rho}\right|<1$，也就是说资本收益的增长率小于资本的折旧率，这样的假设具有合理性，因为资本的收益是无限期的，而资本的折旧是有限期的，为此可以将式（2.22）化简为：

$$V(T)=\frac{(1+\omega)^T}{(\rho-\omega)(1+\rho)^{T-1}}-\frac{I}{(1+\rho)^T} \tag{2.23}$$

投资项目净现值在 T^* 时刻达到最大的条件为：

$$V(T^*-1)\leqslant V(T^*)\geqslant V(T^*+1) \tag{2.24}$$

通过式（2.24），我们就可以框定企业的最佳投资时机。

（二）投资项目净现值的连续时间模型

连续时间模型下，投资项目的净现值可以表示为：

$$V(T)=-I\exp(-\rho T)+\int_T^{\infty}(b(t)-c(t))\exp(-\rho t)dt \tag{2.25}$$

其中 $V(T)$ 代表投资项目的净现值，I 代表项目的投资成本，$b(t)$ 代表年收益，$c(t)$ 代表年运营成本，ρ 代表贴现率，T 表示投资开始的时间，T^* 表示最佳的投资时机。

如果用 ω 表示年净收益的增长率，在投资项目投资后，t 时刻的年净收益可以表示为：

$$b(t) - c(t) = (b_0 - c_0)\exp(\omega t) \tag{2.26}$$

其中（$b_0 - c_0$）表示 t = 0 时刻的年净收益的初始值。将式（2.26）代入式（2.25），可得：

$$V(T) = -I\exp(-\rho T) + (b_0 - c_0)\int_T^{\infty}\exp\{(\omega - \rho)t\}dt \tag{2.27}$$

下面对 ω 的不同取值展开探讨，以便确定投资项目的最佳投资时机。

(1) $\omega = 0$ 时的最优投资时机。

当 $\omega = 0$，我们可以将式（2.27）化简为：

$$V(T) = -I\exp(-\rho T) + (b_0 - c_0)\int_T^{\infty}\exp(-\rho t)dt \tag{2.28}$$

对于这种特殊的情形，我们知道：如果 $V(0) > 0$，那么投资项目的净现值是 T 的单调递减函数；如果 $V(0) < 0$，那么投资项目的净现值是 T 的单调递增函数。从而，对于净收益的增长率为零的投资项目，如果其初始值小于零，那么投资项目的最佳投资时机是永远不投资；如果其初始值大于零，那么投资项目的最佳投资时机就是当前。

(2) $\omega > 0$ 时的最佳投资时机。

在年净收益增长率为正的情况下，投资项目的净现值达到最大的条件是其对时间的一阶导数等于零，此时的时刻记为 T^*。

$$\begin{aligned}\frac{dV(T)}{dT} &= \rho I\exp(-\rho T) - (b_0 - c_0)\exp\{(\omega - \rho)T\} \\ &= \{\rho I - (b_0 - c_0)\exp(\omega T)\}\exp(-\rho T) = 0\end{aligned} \tag{2.29}$$

由此可得

$$T^* = \left(\frac{1}{\omega}\right)\ln\left(\frac{\rho I}{b_0 - c_0}\right) \tag{2.30}$$

如果 $\left(\dfrac{\rho I}{b_0 - c_0}\right) > 1$，那么 T^* 就存在，投资项目有最佳的投资时机，这就意味着在其他任何时刻投资都会产生损失。

(3) $\omega < 0$ 时的最佳投资时机。

$T^* = \left(\frac{1}{\omega}\right)\ln\left(\frac{\rho I}{b_0 - c_0}\right)$，且 $dV/dT=0$，$dV/dT<0$（$T<T^*$）；$dV/dT>0$（$T>T^*$）我们可以知道 T^* 时刻投资项目的净现值取最小值。只要 V（0）>0，那么投资项目最佳的投资时机是 $T^*=0$。

（三）最佳投资时机衍生出的两个问题：投资过早损失与投资过晚损失

不在最佳投资时机投资就会产生投资时机损失。投资时机损失可以定义为：$L = V(T^* + h) - V(T^*)$。投资时机损失的大小受两个因素影响：一是最佳投资时机 T^*，二是与最佳投资时机偏离的时间段。从定义中可以看出 L 是非正的。如果 $h > 0$，那么就是投资过早损失，相反如果 $h < 0$，就是投资过晚损失。我们可以求出企业投资时机损失的具体表达式：

$$L = I[\exp(-\rho T^*) - \exp\{-\rho(T^* + h)\}] - \frac{b - c}{\rho - \omega}[\exp\{(\omega - \rho)T^*\} - \exp\{(\omega - \rho)(T^* + h)\}] \quad (2.31)$$

投资时机损失是投资时刻非最优化带来的损失，是投资决策偏离帕雷托最优状态导致的损失。这种损失引起的投资的非最优效率是可以改进的，从严格意义上说，投机时机损失是企业可以规避的损失，而且是应该规避的损失。

（四）企业决策者的有限自我约束力与企业最优投资时机

通过前文的探讨，我们知道投资项目的最佳投资时机可能在未来时段的某一时刻，如果企业的决策者在等待投资项目最佳时刻到来的过程中的不耐心程度是一样，也就是企业的决策者符合新古典经济学对经济主体完美理性的界定范式，换句话说，就是企业的决策者没有有限控制力的特征，那么企业决策者对投资项目投资时机选择的时间偏好具有时间一致性，不会发生投资时间偏好的逆转。在这种情况下，企业的决策者会在认定的投资项目净现值最大的时刻投资，不会因为等待过程中的不耐心程度而提前投资，偏离最佳的投资时机。企业决策者的完美控制力的本质和表现方式是企业决策者在等待过程中每一时刻的不耐心程度是相同的。Prelec（1989）提出用贴现函数的弹性来刻画和度量经济主体的不耐心程度，用数学形式可以表述为：$-\frac{D(t)}{dt}/D(t)$，其中 $D(t)$ 表示经济主体的贴现函数。

在企业决策者完美自我控制力的条件下，企业决策者投资时机选择的时间偏好具有一致性，会在既定的最优化时刻选择投资时机，其实质是新古典经济学中的贴现函数为指数型函数，一般表述为：$D(t)=\left(\frac{1}{1+\rho}\right)^{t}$，通过数学运算，不难知道 $-\frac{D(t)}{dt}/D(t)=\rho$ 是一个常数，为此，我们就不难理解为什么新古典经济学跨期决策分析的标准框架为严格一致的时间偏好模型。这种假设和界定不符合行为经济学的实验结果。行为经济学通过对经济主体心理偏差的数理模拟，得出经济主体具有不耐心程度递减的心理偏差，这就是我们所熟知的有限控制力，也就是说经济主体虽然现在制订了包括未来的最优投资计划，但他们可能由于即期的诱惑而不能控制自己的短视行为，即表现为短期内的强烈不耐心，很显然，有限自我控制问题越严重，短期的不耐心程度就越高。

对等待的不耐心可以理解为在进行选择时，经济主体总是希望得到的收益越早越好，而不大愿意推迟立即可得的收益。

企业决策者更为符合实际的有限控制力，会带来企业决策者对投资项目、投资时机选择偏好的时间不一致性，也就是说企业的决策者可能由于自我的有限控制力而提前投资，带来投资时机选择非最优化，从而带来投资过早损失。这种结论的直观解释可以称述为：由于企业决策者有限自我约束力，企业的决策者对投资项目、投资时机等待的不耐心程度会出现时间差异，随时间而递减。根据前面的定义，我们知道贴现函数的弹性可以描述企业决策者等待投资时机的不耐心程度，而贴现函数的弹性等于贴现率，从而不耐心程度等于贴现率。不耐心程度随时间而递减，那么贴现率毫无疑问是关于时间的递减函数，所以贴现因子也是时间的递减函数。

在上文的模型中，我们通过最优化计算出投资的最佳时机，记

为 T^*，此时投资项目的价值为 V^*，在时间段 $(0, T^*)$ 内的任意时刻，投资项目的价值都将小于最佳投资时机的价值。我们在时间段 $(0, T^*)$ 内可以选一时刻为 T，对应的投资项目价值为 V，显而易见：$T < T^*$，$V < V^*$。在 $t=0$ 时刻，这两个投资时机对应的投资项目价值的现值分别可以表示为：$V_1 = D(T)V$，$V_2 = D(T^*)V^*$。由于 $T < T^*$，可知 $D(T) > (T^*)$。如果企业决策者的有限控制力程度足够强烈，很显然存在 $V_1 > V_2$，也就是说企业的决策者会摒弃最优投资时机 T^*，而选择投资时机 T，发生投资时机时间偏好的逆转。这种结果是因为随着时间的推进，企业的决策者赋予了最近价值相对较小的投资时机更大的贴现因子，而对于时间较远价值更大的最佳投资时机赋予了更小的贴现因子。

下面将给出逻辑更加严密、求证更为科学的论证：假设投资项目投资价值提前被实现的概率密度为 q，那么投资项目在时间段 $(t, t+\Delta t)$ 被投资的可能性就可以度量为 $q\Delta t$。基于这种假设和定义，投资项目的投资价值 V^* 在时刻 T^* 之前实现的概率为 qT^*，而在时刻 T^* 之后实现的概率则为 $1-qT^*$。在这种前提下，投资项目的现值就可以表示为：

$$\left[\int_0^{T^*} qe^{-\rho t}dt + (1-qT^*)e^{-\rho T^*}\right]V^* \tag{2.32}$$

从这一公式，我们可以推导出投资项目在时刻 t（$0<t<T$）的现值为：

$$\int_t^{T^*} \hat{q}(t)e^{-\rho s}dsV^* + [1-\hat{q}(t)(T^*-t)]e^{-\rho T^*}V^* \tag{2.33}$$

其中 $\hat{q}(t) = \dfrac{q}{1-qt}$。按照同样的逻辑，对于投资项目投资时刻 T 来说，在时刻 t 的现值同样可以表示为：

$$\int_t^{T} \hat{q}(t)e^{-\rho s}dsV + [1-\hat{q}(t)(T-t)]e^{-\rho T}V \tag{2.34}$$

这两个式子分别对时间 t 求导数可得：

$$-e^{-\rho t}\hat{q}(t)V^* + \hat{q}(t)e^{-\rho T^*}V^* + \left[\int_t^{T^*} e^{-\rho s}ds - (T^*-t)e^{-\rho T^*}\right]V^*\frac{d\hat{q}(t)}{dt} \tag{2.35}$$

$$-e^{-\rho t}\hat{q}(t)V+\hat{q}(t)e^{-\rho T}V+\left[\int_t^T e^{-\rho s}ds-(T-t)e^{-\rho T}\right]V\frac{d\hat{q}(t)}{dt}$$
(2.36)

由于 $\frac{d\hat{q}(t)}{dt}/\hat{q}(t)=\hat{q}(t)$，上面的两个式子可以化简为：

$$\hat{q}(t)\left\{\int_t^{T^*} e^{-\rho s}ds\hat{q}(t)V^*+[1-\hat{q}(t)(T^*-t)]e^{-\rho T^*}V^*-e^{-\rho t}V^*\right\}$$
(2.37)

$$\hat{q}(t)\left\{\int_t^T e^{-\rho s}ds\hat{q}(t)V+[1-\hat{q}(t)(T-t)]e^{-\rho T}V-e^{-\rho t}V\right\}$$
(2.38)

假设存在一个时刻 $\hat{t}<T$，对于企业的决策者来说，(V, T) 和 (V^*, T^*) 两者之间是无差别的，也就意味着式（2.37）和式（2.38）中大括号里面的前两项是相等的。由于 $V<V^*$，显而易见在 $t=\hat{t}$ 时刻，式（2.38）是大于式（2.39）的，可以进一步拓展为：在 $\hat{t}$ 以后的时刻，式（2.38）始终是大于式（2.37）的。结合数学知识，可以得出式（2.34）在 $t=\hat{t}$ 时刻与式（2.33）相交，并从式（2.33）穿插上去。基于上面的分析，我们可以得出这样的结论：在 $t<\hat{t}$ 的时候，企业的决策者会选择 (V^*, T^*)；而在 $t>\hat{t}$ 的时候，企业的决策者会选择 (V, T)。

从上面的分析中，我们可以看出企业的投资项目具有最佳的投资时机，而企业决策者的有限控制力会使企业在非最优时刻进行项目的投资，企业决策者对投资项目投资时机的偏好具有时间不一致性，偏离的程度与企业的管理者有限自我约束力的程度有关，与此同时投资过早损失的大小也与企业管理者的有限自我控制力程度有关。为此，企业的决策者在考虑企业的投资决策时，务必要注意自身的有限控制力的影响，以免给企业带来不必要的损失。

三、管理者行为特征引起企业投资决策扭曲的防范措施和机制

（一）企业管理者行为特征对企业投资决策问题影响的政策含义和启示

从上面的分析中，可以看出诸多管理者的因素会带来企业投资的非效率问题。企业投资的非效率问题不仅仅体现在企业投资的投资不足或者过度投资，而且体现在企业投资时机的过早或者过晚，也就是说企业投资非效率问题不仅仅有个投资量的问题，而且企业投资的非效率也有一个时机选择的问题。信息不对称理论、委托代理理论以及管理者的过度自信和过分乐观理论对企业投资的投资不足和投资过度问题做出了很好的解释。而本书不仅从实物期权的角度重新解释了企业投资不足以及投资过度的问题，而且结合管理者的有限自控提出了企业投资存在的投资时机过早以及过晚所导致的企业投资非效率问题。总而言之，在解决企业投资非效率问题上，管理者的因素绝对是值得特别关注的因素。

（二）企业投资决策扭曲的防范措施和机制

采用激励补偿机制和加强公司治理来解决企业投资扭曲问题被多数学者所推崇，并且具有一定的有效性。除此之外，优化企业的资本结构，提高企业的信息质量和披露制度也是解决企业投资非效率问题的可行途径。因为企业的资本结构决定着企业资源的分配，可以把相应的资源配置到最有效的项目上去，对管理者是一种制度约束。而企业的信息披露不仅反映了企业的经营活动，而且揭示了管理者的行为活动。管理者因素引起的企业投资非效率问题的核心在于我们无法确切的观察到管理者的行为状态。所有有关或者能够反映管理者心理状况和行为状态的信息都是有价值的，对解决管理者因素引起的企业投资非效率问题都是至关重要的。这些信息从隐性到显性的过程也就是管理者因素引起的企业投资非效率问题得到控制和解决的过程。这个过程可以分为两个层面：一个是主动的层面，采用有说服力的心理、行为测试体系来真实测量管理者的类型和管理者的行为状态；一个是被动的层面，采用制度性强迫措施来间接地实现真实测度管理者的类型和管理者的行为状态的目标。

遏制企业投资非效率问题的其他方法就是对企业管理者进行分权和对企业投资过程进行细分。企业投资过程可以分为企业投资项目评估过程和企业投资项目执行过程。管理者的分权可以使管理者之间相互约束和制约，使管理者的个性特征对企业投资的影响大大缩水，使之降到最低水平。与此同时，对投资项目的评估过程中要采用多指标体系的评估方法，这样可以有效避免由于管理者的个性偏好与投资效益的指标过度拟合从而使管理者的个性偏好放大对企业投资产生不利的影响。

管理者行为具有多样性和复杂性，因此解决问题的难度是可以想象的。对于管理者行为的多样性和复杂性有待于更审慎的思考。探求企业投资决策扭曲新的防范措施和机制以及更理性的投资决策内部控制机制是一项新的重大课题，还需要更深入的研究，以便求得切实且行之有效的解决方法。

第五节　资本结构与企业价值——基于有限理性行为的分析

现有的资本结构理论都建立在一个共同的假设前提基础上，即企业的目标是企业价值最大化，然后从不同角度考察了资本结构与企业价值的关系。企业的资本结构取决于企业经营者的投融资决策、股利决策等企业管理行为。而现代企业制度中，企业的所有者即股东与经营者之间是一种委托-代理关系，因而，对于如何形成合理的资本结构以实现企业价值最大化，现代激励理论认为，通过激励机制的设计可以使管理者的目标与企业最大化的目标保持一致。但事实情况却是，管理者往往背离企业价值最大化的目标。企业的一切决策都是从管理者自身效用出发，追求自身效用的最大化。本节从有限理性的角度出发分析管理者在追求自身效用的过程中，怎样做出决策以影响企业的资本结构及企业价值的。

一、对管理者的效用函数的描述

“效用”是一种偏好指标体系（index of preferences）。也就是说“人是追求效用最大化者”的陈述，只是把偏好与选择联系起来，并没有具体确定人人都必须追求的目标。当企业经营者面对各种可选行为时，他们会首先选择对自己的效用产生最大正面影响的那一个，并在此基础上分配在各种行为上分配自己的时间、精力。

但是，主流经济学的效用函数通常只考虑物质满足变量，这或许是出于非物质满足难以衡量的考虑。但事实上，人的经济活动与兴趣、情感、习俗、审美、道德、正义等诸多非物质偏好有极大的相关性，主流经济学将这些非物质变量视作外生变量，它的效用函数只是单维意义上的效用函数，并不能完全说明行为经济人的效用。从多维角度考虑，人类的所有活动都是在一定目的驱使下、在特定资源约束的条件下通过偏好选择来实现效用最大化的。因此，我们构建效用函数应该把非物质变量纳入分析模型，应该根据行为经济人需要的物质性和非物质性进行效用函数的重构。在此，我们将这种糅合了物质和非物质需要的效用函数称为人类实际行为的效用函数。显然，这种效用函数在一定程度和范围内包含着非主流经济学所理解的非理性选择的因素。

我们认为，管理者实际行为的效用函数的自变量应该包括：①选择成本；②物质需要；③ 非物质需要；④其他随机因素。由此我们可以得到管理者实际行为的效用函数的一般形式：

$$U=f[u(C),\ u(X_1),\ u(X_2),\ \varepsilon],\ \frac{\partial U}{\partial u(c)}<0;$$

$$\frac{\partial U}{\partial u(x_1)}>0,\ \frac{\partial U}{\partial u(x_2)}>0 \tag{2.39}$$

其中 U 为行为经济人的效用，C，X_1，X_2，ε 分别为上述的四个因素。

(1) 选择成本 C。即为获得货币性收入和非物质需要付出的经验积累、努力、成败等风险成本，为获取非货币性收入而遭投资者制裁、解聘、声誉损失等风险成本。成本作为确定性的损失会给行为经济人带来负效用，因此，在该函数中，$u(C)$ 对总效用函数的作用方向是和其他因素相反的，即 $\partial U/\partial C<0$。

(2) 物质需要 X_1。物质需要可以包括货币性的收入和非货币性的收入。货币收入 X_{11}，也就是我们通常所说的管理者报酬，在年薪制中即为经营者年薪。从年薪制试点的办法来看，包括相对稳定的基本收入 F 和浮动的风险收入，风险收入与委托人对管理者可考察的企业收益π有关，令α为分配系数，可记$X_{11}=F+\alpha\pi$。管理者的效用是多层次、在职消费，如豪华的办公场所、私人用车、住房、出国旅游、个人资本知识的增长等，既是管理者工作所需条件，同时也是对其效用的一种满足，尤其是过度的在职消费在很大程度上是一种满足。这构成了管理者的非货币收入X_{12}，且有$\partial U/\partial X_1>0$。

(3) 非物质需要X_2。马斯洛的需求层次论反映出管理者成就和自我实现的需要。非物质性需要X_2的决定不仅取决于企业收益状况π，还取决于股东、职工对管理者的评价P，因而$X_2=X_2(\pi, p)$，且有$\partial U/\partial X_2>0$。

(4) 其他随机因素。

二、基于有限理性的分析

传统金融决策研究只考虑决策本身，几乎不考虑决策主体的特征因素。人们是否能够做出最优决策完全取决于决策任务结构的本身，而与任何其他因素无关。但存在的问题是，按照理性模型，只有在假定投资者对每一备选方案的后果都完全清楚、确定无误的情况下（即信息的充分可得性）才可能做出完全理性的决策。同时还必须假定所有的备选方案都是已知的，每种方案产生的后果是完全确定的，投资者还必须把所有的决策后果按照其效用价值排列成完整的效用数列。这在实际决策过程中是不大可能的。

实际上，任何时刻都有变化着的信息流过不确定性风险决策空间，管理者必须在正式决策前自己先提出可行的备选方案并对各种方案的结构做出预测。在风险决策中，管理者是以主观效用的心理标准代替理性状态下的效用最大化标准并进行备选方案选择的，从而发生对效用最大化的偏离，呈现出有限度的理性。人类的理性是在心理环境的限度内起作用的，这个环境的限制使决策者只能选择一定量的要素作为其决策依据的“给定条件”。因此，本节重点分析有限理性的行为。

（一）投资者有限理性对资本结构的影响

1. 投资者有限理性的表现

（1）过度自信。

根据 Barberis 等人的研究，在投资者的心理、行为中，最有可能对股票价格形成影响的是投资者会由于过度自信而影响他们对市场信息的正确处理。这种影响有直接和间接两方面。直接的影响是如果投资者过度自信，那么他们就会过分依赖自己收集到的信息而轻视公司会计报表的信息，这样，证券市场就会表现出一种账面价值/市场价值效应。即一段时期内的某只股票或股票组合的收益率会与该股票或股票组合的账面价值与市场价值之比高度相关。间接影响则是投资者的过度自信会使他们在过滤各种信息时，注重那些能够增强他们自信心的信息，而忽视那些伤害他们自信心的信息。由于这种间接影响的存在，市场便会出现一种动量效应。也就是说，在一定的持有期内，平均而言，如果某只股票或者某个投资组合在前一段时期内涨幅较好，那么在下一段时期内，该股票或股票组合仍将有良好表现。

（2）处置效应。

处置效应（Disposition Effect）是一种有悖于“理性人”假设的投资者行为，描述的特征是投资者更加倾向于卖出当前盈利的股票，而继续持有当前亏损的股票，即为通常所说的“惜售心理”。在这种心理的作用下，做出卖出盈利股票比卖出亏损个股的决策往往显得更加容易。

早在 1982 年，Kahneman 和 Tvrsky 在研究中发现后悔厌恶的心理特征确实存在，而且影响着人们的决策行为。在购买股票过程中，虽然出售一个价格已经上涨的股票从而实现盈利会带来成就感，但随着该股票价格持续上涨，其成就感会逐渐下降，并产生责怪自己抛售太早的想法。而且，在投资者的决策过程中面临着风险，投资者往往以过去收集的相关信息为基础判断股票的盈亏及其概率并为最终决策提供依据。但是，当前的盈利或亏损对投资者来说具有较强的确定性，容易被高估。由于投资者避免后悔的心理，对盈利的高估会导致投资者更加倾向于立即卖出，表现为风险规避；对亏损的高估导致了投资者更加倾向于继续持有，表现为风险偏好。

（3）羊群行为。

羊群行为是指投资者由于受到心理情绪等因素的影响，部分或完全地放弃理性分析而盲目跟从他人的行为。在股票市场上投资者的相互模仿非常普遍，齐涨齐跌比比皆是。这一系列的行为都可以被称作是羊群行为。Bikhchandani 和 Sharma（2000）指出如下行为可称为羊群行为，即如果一个投资者根据私人信息将投资（或不投资），但是他在发现其他投资者没有投资（或不投资）后，决定跟从其他投资者的行为。这种定义强调了羊群行为是投资者一种有意识的模仿，它将导致所有投资者系统错误的行为一致。

（4）噪声交易。

金融噪声交易理论认为，在短期交易普遍存在的前提下，交易可能聚集在某些信息（可能是与基础价值毫不相干的消息与谣言）上。它会在一定程度上引起信息资源的不合理配置以及价值与价格的明显偏离，从而使市场的有效性下降。一般认为，在噪声交易者和短期性投资者存在的市场中，交易者都拥有自己的信息。在其拥有的信息集合中，利用其中某一信息的投资者越多，他就越有可能利用该信息获利，这些信息可能是与基础价值有关的信息，也可能是与基础价值无关的噪声。这就是信息聚集的正溢出效应。这一效应可能使努力获取新信息的交易者无法得到相应的回报，因为他无法保证其他投资者会相信并聚集在这一信息上。此外，投机者“理性地”在某一信息上聚集，而忽视对其他相关基础信息的搜寻，甚至聚集在与基础价值毫不相关的噪声上，往往造成与资产基础价值有关的信息不能完全从价格中反映出来，从而使资产价格的信息质量降低，并使那些依赖资产价格决定生产行为的经营者不能做出正确的决策。

2. 投资者的有限理性行为对资本结构的影响

投资者的有限理性对资本结构的影响过程首先是影响股票价格对实际价值的偏离，进而影响管理者的决策，从而影响企业的资本结构。股票价格对管理者决策的影响取决于管理者是理性的还是非理性的，但经理人必定按照其效用最大化的目标进行决策。前文讲到经营者的效用函数为：

$$U=f[u(C), u(X_1), u(X_2), \varepsilon], \frac{\partial U}{\partial u(c)}<0;$$

$$\frac{\partial U}{\partial u(x_1)}>0; \frac{\partial U}{\partial u(x_2)}>0 \qquad (2.40)$$

经营者的最终目标为：max（U）。

因此，在投资者有限理性的情况下，管理者会通过如下途径实现其目标。

首先，为了获得效用 U，管理者必须迎合股东，这是因为管理者为了获得各种收入，必须维持其管理者的地位，而在现代企业制度中，管理者在很大程度上由股东决定。①从投资决策来看，如果投资者对公司前景过分乐观，若管理者对公司的真实价值有准确的把握，而拒绝从事投资者认为可获利的项目，投资者就会压低股价，使公司遭受接管风险，试图解雇管理者，因此管理者为了维持其地位，就会做出相反的决策。有时为了迎合投资者对公司未来的信心，管理者在股价被高估时，仍会用所得溢价的一部分进行投资，以维持公众的信任。非理性的投资者通过股权依赖机制发生作用，因为对股权依赖的公司，当投资者过度悲观时，通过被低估的股票进行融资成本太高，从而必须放弃一些好的投资机会，从而造成实际投资的扭曲。②从并购决策来看，如果收购方是被价值高估了的，那么收购就可以为长期的股东保存一些暂时的价值高估。通过高估的股票价格收购未被高估的目标公司（或用现金收购被价值低估的目标公司），被价值高估的收购方能为股东缓冲收购后的短期价值下跌。或者，收购使合并后的实体也被价值高估，那么收购方同时可获得长期的缓冲效应（Cushion Effect）。③从股利决策来看，公司管理者通常能够理性地迎合投资者需求变化，迎合的最终目的在于获得股票溢价。当投资者倾向于风险回避，对支付现金红利的股票给予溢价时，管理者就支付现金红利；当投资者偏好股票红利，对支付股票红利的股票给予溢价时，管理者就改为股票红利。如果股票价格与公司管理者补贴收入相关，管理者更有可能取悦投资者，抓住股票溢价机会改变股利政策。

其次，为了获得效用 X_1，即物质需要。管理者需要不断增加企业基础价值，这是因为只有增加企业基础价值，即企业的资产规模越来越大，管理者的权力才会越来越大，在职消费和风险收入才会相应增加。而增加企业的基础价值是通过选择合适的项目进行投资以及企业并购等经营行为实现的。①从投资来看，为了获得更多投资资金，在发行新股筹资前，管理者会通过投资特定的项目或通过对公司及其股票某种方式的包装来最大化诱导短期投资者的需求，使得非理性的投资者提高对公司的预期，从而获得更多的筹资。②从并购决策来看，管理者可以通过收购被非理性的投资者所低估的企业来增加基础价值。

再次，为了获得效用 X_2，即非物质需要。前文讲到，非物质性需要 X_2 的决定不仅取决于企业收益状况 π，还取决于股东、职工对管理者的评价 P，因而 $X_2 = X_2(\pi, p)$。因此，管理者同样需要迎合股东以及增加企业基础价值。

最后，为了减少成本 C。要增加企业的基础价值以获得 X_1、X_2，管理者必须做好投资决策，管理好自己的投资项目等，也就是说要付出很大的努力。在投资者非理性的情况下，从融资决策来看，通过市场时机策略，在市场价格被高估时发行股票，在市场价格被低估时回购股票，即利用当前的市场错误定价为公司的长期投资者牟利。因为长期而言，股票的市场价格总会回归于公司的基础价值，因而市场时机策略实际上是将财富从新的外部投资者身上转移到公司内部的长期投资者手中，这对管理者来说是相当容易的。

此外，管理者有时会面临着各个目标的冲突，这就要求管理者在各个目标之间进行取舍、相机抉择，而怎样取舍将取决于管理者的性格、事业前途、薪酬合同安排等因素。

（二）管理者有限理性对资本结构的影响

管理者的有限理性主要体现在过度乐观与过度自信。过度乐观是指人们主观相信事件的未来结果将超过基本情形，过度自信则是指人们对未来事件发生的主观概率分布非常狭窄。过度乐观与过度自信的双重心理因素作用可能引起管理者在公司投融资、兼并收购等方面的低效决策行为，从而影响企业的资本结构。

（1）对实际投资的影响。首先，我们从启动投资谈起。事实证明，很多企业家的启动投资都是在盲目乐观和过度自信的情况下做出的。同样，盲目乐观影响着成熟企业的投资决策。管理者普遍有过度自信情绪，这种心理特征与他们的财富状况、从业声誉等有关。管理者往往过高估计公司未来的业绩表现，而低估了风险状况。

（2）对并购的影响。出于对自身能力的过度自信和对项目的过于乐观，会导致管理者实施频繁的并购，且出价过高。诸多兼并收购并不会给企业带来任何收益，其动机只是来源于企业经理人的过度自信，具体来说，在对兼并目标进行估价时往往会过高估计其市场价值，因此，结果会导致过多的兼并收购活动的发生。Heaton 提出了基于管理者过分乐观而产生的“过度投资—投资不足”行为模型，结果表明过分乐观的管理者认为市场低估了企业的价值，他们可能会放弃一些净现值为正的项目，尤其在企业必须依赖外部融资才能进行投资的时候；同样，过分乐观的管理者也会高估投资项目的实际价值，从而愿意投资一些净现值为负的项目。

事实证明，许多事例都与盲目乐观和过度自信有关。例如，乐观的 CEO 完成更多的并购，特别是横向并购，而这些并购的价值都十分模糊；乐观主义会在很少依赖股权融资的公司中产生很大的影响，比如，作为乐观主义者，管理者总认为股票被低估了，股权融资成本过高，从而不必去权衡选择并购还是发行股票。

（3）融资决策分析。过分自信的管理者对于公司项目的收益持过分乐观的态度，就会选择高风险而实际收益率低的项目，同时他们会认为公司的股票被低估，认为股权融资的成本过高，从而导致如下两种非理性的融资行为。一方面，他们采用激进的财务政策，利用债券融资来支持投资，从而极大地增加了公司的财务风险。另一方面，Heaton（2002）和 Hackbarth（2002）认为，过度自信的管理者在认为股权融资成本过高的同时，不愿意通过外部融资来支持投资，而只能依赖于公司的现金流，这不仅使得公司被迫放弃一些真正有价值的投资，而且损害公司的长期利益。

三、有限理性下的企业价值

（一）企业价值描述

现代财务理论中，公司价值评估通常可以用现金流量折现法和经济利润法这两种形式。现金流量法是把未来年份的预测现金流量用含有资本成本和风险成本在内的折现率折现为现值，一项投资如果回报高于同风险下的资本成本，便能创造资本价值。但是，现金流量折现法难以通过将实际和预计的现金流量的比较来跟踪了解公司的投资情况，任何投资都会影响现金流量及折现值，这就容易导致管理者为了改善某一年的现金流量而推迟投资，使公司长期价值创造遭受损失。经济利润法不考虑前后年度资本投资额的大小，仅确定单一时期的预计经济利润，并可以与实际产生的经济利润对比分析，可以弥补现金流量法的不足，又便于对价值进行考核。鉴于此，我们采用经济利润模式进行价值评估。

在经济利润模式下，企业价值为 $V_t = IC_t + SVA_t$，其中，IC_t 表示到 t 时期为止投入的资本总额，SVA 表示资本创造价值是以当期的 EVA 水平为基准（假设将来各期均有一个同等水平的 EVA）进行折现。t 时期的资本创造价值的表达式为：$SVA_t = \sum_{s=t}^{\infty} \frac{\text{当期 EVA}_t}{(1 + WACC_t)^s}$，其中 WACC 是加权平均资本成本率。EVA 代表经济增加值，EVA 可以用公式表示为：

EVA =税后净营业利润-资本成本

=（投资资本回报率-资本成本率）×投入资本

一个公司只有在其资本收益超过为获取该收益所投入资本的全部成本时，才能为公司的股东带来价值增值。

（二）有限理性下的企业价值

有限理性下，我们先考虑市场增加值。市场增加值是经济增加值EVA的自然延伸，它是公司市场价值（MV）与公司累计资本投资的差额。可以描述为：MVA=公司的市场价值-股东权益的账面价值，即MVA=MV-IC。MVA直接反映了市场对公司未来创造经济利润能力的预测。在一个有效的市场上，公司市场价值与账面价值的差正好等于未来预期EVA现值，即MVA就是公司未来预期EVA的折现率。t 时期的市场增加值的表达式为：

$$MVA_t = \sum_{s=t}^{\infty} \frac{\text{预期 } \mathrm{EVA_t}}{(1 + \mathrm{WACC_t})^{s-t}}$$

公司市场价值不仅取决于当前运营价值，也取决于公司未来的业绩增长能力。我们将公司市场价值高于当前运营资本价值的部分定义为未来增长值（FGV）。FGV = MV - COV，它代表市场预期EVA未来增长部分的折现。

FGV占MV的比重越大，说明市场对未来EVA的增长预期越高。当公司期末创造的FGV大于预期FGV（表示为FGV1）时，产生了超额FGV（表示为FGV2）。我们把公司未来增长值分为两部分：一部分是理性预期增长值，用FGV1表示，它代表公司未来预期经济增加值的现值；另一部分是市场判断偏差，用FGV2表示，它是期末实际经济增加值的现值与预期经济增加值现值之间的差额，FGV2对公司价值的理解至关重要。于是，FGV = FGV1 + FGV2。t时期的未来增长值的表达式为：

$$FGV_{1t} = \sum_{s=t}^{\infty} \frac{\text{预期 } \Delta EVA_t}{(1 + WACC_t)^{s-t}},$$

$$FGV_{2t} = \sum_{s=t}^{\infty} \frac{\text{实际 } \Delta EVA_t - \text{预期 } \Delta EVA_t}{(1 + WACC_t)^{s-t}}$$

综上，我们将t时期的公司价值分解为以下几部分：①投入资本，即公司的账面价值，用 IC_{t-1} 表示；②资本创造价值，即未来以保持现有规模和盈利能力的经济利润的折现值，用 SVA_t 表示；③内部经理人理性预期增长值，即经理人对公司未来成长值的合理估计的折现值，用 FGV_{1t} 表示；④公司外部投资者由于行为偏差对公司价值的估计偏差，是市场的泡沫成分，用 FGV_{2t} 表示。

前三部分构成了公司的内在价值，用 IV_t 表示，即未来所有实际的 EVA 加上现有的投资资本，也即公司当前运营价值（COV）与预期 EVA 增加值（FGV_1）部分之和。

$$IV_t = COV_t + FGV_t = IC_{t-1} + SVA_t + FGV_{1t}$$

而 t 时期公司的市场价值（MV_t）等于当前运营价值、内部经理人理性预期的增长值折现加上外部投资者的非理性判断偏差。表达式如下：

$$MV_t = IV_t + FGV_{21} = IC_{t-1} + SVA_t + FGV_{1t} + FGV_{2t} \qquad (2.41)$$

(三) 有限理性行为对企业价值的影响

在公司价值形成中，首先是投资者的有限理性导致公司定价偏差的形成，进而这种定价偏差反作用于公司的内在价值。

有限理性下的企业价值取决于对投资资本回报率和资本成本率的非理性预期。对于低成长公司，实际收益对股价的影响程度远远大于未来增长率对股价的影响程度。这时，投资者的偏差主要通过影响对收益的估计，从而影响股票的市场价格。投资者的过度自信使投资者忽略了公司的低成长率，或者错误判断了实际投资收益率。

相反，对于高成长公司，实际收益对股价的影响程度远远小于未来增长率的影响程度。这时，投资者的偏差主要通过影响对投资收益增长率估计，从而影响股票的市场价格。有关公司投资机会和投资收益率变化的信息对投资者的偏差影响大。投资者的过度自信使投资者脱离实际地认为公司始终保持较高的投资收益率。

公司定价偏差通过经理人的投融资及经营决策行为，对公司内在价值产生作用。由于公司市场价值背离其内在价值，经理人会在坚守长期价值管理和迎合短期市场表现的问题上与股东产生矛盾，他们有可能违背公司长期价值管理和股东利益最大化的目标，追求一时的市场表现。经理人的这种短视行为具体通过投资、融资和经营决策等方面影响公司的价值创造。

首先，市场定价偏差通过经理人的投资行为对公司价值产生影响。交易成本与信息成本的存在使外部融资成本高于内部融资成本，在融资约束条件下，公司投资对现金流非常敏感，如果公司内部现金流较为宽松，公司可能过度投资。在非有效市场中，市场高估导致了一个较低的市场预期收益率，并形成一个较低的基准收益率。因此，在一个价值高估的市场上，由于较低的基准收益率，经理人便可能接受一个在理性市场上净现值为负的投资项目，从而损害了公司的长期价值。

其次，市场定价偏差通过经理人的融资行为对公司价值产生影响。市场的非有效可能导致公司进行纯粹融资，即没有投资项目的融资。具体来说，当公司价值被高估时，公司倾向于增发新股进行股权融资，而筹集的资金往往被闲置或者盲目投资，导致过度投资；而当公司股票被低估时，公司倾向于进行股票回购，尽管有好的投资项目可以增加公司的长期竞争力，有助于长期价值成长，但是公司容易利用市场的非有效做出一些短期的投机行为，就错过了好的投资机会，从而导致投资不足。

再次，市场定价偏差通过经理人的经营行为对公司价值产生影响。研究表明在现实的公司经营成果中，每股盈余比 EVA 更能解释股价。如果一项收购计划的实施会增加公司的短期盈利，但会损害长期的 EVA，理性管理者应该拒绝这项有损股东长期价值的项目。但证券分析师可能建议公司采取收购行动，因为这样可以增加每股盈余，从而提升公司股价。管理者此时的选择处于两难：一方面是基于会计利润的短期价值提升行为，另一方面是基于现金流的长期价值创造行为，而前者往往具有难以抗拒的诱惑力。经理人可能通过缩减那些投资回收期长但有助于主营业务及公司核心优势的项目或研发，而把资金使用在一些能够增加公司短期盈利但是对公司未来价值创造并没有太大帮助的项目上，以迎合市场对盈利的偏好，从而提升公司的股票价格，提高公司市场表现，达到经理人的绩效满足。

公司市场价值背离内在价值的情况下，经理人追求短期盈利的短视行为违背了长期价值创造的规律，最终损害了公司的内在价值。

第一，管理者都是从自身的效用出发来进行决策。管理者自身的效用包括物质收入、非物质收入以及成本等。因而在委托-代理的机制设计中，必须全面考虑所有主要因素。

第二，投资者的有限理性行为会影响管理者的决策，这种影响有两种方式，一种是被动的方式，即投资者的非理性行为影响企业的价值，管理者为了迎合股东，必须做出违背企业价值最大化的策略。一种是主动的方式，即利用投资者的非理性主动诱导投资者进行行动，而自身却从投资者的非理性行为中获利。

第三，管理者自身的有限理性行为也会影响其决策，从而影响企业的资本结构。管理者的非理性主要体现在过度乐观与过度自信。

第四，投资者和管理者的有限理性行为都会影响企业的价值。这种影响是通过对投资资本回报率和资本成本率的非理性预期而导致的。

◎ 参考文献

1. Hayes R. , D. Garvin. Managing as if tomorrow mattered. Harvard Business Review, 1982, 60 (3): 70-79.
2. Phelps, E. S. , R. Pollak. On Second Best National Saving and Game-Equilibrium Growth. Review of Economic Studies, 1968, 35, (2): 185-199.
3. Ang J. S. , Dukas S. Capital Budgeting in a Competitive Environment. Managerial Finance, 1991, 17 (23): 6-15.
4. Baker, Malcolm, Jeffrey Wurgler. Market timing and capital structure. Journal of Finance, 2002, 57: 1 -32.
5. Baker, M. , Wurgler. Market Timing and Capital Structure. Journal of Finance, 2005, 57.
6. Baldwin C Y. Optimal Sequential Investment when Capital Is Not Readily Reversible. Journal of Finance, 1982, 37 (3): 763-782.
7. Black F, Scholes M. The Pricing of Options and Coporate Liabilities. Journal of Political Economy, 1973, 81 (3): 637-654.
8. Brealey R A, Myers S C. Principles of Financial Management, New York: The McGraw-Hill Companies, 1996.

9. Brennan M, Schwartz E. Evaluating Natural Resource Investment. Journal of Business, 1985, 58 (2): 135-157.

10. Caplin, A. , J. Leahy. The social discount rate. NBER Working Paper, No. 7983.

11. Cox J C, Ross A. The Valuation of Options for Alternative Stochastic Processes. Journal of Financial Economics, 1976, 3 (2): 145-166.

12. Cox J C, Ross S A, Rubinstein. Option Pricing: A Simplified Approach. Journal of Financial Economics, 1979, 7 (3).

13. Cox J, Ingersoll J, Ross S. An Intertemporal General Equilibrium Model of Asset Prices. Economitrica, 1985, 53: 363-38.

14. Damodaran A. Investment Valuation: Tools and Techniques for Determining the Value of Any Asset. New York: John Wiley, 1996.

15. Dean. Capital Budgeting. New York: Columbia University Press, 1951.

16. Dixit, A. , R. Pindyck. Investment under Uncertainty. Princeton: Princeton University Press. 1994.

17. Frederick S. , G. Loewenstein, T. O'Donoghue. Time Discounting and Time Preferences: A Critical Review. Journal of Economic Literature, 2002, 40 (2): 351-401.

18. Gruber, J. and Mullainathan S. . Do Cigarette Taxes Make Smokers Happier. NBER Working Paper No. 8872.

19. Hayes, Abernathy. Managing Our Way to Economic Decline. Harvard Business Review, 1980, 61 (7): 67-77.

20. Hertz D. Risk Analysis in Capital Investment. Harvard Business Review, 1964, 42 (1): 95-106.

21. Jensen, Michael C . , William H. Meckling. Theory of the Firm: Managerial Behavior, Agency Costs and Ownership Structural. Journal of financial economics, 3.

22. Kester W C. Turning Growth Options into Real Assets, in R.

Aggarwal (ed,), Capital Budgeting under Uncertainty. New Jersey: Prentice-Hall, 1993.

23. Kogut B, Kulatilaka N. Options Thinking and Platform Investments: Investing in Opportunity. California Management Review, 1999, 36 (2): 52-71.

24. Kulatilaka N. Valuing the Flexibility of Flexible Manufacturing Systems. IEEE Transactions in Engineering Management, 1988, 35 (4): 250-257.

25. Laibson, D. . Golden Eggs and Hyperbolic Discounting. Quarterly Journal of Economics, 1997, 112 (2): 443-77.

26. Landier, Augustin, David Thesmar. Financial contracting with optimistic entrepreneurs. Mimeo. New York University.

27. Loewenstein, G. , D. Prelec. Anomalies in Intertemporal Choice: Evidence and Interpretation. Quarterly Journal of Economics, 1992, 107 (2): 573-97.

28. Malmendier, Tate. Corporate Financial Policies With Overconfident Managers," Stanford University and University of Pennsylvania and Stanford University.

29. Malmendier, Ulrike, Geoffrey Tate. CEO overconfidence and corporate investment. Journal of Finance, 2005, 60 (6): 2661-2770.

30. Marglin, S.. The Social Rate of Discount and the Optimal Rate of Investment. Quarterly Journal of Economics, 1963, 77: 95-111.

31. Mason S P, Merton R C. The Role of Contingent Claim Analysis in Corporate Finance, in E. I. Altman and M. Subrahmanyam (eds.), Recent Advances in Corporate Finance (Homewood, IL: Richard D. Irwin), 7-54.

32. Merton R C. Theory of Rational Option Pricing. Bell Journal of Economics and Management Science, 1973, 4: 141-183.

33. Miller, M. . Debt and Taxes. Journal of Finance, 1977, 32: 261-275.

34. Modigliani F., M. H. Miller, The Cost of Capital, Corporation Finance and the Theory of Investment. American Economic Review, 1958, 48 (3): 261-297.

35. Myers S C. Determinants of Corporate Borrowing. Journal of Financial Economics, 1977, 5 (2): 147-175.

36. Myers, Stewart C.. Determinants of corporate borrowing. Journal of financial Economic 1997, 5: 147-175.

37. Myers, Stewart C.. The Capital Structure Puzzle. The Journal of Financial, 1984, 39 (3): 575-592.

38. Nir A. Cognitive Procedures and Hyperbolic Discounting. Tilburg University, Center for Economic Research, Discussion Paper No. 47.

39. O'Donoghue, T., M. Rabin. Doing It Now or Later. American Economic Review, 89 (1): 103-24.

40. O'Donoghue, T., M. Rabin. Choice and procrastination. Quarterly Journal of Economics, 2001, 116 (1): 121-160.

41. O'Donoghue, T., M. Rabin. Self-Awareness and Self-Control. in G. Loewenstein et al., ed., Time and Decision: Economic and Psychological Perspectives on Intertemporal Choice, Russel Sage Foundation.

42. Oliver, B, R, 2005, "The impate of Mangement Confidence On Capital Structure", Working Paper Series In Finance No. 05-05, Ausyralian National University.

43. Paserman, M. D. Job Search and Hyperbolic Discounting: Structural Estimation and Policy Evaluation. Economic Journal, 2008, 118 (531): 1418-1452.

44. Pigou, A. C. The Economics of Welfare. London: Macmillan, 1932.

45. Ramsey, F. A Mathematical Theory of Saving. Economic Journal, 1928, 38: 543-559.

46. Roberts K, Weitzman M. Funding Criteria for Research,

Development, and Exploration Projects. Ecoometrica, 1981, 49 (5): 1261-1288.

47. Ross, S. A. The Determination of Financial Structure: the Incentive Signaling Approach. Bell journal of Econimics, 1977, 8.

48. Samuelson, P. A Note on Measurement of Utility. Review of Economic Studies, 1937 (4): 155-161.

49. Sen, A. On Optimizing the Rate of Saving. Economic Journal, 1961, 71: 479-496.

50. Shefrin, Hersh, Meir Statman. Behavioral Portfolio Theory. Journal of Financial and Quantitative Analysis, 2000, 35 (2): 127-151.

51. Shefrin, H. Behavioral Corporate Finance. SSRN Working Paper, 1999.

52. Shleifer, Andrei. Inefficient Markets: An Introduction to Behavioral Finance. New York: Oxford University Press, 2000.

53. Smit H T J, Ankum L A. A Real Options and Game-Theoretic Approach to Corporate Investment Strategy Under Competition. Financial Management, 1993, 22 (3): 241-250.

54. Stracca, L. Behavioral Finance and Asset Prices: Where do We Stand? . Jouranl of Economic Psychology, 2004, 25 (3): 373-405.

55. Strotz, R. Myopia and Inconsistency in Dynamic Utility Maximization. Review of Economic Studies, 1956, 23: 165-180.

56. Trigeogis L. A Log-Transformed Binomial Numerical Analysis Method for Valuing Complex Multi-Option Investments. Journal of Financial and Quantitative Analysis, 1991, 26 (3): 309-326.

57. Trigeorgis L. Anticipated Competitive Entry and Early Preemptive Investment in Deferrable Projects. Journal of Economics and Business, 1991, 43 (2): 143-156.

58. Trigeorgis L. Nature of Option Interactions and the Valuation of Investment with Multiple Real Options. Journal of Financial and Quantitative Analysis, 1993, 28 (1): 1-20.

59. Troy A . Paredes. Too much Pay, Too much Deference: Behavioral Finance, CEOs, and Corporate. American Law & Economics Association Annual Meetings, Washington University, 2005.
60. Van den Bergh, J. et al. Alternative models of individual behaviour and implications for environmental policy. Ecological Economics, 2000, 32 (1): 43-61.
61. Welch, Ivo. Stock returns and capital structure . Journal of Political Economy, 2004, 112: 106-131.
62. 曹尔阶等．新中国投资史纲．北京：中国财政经济出版社，1991.
63. 付家骥，仝允桓．技术经济学．北京：清华大学出版社，1996.
64. 何大安．经济学世界中的理性投资模型与非理性投资模型．学术月刊，2005 (1).
65. 姜继娇，杨乃定．基于行为金融的企业融资决策研究．金融管理，2005 (11).
66. 姜继娇，杨乃定，贾晓霞．多心理账户的项目组合风险集成管理研究．管理评论，2003 (15).
67. 李心丹．行为金融学：理论及中国的证据．上海：上海三联书店，2004.
68. 饶育蕾．制度适应与市场博弈：企业资本结构的形成机理．北京：经济科学出版社，2003.
69. 童文胜．对项目评估方法和标准的若干思考．数量经济技术经济研究，1998 (7).
70. 汪平，王春慧．基于行为金融学的理财行为分析．会计之友，2006 (1).
71. 王冀宁，盛昭翰，李心丹．证券投资者的有限理性决策．经济管理，2003 (19).
72. 王伟．效用函数与投资者交易行为分析．上海管理科学．2003 (6).
73. 杨胜刚．行为金融视角下的公司理论．南京审计学院学报，2004 (1).

74. 杨胜刚，吴立源．行为金融视角下的公司理论．经济评论，2004（5）．
75. 杨书剑．中国投资制度创新研究．北京：中国经济出版社，1998.
76. 杨秀萍，王大超．行为金融理论中的投资者有限理性．沈阳师范大学学报，2005（3）．
77. 张景华．行为金融视野下的资本结构研究．上海立信会计学院学报，2006（1）．
78. 张维，安瑛晖．项目投资的实物期权分析方法．西北农林科技大学学报，2001（3）．
79. 赵蒲，孙爱英．市场时机与资本结构：一个基于行为公司财务理论的模型．经济管理，2004（6）．
80. 朱武祥．行为公司金融：理论研究发展及实践意义．证券市场导报，2003（5）．

第三章　人力资本和最优资本结构——基于行为金融学的思考

在以前的资本结构理论的研究中，往往把债权融资的成本解释为破产成本和代理成本。然而，通过实证研究，有限的破产成本和代理成本不足以完全抵消负债所带来的收益，从而就不可能对我国企业中普遍存在的财务杠杆偏低的现象做出充分合理的解释。本文试图以行为金融学为基础，从人力资本风险的角度来探讨企业的最优资本结构。

第一节　问题的提出和相关理论综述

一、问题的提出

自从 Modigliani 和 Miller（1958）揭示了无摩擦经济当中的资本结构无关性定理后，经济学家就一直致力于寻找导致资本结构决策在企业中占有如此重要地位的现实因素。Modigliani 和 Miller（1963）指出这个最重要的因素就是企业所得税，由于债务融资的税盾效应，故而企业应当保持较高杠杆水平。然而，遗憾的是，现实当中大多数企业并没有保持较高的财务杠杆。

表 3-1 的数据表明，除 1992 年和 2002 年的资产负债率较高外，其他各年基本上在 50%左右，1993—1995 年的资产负债率呈逐年上升趋势，1995—1998 年的资产负债率呈逐年下降趋势，而 1998 年之后又呈逐年上升趋势，到 2002 年 12 月 31 日达 64.75%。但是从 2002 年之后又逐年呈下降的趋势。总体来说，我国公司的

资产负债率不是很高，1992年和2002年资产负债率偏高的原因可以从我国资本市场客观发展的状况去考察。上市公司在某些年份里资产负债率上升并非是公司注重选择债务融资、主动调整过低的资本结构所造成的，而是一种不得已而为之的被动市场行为。如果我们在分析中剔除财务状况恶化的公司，则中国上市公司的资产负债率还要更低。从总体上来说，中国上市公司资产负债率偏低是客观存在的现象。

表3-1 **1992—2006年在上海和深圳两个交易所上市的全部公司的资本结构**

年份	公司数量	总负债/总资产	流动负债/总资产	长期负债/总资产	流动负债/总负债	长期负债/总负债
1992	53	65.02%	50.10%	14.92%	77.05%	22.95%
1993	183	48.76%	37.10%	11.66%	76.09%	23.91%
1994	291	50.80%	38.80%	12%	74.96%	25.04%
1995	323	54.41%	42%	12.41%	77.19%	22.81%
1996	530	53.72%	40.60%	13.12%	75.58%	24.42%
1997	745	50.06%	38.80%	11.26%	77.51%	22.49%
1998	851	49.49%	38.10%	11.39%	76.99%	23.01%
1999	949	52.57%	39%	13.57%	74.19%	25.81%
2000	1088	53.49%	40.20%	13.29%	75.15%	24.85%
2001	1160	55.65%	42.61%	13.04%	76.57%	23.43%
2002	1224	64.75%	49.79%	14.96%	76.90%	23.10%
2003	1278	53.89%	43.12%	10.59%	80.14%	19.65%
2004	1377	52.15%	38.60%	13.35%	74.31%	24.70%
2005	1381	54.14%	40.73%	13.35%	75.31%	25.70%
2006	1434	52.11%	42.53%	13.32%	76.83%	24.30%

资料来源：中国证券监督管理委员会网站、大智慧交易平台和wind网金融数据库统计而得。总负债为流动负债加上长期负债，流动负债是偿还期限在一年以内的负债，长期负债是偿还期限在一年以上的负债。

根据表 3-1 进行的负债结构分析可知，上市公司长期负债占总负债比重偏低，基本上在 20% 以下波动；短期负债比重偏高，变动范围为 80% 以上。这说明公司财务状况不稳定，上市公司在进行长期融资的策略选择上，显然更加倾向于股权融资，或者说表现出更加强烈的股权融资偏好。

中国的资本市场（主要是股票市场）大规模的发展为上市公司进行外部融资创造了极其重要的途径和场所。表 3-2 以我国上市公司境内的 A 股融资为例，1993—2003 年这十一年期间，累计股权融资总额超过了 7562 亿元，其中新股首次发行筹资额累计达到 4370. 74 亿元，配股融资累计达到 2172. 75 亿元，增发融资累计达到 749. 46 亿元。

表 3-2　**中国上市公司 A 股历年筹资概况单位**　亿元

年份	IPO 筹资额	SEO			一级市场筹资总额
		筹资额	配股	增发	
1993	194. 83	81. 58	81. 58	-	246. 41
1994	49. 62	50. 16	50. 16	-	99. 78
1995	22. 68	62. 83	62. 83	-	85. 51
1996	224. 45	69. 89	69. 89	-	294. 34
1997	655. 06	198. 00	170. 86	-	825. 92
1998	409. 09	380. 72	334. 97	30. 46	778. 02
1999	497. 88	365. 43	320. 97	59. 75	893. 60
2000	812. 37	686. 16	519. 46	166. 70	1527. 03
2001	534. 29	647. 83	430. 62	217. 21	1182. 13
2002	516. 96	221. 29	56. 61	164. 68	779. 75
2003	453. 51	185. 45	74. 79	110. 66	819. 56
合计	4370. 74	2922. 21	2172. 75	749. 46	7562. 05

资料来源：中国证券监督管理委员会．中国证券期货统计年鉴（2004），上海：百家出版社，2004.

表3-3表明了1995年以来上市公司的内源融资与外源融资结构的平均变化情况。可以发现，对于未分配利润为正的上市公司，1995—2000年外源融资比例平均高达85%，而内源融资比例平均未超过15%，但2000年以后股权融资比重有所下降，内源融资比重逐渐上升。对于未分配利润为负的公司，内源融资比例各年平均约为-4. 44%。1997年以后，此类上市公司的内源融资比例都为负数，这意味着这类公司的外源融资比例实际上超过了100%，即企业的融资完全依赖外源融资。而从外源融资来看，未分配利润为负的上市公司1997年以后股权融资比重不断增大，债务融资比重下降，这也从另一个侧面反映了由于财务状况恶化，融资的空间越来越狭窄。

表3-3中的“内源融资”按“未分配利润”与“折旧”之和计算；“股权融资”按“股本”与“资本公积金”计算；“债务融资”按“长期借款”、“短期借款”及“其他”合计计算（2001—2003年的债务融资未包括“其他”项目）。

表3-3　**上市公司的内源融资与外源融资结构（%）**

年份	未分配利润大于0的上市公司			未分配利润小于0的上市公司		
	内源融资	外源融资		内源融资	外源融资	
		股权融资	债务融资		股权融资	债务融资
1995	12.4	51.48	36.13	9.5	48.78	41.73
1996	14.75	49.4	35.85	3.32	39.38	57.4
1997	15.43	52.23	32.35	-3.28	47.05	56.23
1998	13.73	46.18	40.1	-10.55	50.63	59.93
1999	14.23	51.15	34.63	-15.83	55.33	60.5
2000	19.19	53.23	27.59	-8.23	62.74	45.5
2001	30.82	45.72	23.46	-7.47	64.25	43.22
2002	32.53	42.87	24.6	-2.59	60.83	41.76
2003	32.05	41.52	26.43	-4.71	59.3	45.41

资料来源：1995—1999年数据根据李翔等编写的《上证联合研究计划第三期课题研究报告（2002）》得到；2001—2003年数据根据深圳国泰安信息技术有限公司编写的《中国股票上市公司财务数据库系统（2004）》提供的数据库整理计算。

这些结果表明，我国上市公司的融资方式选择存在不协调现象，外源融资比重过高，尤其是外源融资中股权融资的比重过高，这与前文所分析的上市公司股权融资比率高的结论是一致的，也是上市公司资本结构选择倾向的一种具体反映。

外源融资中的股权融资和企业债券属于公司的直接融资，相对于股权融资比重的居高不下，我国企业债券融资市场却极度低迷。1984 年我国开始发行企业债券，1994 年《公司法》对发行公司债券的有关事项作了明确的规定；1997 年 4 月国务院证券监督管理委员会颁布了《可转换债券管理暂行办法》；1998 年中国证券市场第一只规范的可转换债券“南化转债”正式发行。近年来，中国企业债券市场取得较大的发展。2003 年共发行企业债券 358 亿元，是自 1993 年以来的最高水平。但与国外成熟市场相比，中国债券市场仍存在较大的差距，呈现出“股票市场发展快速，债券市场发展缓慢；国债及政策性金融债券强，企业债券低迷”的特征。表 3-4 为国债、企业债券和股票等证券发行规模的比较。

表 3-4　**国债、企业债券、股票发行规模的比较**　单位：亿元

年份	国债	债务融资	股票融资
1994	–	161.80	326.80
1995	1511.00	300.80	150.30
1996	1848.00	268.90	425.10
1997	2412.00	255.20	1293.30
1998	3809.00	147.90	841.50
1999	4015.00	158.20	944.60
2000	4657.00	83.00	2103.00
2001	4884.00	147.00	1252.00
2002	5934.00	325.00	961.80

续表

年份	国债	债务融资	股票融资
2003	6280.00	358.00	1357.80
2004	6734.00	395.00	1510.90

资料来源：中国证券监督管理委员会．中国证券期货统计年鉴（2005），上海：百家出版社，2005.

从表3-4可见，股票发展的速度远远快于企业债券，两者的发展呈现出非均衡性。从1995年开始，债券融资逐渐萎缩，与股票融资的差距逐渐增大，2000年更锐减为83亿元，而同期股票融资却创出了新高，达到2103亿元。

通过上文对我国资本市场的深入分析，我们可以得出这样的结论：对应于债务融资的税盾效应，肯定存在一种反向的因素使得负债的成本加大，以至于能够完全抵消掉负债的税盾收益。正是对这种反向因素的寻找构成了以后资本结构理论研究的主导方向。Miller（1977）将个人所得税引入模型，得出结论：个人所得税会在一定程度上抵消负债的税收利益，但一般情况下其抵消程度有限，负债的税收利益不会因此而消失，企业的价值与其债务水平呈正相关，故个人所得税不足以完全充当这种反向的因素。Bradley、Jarrell和Kim（1984）提出了负债的破产成本：高水平的负债导致企业的破产概率上升，当负债水平超过某一点时，企业将面临破产的巨大压力，所以破产成本将约束企业的债务融资。然而，Haugen和Senbet（1978）指出这种破产成本的重要性在现实当中并没有那么高，债权人承受了破产的成本，故而他们就有动力对企业进行再融资以使企业免于破产，从而避免这种破产成本，所以破产成本也不足以完全充当这种反向的因素。1976年Jensen和Meckling对资本结构决策当中的代理成本（即委托人与代理人之间的利益冲突）进行了研究。Jensen和Meckling将经理人持股比例的减少所导致的无效率称之为权益代理成本，将负债融资缓解经理人与股东之间的利益冲突的作用称之为债务融资利益。后者产生的原因在于债务契约为股东提供了一种次优投资激励。由债务融资导致的风险投资激励成本，即债务融资的代理成本效应，称为“资产替代效应”。Jensen 和 Meckling 认为，随着财务杠杆（D/V）的提高，债务融资利益将减少，而债务融资成本将增加；当债务融资边际利益等于债务融资边际成本时，企业资本结构实现最优。但是不管在理论上还是在实证中，企业负债的代理成本与税盾收益都不在相同的量级上，其原因在于负债的“资产替代效应”可以被负债的融资利益所折中，而且负债的“资产替代效应”可以通过制度安排、机制设计等加以消除。

我们寻找的这种反向因素要能够充分解释现实世界当中企业的财务杠杆水平，但是到目前为止，金融学家们还没有明确地找出与高财务杠杆水平相联系的成本的本质所在。故而假设有这种负债成本的存在，进而找出最优的资本结构已经成为大多数公司金融研究者的通行做法。但是这种做法导致许多理论上关于最优资本结构的预测难以得到验证。

二、研究思路和方法

产生上述理论上的困境的原因很大程度上是由于没有考虑“人”的因素。

根据马克思理论，企业的资本分为可变资本和不变资本，马克思的劳动原则论证了劳动者（人力资本所有者）有权分享企业的生产剩余。在这里，马克思提到的可变资本在本文中就是我们所说的人力资本。

依据现代企业理论，企业是人力资本和物质资本的特别契约。物质资本所有者为追求资本的增值，向企业投入土地、机器、厂房和流动资金等物质资本。人力资本所有者为了获得收入而投入自身的人力资本，他们之间通过复杂精巧的企业契约，组成各种各样的企业组织。作为契约的当事人，人力资本所有者和物质资本所有者相互独立、地位平等，同是企业的所有者。物质资本所有者即股东和债权人向企业提供物质资本形成“所有者权益”和“债权人权益”，人力资本所有者向企业投入人力资本获得“人力资本权益”。

企业的生产性质决定了企业是两种资本的联合体，两种资本的共同使用才产生了企业的生产剩余。企业绩效是人力资本和物力资本共同作用的结果，人力资本和物质资本共同构成企业的资本。因此，完整的企业资本结构是物质资本和人力资本的统一。基于该视角，本文称传统的资本结构（即股权资本和债务资本的构成及其相互关系）为企业财务杠杆构成。

根据现代契约理论，企业是一个通过一系列契约将各种要素联合起来的经济契约，要素所有者包括股东、债权人、经营者、技术人员、一般生产者和其他利益相关者；与之相对应，企业总资本应包括人力资本、债务资本和权益资本。同时，根据风险承担理论，受信息不对称性、人的有限理性、未来的不确定性等因素的影响，企业契约是不完整的。这种不完整性的契约使每个参与人都是风险承担者，都承担了一定的风险，都在一定程度上对企业主张权利。因此，企业资本结构的优化不能仅仅包括物质资本所有者效用最大化，同时应该包括人力资本所有者的效用最大化。

在本文中，我们首先引入资本补偿顺序的概念。在此，我们证明了资本的补偿顺序为：债务资本 > 人力资本 > 权益资本。

接着，我们引入人力资本风险成本来对企业资本结构的决策进行分析探讨。当企业面临财务危机时，企业员工就面临人力资本风险。企业员工面临的人力资本风险成本体现在两个方面：一方面企业员工面临找不到相关工作的成本，另一方面企业员工面临另一份工作的低报酬的风险。

在一个拥有完美竞争的资本市场和劳动市场的经济中，巨大的人力资本风险成本限制了企业的财务杠杆比例。企业的负债越多，则企业面临的重组风险越大，企业的员工面临着更大的人力资本风险，所以企业员工就要求更高的在职补偿。由此产生的一个结果就是企业要面临更高的薪酬水平。当然，这也可以从另一个方面来理解，由于企业的负债水平增加，所以企业本身面临更大的风险，企业员工就必须具备良好的控制风险的能力，因此企业员工就应该事先进行更多的人力资本投入（比如学习、培训），这就增大了人力资本成本，所以企业员工在工作时就要求更多的人力资本补偿。

这种劳动补偿随企业杠杆比例而增加的机制在最优资本结构的决策当中具有重大的意义。员工的报酬随着企业财务杠杆比例的增加而增加，所以员工报酬的增加抵消了企业的债务税盾收益，企业存在着一个最优财务杠杆比例。

该机制于事前决定企业的最优杠杆水平。在没有税收的情况下，最优财务杠杆水平为零。因债务的增加而降低企业的收益是因为企业员工要求更高的报酬以事前补偿他们面临的随债务增多而加大的企业重组的风险。当企业所得税引入模型中时，就可以得出最优的财务杠杆结构，从而得出最优的资本结构。

根据模型我们得知劳动密集型企业比资本密集型企业具有较低的财务杠杆。资本密集型企业一般来说规模比较大，而且通常是用企业账面价值来衡量其规模，因此财务杠杆与企业价值具有典型的正相关关系。

由此我们得出一系列推论：具有稳定现金流的企业拥有较高的财务杠杆，很多“老牌”的大企业就具有这个特点；资本密集型企业一般具有较高的财务杠杆，因此其员工获得较高的报酬，意味着企业规模与企业员工报酬之间具有正相关关系。

本文最终得出与MM定理相似的结论：企业的价值与企业的财务杠杆比例无关。原因是由非最优财务杠杆比例所带来的成本都由企业的员工承担了，而不是企业的投资者。不同的是，本文所提出的模型依然可以得出最优的财务杠杆比例。其原因在于，如果企业选择了非最优的财务杠杆比例，则在均衡当中企业就雇用不到愿意为它服务的员工，也就是说没有人力资本出资者，这样的企业不会存在。

三、本章的研究框架

本章的中心思路如图3-1所示。

从图3-1中我们可以看出，债权资本、股权资本和人力资本构成我们上述完整意义上的资本结构。其中本文研究的着重点是人力资本，从人力资本投入补偿方式的角度来推导最优财务杠杆结构，从而来说明企业的资本结构。在论证的过程中，本文从行为金融学

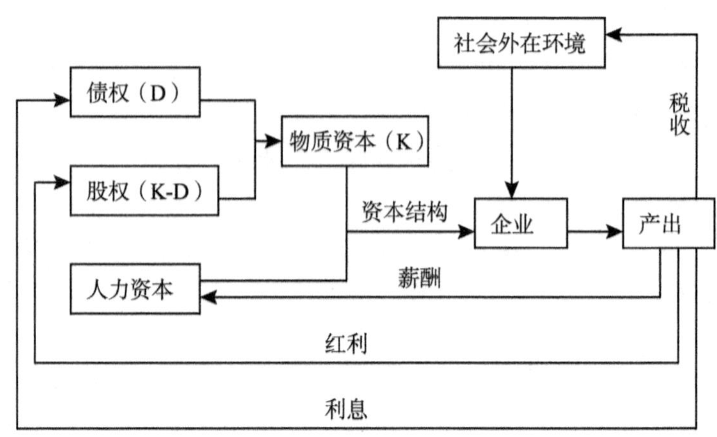

图 3-1　本章中心路线图

的角度揭示人力资本具有的独特的产权特性：人力资本的拥有者和主体是企业员工。人力资本天然归属个人，个人具有人力资本的完全控制权，即使人力资本的使用权转移到他人手中，他人也无法自由地使用该人力资本。根据行为金融学的观点，个人不可能是完全理性的，个人不仅主观地感知着他们所处的环境，也同样主观地做着评判。本文引入行为金融学中的预期理论当中的价值观函数相位图来对这种个人的有限理性进行描述，以期进一步揭示本文所示模型背后的行为金融学的内涵。

四、文献综述和评论

Durand（1952）将传统资本结构理论划分为三类：净收入理论、净经营收入理论、折中理论。净收入理论假定债务融资成本与权益资本的成本不受企业的财务杠杆的影响，随着财务杠杆的增加，加权平均资本成本将减少。若企业资本完全为权益资本，此时加权平均资本成本最高；若企业资本完全来自债务融资，此时加权平均资本成本最低，企业价值达到最大化。净经营收入理论假定企业加权平均资本成本和债务融资成本固定不变。随着财务杠杆的增加，从而权益资本的成本也不断增加。换句话说就是权益资本的成本会随财务杠杆的提高而提高。债务融资的成本节约完全被权益融资的成本上升所抵消。债务融资的这种完全的“成本替代效应”致使企业价值并不受财务杠杆的影响，企业并不存在最优资本结构。折中理论介于净收入理论和净经营收入理论之间。该理论假定债务融资成本、权益资本的成本和加权平均资本成本都会随着财务杠杆的变化而变化；债务融资成本小于权益资本的成本；谨慎的债务融资不会明显增加企业的经营风险；而过度的债务融资将导致债务融资成本和权益资本的成本明显上升。在谨慎的债务融资的范围内，加权平均资本成本将随着财务杠杆的增加而减少，企业价值将随其增加而增加；相反，过度的债务融资将致使加权平均资本成本上升、企业价值下降。也就是说，理论上存在一个最优财务杠杆比率使得企业价值最大化，该最优财务杠杆比率点就是债务融资的边际成本与权益资本的边际成本相等处。

传统资本结构理论的三个理论中，净收入理论和净经营收入理论的主要缺陷在于其立论假定前提。净收入理论暗含着财务杠杆的增加不会增加企业风险的假定前提，由此得到企业最优负债是100%的极端结论。然而，在实践中，100%的债务融资并不能实现企业价值最大化，问题就出在该理论的假定前提在实践中难以成立。净经营收入理论的主要障碍仍在其立论前提，我们研究资本结构的目的在于寻求实现企业价值最大化的资本结构，企业价值的最大化就意味着加权平均资本成本最小化，即降低加权平均资本成本恰恰是我们研究资本结构的目标，这一理论的逻辑起点严重错位。传统资本结构理论中以折中理论较为符合现实，但是其主要以经验判断为基础，缺乏严密的数学推导。随着现实和理论发展的需要，经典资本结构理论应运而生。

Modigliani 和 Miller（1958）的经典之作《资本成本、企业理财与投资理论》标志着经典资本结构理论的诞生。MM 定理是以完善的资本市场为前提的，包括三个命题。这三个命题涉及资本结构、资本成本及投资决策，但其核心只有一个——“无关性定理”，即在完美资本市场条件下资本结构与企业价值无关。Modigliani 和 Miller 于 1963 年将企业所得税引入原有分析模型，得出结论：财务杠杆的提高会因税收利益机制而增加企业价值，因而企业负债越多其价值也就越高。1977 年 Miller 将个人所得税引入模型，个人所得税会在一定程度上抵消负债的税收利益，但一般情况下其抵消程度有限，负债的税收利益不会因此而消失，企业的价值与其债务水平正相关。Bradley、Jarrell 和 Kim（1984）认为企业最优资本结构的确定就是在债务融资的税收利益与破产成本之间的权衡；Masulis（1984）认为最优资本结构的确定就是在负债的预期边际税收利益等于负债的预期边际成本之处。

由于 MM 定理是建立在一系列比较严密的假定基础上的，这些假定的存在导致了在 MM 定理的逻辑证明和推导过程中，舍去了大量复杂的现实因素，从而限制了它的有效性，所得出的结论甚至与企业实际脱节。经典资本结构理论的重大缺陷在于其分析重点始终局限于负债与负债的破产风险，而忽视了其他许多重要方面，其研究方法有待进一步改善。

在以 Jensen、Meckling、Myers、Ross、Leland、Harris、Hart 等为代表的一批学者的努力下，通过进一步放宽 MM 定理的基本假设，改变经典资本结构理论以负债税收利益与负债破产风险为重点的研究方式，引入了信息非对称，实现了资本结构研究的又一次飞跃。

1976 年 Jensen 和 Meckling 对由代理成本（即委托人与代理人之间的利益冲突）所决定的资本结构的研究做出了开创性的贡献。Jensen 和 Meckling 将利益冲突划分为股东和经理人之间的利益冲突和债权人和股东之间的利益冲突这两种类型，前者产生的原因是经理人剩余索取权不足。Jensen 和 Meckling 将经理人持股比例的减少所导致的无效率称为股权代理成本，负债融资缓解经理人与股东之间的利益冲突的作用称为债务融资利益，后者产生的原因在于债务契约为股东提供了一种次优投资激励。由债务融资导致的风险投资激励成本，即债务融资的代理成本效应，称为“资产替代效应”。Jensen 和 Meckling 认为，随着财务杠杆的提高，债务融资利益将减少，而债务融资成本将增加；当债务融资边际利益等于债务融资边际成本时，企业资本结构实现最优。

信号模型将企业资本结构的决定建立在内部人（insiders）和外部人（outsiders）对有关企业真实价值或投资机会的信息的非对称基础上。信号模型的基本思想是：信息非对称扭曲企业市场价值，因而导致投资决策无效率；不同的资本结构向市场传递着不同的企业价值信号，内部人通过选择适宜的资本结构向市场传递有关企业质量的信号，并力求避免负面信号的传递。Ross 在 1977 年首次发现财务杠杆可以传递内部人私人信息。

Leland 和 Pyle（1977）提出了一个风险厌恶模型，其基本观点是：财务杠杆的增加将导致内部人持股比例的增加。由于风险厌恶，内部人持股比例的提高会降低其福利，但对于高质量企业的内部人而言，其福利降低幅度较小，因此，均衡状态下，高质量企业内部人以较高的财务杠杆向市场传递其质量信号。

Heinkel（1982）设计了一个与 Ross 模型相似的模型，其区别在于没有假定企业收益服从一阶随机线性分布，而是假定高质量企业有较高的市场价值，其股票价值较高，债券价值较低。Heinkel 的结论是：高质量的企业发行更多的债务，低质量企业发行较少的债务。

Myers 和 Mujluf（1984）吸收权衡理论、代理理论和信号模型的研究成果，提出了优序融资理论。优序融资理论放宽 MM 理论完全信息的假定，以不对称信息理论为基础，并考虑交易成本的存在，认为权益融资会传递企业经营的负面信息，而且外部融资要多支付各种成本，因而企业融资一般会遵循内源融资、债务融资、权益融资这样的先后顺序。Krasker（1986）假设企业可以选择投资项目及相应的权益融资规模，证明了权益融资规模越大，所传递的信号越差，企业股票下跌得越深，支持了 Myers 和 Mujluf（1984）的观点。Narayanan（1988）、Heinkel 和 Zechner（1990）的研究也得出了相似的观点。

控制权理论着重研究企业控制权市场与资本结构的关系。由于普通股拥有投票权而债权则没有，因此资本结构必然影响企业控制权的分配。Harris 和 Raviv（1988）考察了经理人持股、资本结构与接管市场之间的关系。他们假定经理人既从其所持股份又从其控制权获益。最后得出结论：代理权之争需要负债，而确保企业不被接管则需要更多的负债，因而，接管目标通常会提高其负债水平。Stulz（1988）重点研究了股东通过改变在任经理人持股比例进而影响接管活动的能力。依据 Stulz 的观点，与非接管目标相比，面临敌意收购的企业将有意识提高其负债水平。接管发生的概率与目标企业负债水平负相关，接管发生的概率与企业负债水平正相关。Israel（1991）认为，在接管得以实施的条件下，负债数量越多，收购企业支付的价格越高，但收购企业股东获得的收益份额反而越小，目标企业股东所得却越多。这样，一旦接管发生，目标企业的负债水平越高，其股东收益也就越多。企业最优负债水平是权衡接管中因负债增加而导致的目标企业收益增加效益与接管可能性减少效应的结果。Aghion 和 Bolton（1992）讨论了债务契约中的破产机制。其结论是：考虑一个多期博弈，当不利的收益信息公开化的时候，将控制权转移给债权人是博弈双方的最优选择。这样，资本结构的选择也就是控制权在不同证券持有者之间的分配，最优负债比率是当企业破产时其控制权能够顺利从股东转移给债权人的负债比率。

新资本结构理论不是简单地承袭经典资本结构的理论套路，而是把信息非对称引入资本结构的研究领域，一改经典资本结构理论以负债税收利益与负债破产风险为重点的研究方法，力图通过信息不对称理论中的“信号”、“契约”、“动机”和“激励”等概念，从企业的“内部因素”方面来展开对资本结构问题的分析，将资本结构理论向前大大地推进了一步。如代理理论接受了企业的契约观、不确定性与信息不对称的现实，将研究视野建立在“人的行为”基础之上，从而为资本结构的理论探索找到新的支撑。但对一些关键问题，这一理论只是想当然的加以接受，而没有在理论上做出本源性的解释，依然与现实有很大的冲突。首先，没有考虑企业外在因素的变迁对企业资本结构的影响；其次，新资本结构理论对资本结构的分析，是基于影响企业资本结构的单一的内在变量进行的，事实上，在企业微观内部进行资本结构的安排，需要考虑的因素很多；再次，新资本结构理论无法解释不同国家资本结构的具体差异，也无法解释国家之间企业融资偏好的差异，比如奉行股权主导型英美资本结构模式与奉行债权主导型德日资本结构模式的差异。

Brander 和 Lewis（1986）用博弈模型分析寡头条件下的资本结构与产品市场竞争关系。指出企业在选择最优资本结构时，需平衡债务对产量的战略影响及预期破产成本。Schuhmacher（2002）认为，是否使用战略债务取决于寡头垄断市场中不确定性的类型：需求不确定时，债务增加将引起企业利润下降，企业应该不负债；成本不确定时，债务增加引起企业利润上升，企业应该增加财务杠杆。产品市场竞争环境下的资本结构行为研究的另一个方向是基于对财务危机成本的重新理解，考虑债务水平与企业客户、供应商、雇员等利益相关者以及竞争对手之间的互动关系。Titman（1984）认为，财务危机往往对企业生产销售以及利益相关者产生显著的负面影响，因此，利益相关者都会关心企业财务健康状况。财务危机将改变顾客、供应商、雇员以及竞争者对企业的看法，影响企业运营以及企业和这些重要利益相关者的关系。企业发生财务危机时，行业中其他企业将得到好处，财务危机的企业从市场中暂时或永久撤退，提高了竞争对手的战略地位。此外，人们还从寡头垄断竞争结构下的转换成本角度研究资本结构。

Titman（2001）首先指出，企业财务资本结构研究一直忽视资本市场供给条件对企业融资选择的影响，而在企业融资实践中，资本市场融资条件变化显著影响企业融资选择。一方面，资产定价领域对资本市场有效性假说的重新实证和质疑，产生了行为金融学，表明股票市场并非理性，往往给股票错误定价；另一方面，对 IPO 和 SEO 总规模随股票市场周期变化的事实以及 IPO 和 SEO 大量的案例研究和长期业绩实证研究结果均表明，随着股票市场价格水平高低变化，企业存在最佳融资时机或融资机会窗口。大部分企业都选择在其股票有大幅上涨之后实施增发，而且企业一般选择在股票市场整体上涨阶段实施增发。股票被低估的企业倾向于延迟增发股票，直到股价上涨到合理的水平，而且增发的企业在股票市场行情上涨时遭受到的负面影响比市场行情下跌时要小。为此，企业财务学术界提出了企业融资时机假说（Market Timing Hypothesis），行为企业财务（Behavioral Corporate Finance）随之兴起。行为企业财务关注资本市场条件对企业融资决策的影响，认为企业与资本市场之间实际上是在博弈，企业管理层比股票市场更为理性，更善于利用股票市场股价水平的变化选择融资时机、回购和并购策略。融资时机假说进一步得到实证支持。Graham 和 Harvey（2001）的研究表明股票市场对企业股票价格的高估或低估是融资行为的重要考虑因素。Korajczyk 和 Levy（2001）发现宏观经济条件显著影响无财务约束的企业融资选择，而对受到财务约束的企业融资选择影响不大。无财务约束的企业在宏观经济条件好时，可以选择融资时机。而受到财务约束的企业则别无选择。Baker 和 Wrugler（2002）的研究表明，股票市场时机对企业资本结构具有显著和持久的影响。企业往往在股票市场高估其价值时发行股票，低估时回购股票。Baker 和 Wrugler（2003）更进一步提出了红利迎合理论（Catering Theory of Dividends）。Heaton（2002）提出，在公司环境下管理者行为偏差更不可能被对冲掉，研究了管理者乐观对自由现金流的收益和成本的影响。Gervais，Heaton 和 Odean（2003）研究了管理者偏差和股票期权补偿对资本预算的影响。Hackbarth（2003）证实管理者的乐观和过度自信可以减轻债券持有者和股票持有者的冲突。Malmendier 和 Tate（2004）以一个大规模的上市公司样本为对象，用管理者股票期权的执行决策为过度自信的代理，研究管理者过度自信与投资现金流的敏感性的联系。Landier 和 Thesmar（2004）的研究显示，乐观的企业家常会借入较短期的债务并有较好的业绩。

战略企业财务理论和行为企业财务理论是对前面各类资本结构理论的继承和沿袭。但它们摆脱了现代资本结构理论的分析框架，对影响企业资本结构的其他传统因素一概予以忽视；同时它省略了新资本结构理论中信息不对称这一核心内容，代之以其他理论解释。但它们无力给资本结构理论重新搭建一个全新的理论框架，充其量只是转换了新资本结构理论的视角。战略企业财务理论在资本结构模型当中引入了市场竞争，这是战略企业财务理论的一个重大的突破，但是该理论目前还是停留在某些特定的市场类型上，没有取得一个具有普遍意义的成果，所以说该理论目前仍处于尝试阶段。行为财务理论考虑到了市场供给条件对企业融资行为的影响，但是该理论大多数的尝试只是单方面的对有效市场理论提出质疑，依然没有完全触动企业融资决策人完全理性的假定。所以该理论只是有限理性应用于资本结构的一种初步尝试，未来还有很大的发展空间。

第二节 人力资本与资本结构的选择

一、关于人力资本的说明

西方人力资本理论的兴起和发展经历了一个漫长的历史过程，“从人力到人力资源再到人力资本”，是西方经济理论发展对人在经济增长过程中地位认识的不断升华。但是到目前为止，理论界对人力资本的定义仍然没有达成统一的认识，都是从不同的角度对人力资本的内涵和组成部分进行理解，这就使与人力资本相关的一些理论拓展产生了障碍，比如资本结构的重新构建、对人力资本的产权特性以及人力资本的产权特性与最优企业所有权安排的关系等问题的研究，在理论探讨中产生了很大分歧，主要原因还是对人力资本的内涵理解不同。随着知识经济的发展，智力、技术将直接主导企业资产的价值，形成可容纳生产力加速发展并不断推向创新的结构框架，智力资本将成为企业最大的财富创造者。智力资本理论在企业知识理论和人力资本理论的基础上得以迅速发展，许多学者又将人力资本纳入智力资本的结构体系中，导致人力资本理论的延伸产生泛化和模糊的倾向，概念上的混淆带来一定程度上的弊病。

（一）“人力资本”概念的提出

“人力资本”思想的产生可谓源远流长，最早可追溯到著名的古希腊哲学家柏拉图，他在代表作《理想国》一书中，提出了人会由于接受了教育和训练而使能力得到延伸的观点。而人力资本理论的真正形成，大多数学者认为应该始于20世纪50年代末60年代初，主要代表人物有舒尔茨（Theodore W. Schultz）、明塞尔（Jacob Mincer）和贝克尔（Gary S. Becker）。1960年，美国著名经济学家舒尔茨在美国经济年会上发表了题为《论人力资本投资》的演讲，被视为人力资本理论诞生的标志。他结合经济增长的问题，明确提出了人力资本的概念，阐述了人力投资的内容及其对经济增长的重要作用。

20世纪80年代中期以来，以知识经济为背景的新“经济增长理论”在美、英等国兴起。这种以技术内生化为特征的新经济增长理论，把人力资本纳入模型之中，从经济增长模型中阐发人力资本理论，与20世纪60年代以劳动力要素分析为中心的人力资本理论有不同的研究主线和思路。

20世纪90年代以来，归功于智力资本理论（Intellectual Capital）的兴起，众多的经济学家如斯科特（A. D. Scott）、格鲁克曼（Grossman）、赫普曼（Helpman）、贝克尔（G. Becker）等仍遵循罗默尔、卢卡斯的研究思路，在构建技术内生化经济增长模型的基础上，对人力资本理论的研究进行了改进。智力资本理论的代表人物有加尔布雷恩、埃德文森、沙利文、斯图尔特及斯维比。可以说，智力资本理论的出现标志着人力资本理论研究又进入到一个新的阶段，因为它加深了对人力资本特性的认识。但是，人力资本与智力资本等经济范畴之间的关系，仍没有得到统一完美的认可，有必要深入理解它们之间的关系。

（二）人力资本的内涵和外延

1. 人力资本的基本内涵

我们把资本的内涵界定为一种价值属性，即通过使用能够给其所有者带来超出其投入价值的价值。那么人力资本作为资本的一种表现形态，理当属于价值范畴。人力资本的价值由自身价值和价值增值两部分组成，其价值增值部分要比传统劳动力的价值大得多。人力资本自身的价值范围包括：维护劳动力再生产的生活资料价值，维护劳动者家属再生产的生活资料价值，用于教育、培训、健康的费用等。事实上，在商品经济条件下，由于资源的稀缺性，人力资本价值不仅包括人力资本生产中耗费的劳动价值，而且还包括其中投入的物质资本价值，因为，人力资本也是商品，它的价值也分为 $c+v+m$ 这三部分。人力资本既然属于价值范畴，那么存在于个人当中的人力资本的价值属性是如何产生的呢？显然，是由于劳动力的存在。只有当劳动力的使用给其所有者（即劳动者本身）带来超过劳动力投入价值的价值时，劳动力才是资本，即人力资本。因此，我们认为，劳动力应该是人力资本概念的基本内涵，人的劳动能力是人力资本的核心。我们这里所指的劳动能力与原始的劳动力有所区别，是特指凝聚在人身上的体力、知识和技能的综合表现。

2. 人力资本的外延

传统的资本理论局限于物质资本，直到 20 世纪 50 年代末随着人力资本理论的兴起才有所改变。其实，一切的物质资本，如果离开了人的劳动力，就是静止不变的东西，价值不会发生变化，也就不能给其所有者带来利润，因而就不称其为资本。利润不只是由物质资本带来的，而是由物质资本和人力资本共同带来的。

20 世纪 90 年代以来，企业的竞争优势转移到企业内部，产生以资源为基础的企业理论，而构成企业特有资源和能力的基础是知识。美国经济持续高速发展的现实，引发了学术界对知识推动经济增长作用的重新认识。智力资本的概念应运而生。我们认为，如同原子发生“裂变”一样，经济环境的变化历史就是资本外延的演进历史，资本的外延又一次扩展到智力资本。当前，智力资本正在成为企业的核心资源，智力资本管理理论试图揭示企业核心资源的作用和管理的内在机理。20 世纪 60 年代出现的人力资本理论是资本形态演进史上的一次重大突破，但它没有涉及组织发展中知识与经验增长的内生性，智力资本理论则弥补了这一遗憾。智力资本理论的提出为理解企业的知识创新、知识传递、知识利用和知识保护提供了一个全新的理论框架，它将传统的有形资本和无形资本、物质资本和非物质资本、账面价值和市场价值以及物质资本和人力资本等多对概念统一在智力资本概念中，有效地说明了人力资本与结构资本之间的互动关系，改变了以往企业财务与会计无法科学评估知识、技能等无形资产的局面，从而为企业选择正确的经营方针和发展战略提供指导，适应了知识经济时代企业资本运营与资本管理的新变化。

3. 人力资本价值量的确定

人力资本是人力资源的所有权价值，表明了人力资源的来源，而人力资源的占用形式表现为人力资产。相对于物资资本而言，人力资本的价值量确定似乎较为复杂，其原因主要在于人力资本的价值只能推测、判断而无法精确计量。从实际来看，任何计量都是一种相对精确的计量，因为任何计量都无法离开一定的计量环境，同样一瓶水，在一般市场上的售价与在沙漠中的售价就会有天壤之别。从本质上看，价值量的确定是交易双方在不对称信息下博弈的结果，只要所确定的价值是公允的（即得到交易各方的认可），该价值量就应予以确认，所以对人力资本价值量的确定我们只能追求相对的精确。当前确定人力资本价值量的方法主要有历史成本法、重置成本法、未来薪酬资本化法、商誉法、经济价值法等。在这些方法中，比较符合现代财务理论的应该是未来薪酬资本化法，其以未来薪酬流量现值确定人力资本的价值量。具体而言，该方法以企业支付的薪酬为确认价值量的基础，将薪酬看成是企业对人力资本收益分配的结果，而非企业的费用化支出。这种收益分配的方式有别于物质资本的收益分配，即人力资本收益分配是企业对人力资本的预先支付。之所以预先支付是因为人力资本投入企业后的效用不同于物质资本，人力资本的效用发挥具有很大的弹性，预先对其收益分配将有利于人力资本价值的发挥。人力资本这种价值量的确定方法全面考虑了企业中人力资本与非人力资本因素，并认为人力资本的价值在于其能够提供未来收益，将人力资本从企业中获得的未来各期现金流量（即薪酬收益）折现，从而确定人力资本的价值量。

二、模型构建与描述

（一）资本的补偿顺序

从心理学的角度讲，人性的弱点，特别是在感知和评判方面的弱点，其实是出于某种心理需要而造成的结果，在本章中，我们对资本的补偿顺序将以此为基础展开讨论。本章集中在两个主要动机的讨论上：人们喜欢尽可能多地控制他们自己和紧邻的周围环境，也愿意将思考建立在由各种观点、信念和知识构成的逻辑体系中。理论上的控制动机认为：每个人都有一种需要，即认为自己是其所处境遇改变的导航者（White，1959；DeCharms，1968）。失控会造成福利水平下降。每个人接受风险的程度关键是看其处在什么样的情形下，说得准确一点就是对局面控制不足程度的把握上。如果相信我们已经很好地把握了甚至控制了局面，那么我们表现出的行为不会是风险规避而是风险爱好。另一方面，如果我们怀疑存在控制不足，那么我们的行为就会变为风险规避，并尽力避免感到威胁的情形（Von Nitzsch 和 Friedrich，1999）。

所以，如果由于控制不足引起了风险规避，那么风险规避的决定因素也同时成了控制不足的决定因素，这意味着：①风险规避会随控制能力的减弱或将要发生事件的概率无法清晰预测而增大；②风险规避会随着将不同决策结果置于不同心智账户的做法而增大。风险规避是非理性行为，风险规避系由控制欲未满足而生。

在我们所提出的新的资本结构当中，权益资本 E 对企业的控制权最大，人力资本 L 对企业的控制权次之，债权资本 D 对企业的控制权最弱。根据我们提出的关于控制动机的理论，因为债务资本 D 于企业的控制权最小，故而在企业融资的过程当中，由于控制权的缺失，债权资本所有者风险规避的动机明显要强于人力资本所有者和股权资本拥有者。为了降低风险，债权资本的所有者必然要求债权 D 的补偿顺序优于人力资本 L 和权益资本 E。同理，人力资本 L 对企业的控制权要弱于权益资本，所以人力资本所有者的风险规避动机要强于权益资本所有者。出于降低风险的考虑，人力资本所有者也必须要求人力资本 L 的补偿顺序优于权益资本 E。即由于对企业的控制权不同，也就是我们在心理学上所说的对局面的控制程度不一样，导致了债权资本所有者、人力资本所有者和股权资本所有者不同程度的风险规避动机，从而产生了对各自所出资本不同的补偿要求，该要求明显地表征于资本的补偿顺序上。该补偿顺序如下：

$$o(D) > o(L) > o(E) \tag{3.1}$$

债权资本、股权资本和人力资本的补偿顺序为我们后文的分析打下了坚实的基础。接下来我们根据该补偿顺序作进一步的分析，从而得到人力资本的最优薪酬合同。

（二）企业员工的报酬

我们以下设定的模型其前提基础都是前文分析的资本补偿顺序：$o(D) > o(L) > o(E)$。所以企业每一期的现金流入都是先付给债权人债务利息，其次是人力资本的薪酬，最后才是股东的权益资本分红。

假设存在大量的同质企业，创始于时期 0。每个企业需要两种投入才能生产，数量为 K 的资本和付给报酬 w_t 的企业员工，并且在时期 t 增加不确定的价值 $KR + \eta_t$。假设无风险利率为 r，在这里我们定义资本的税前收益率为 $R \equiv \dfrac{r}{1-\tau}$。在时期 0，每个企业通过发行债务 D 和股权 $K - D$ 来筹集资本。债务是永久的，并且是无风险的（即企业总能支付它的利息）。企业在支付利息之后缴纳企业所得税，设企业所得税率为 τ，则负债的税盾效应为 $Dr\tau$。企业税后的现金流入为 $\left(K\dfrac{r}{1-\tau} + \eta_t - w_t - Dr\right)(1-\tau) + Dr + w_t$，其中 Dr 作为利息支付给债权人，而 $(K-D)r + (\eta_t - w_t)(1-\tau) + Dr\tau$ 则作为股息分红，w_t 则为人力资本报酬。

我们假定资本市场是完美竞争的。本模型中唯一的风险是企业员工产出的不确定性。因此投资者分散风险从而使所有的投资保持一个无风险的回报率 r。我们假定投资不可撤销并且没有折旧。同时本文的模型当中也假设没有技术创新。

企业重组发生在时期 T，此时企业不能支付到期利息。在这个时间点上，假定所有的契约可以单方面终止，企业也就不再被劳动契约限制。因此在时间 T 企业雇用新的企业员工，这些新员工可以迅速提高资本的使用效率。企业恢复到它的初始状态，并且支付它的到期利息，故而企业债务可以看成是无风险的，并且是永久的。

企业重组在本模型中创造了价值。为简便我们假设股东能够保持他们的股份并且占有这部分价值（企业的债权人只能获得一个固定的收益率 r）。

企业仅仅付给企业员工在职期间报酬。我们假定企业不会在企业员工被辞退时支付买断金或之后支付企业养老金。尽管在我们的简单模型中加入买断金或养老金会带来帕累托改进（Pareto Improvement），但是在企业员工可以降低他们收益率的情况下，这意味着非最优（suboptimal），将引发解雇和导致企业支付买断金或养老金。企业员工因此得到买断金或养老金，并且可以立即开始另外一份工作（该工作可以使他/她的劳动力重新得到补偿）。

最优劳动契约，即面临一个竞争性的资本和劳动市场，企业员工的效用如何达到最大化。员工的效用如下：

$$\int_0^T e^{-rt} u(w_t)\, dt \tag{3.2}$$

并且满足条件 $u'(\cdot) > 0$ 和 $u''(\cdot) < 0$。企业员工是风险规避的，并且企业员工既不储蓄也不借贷。我们假设企业宣布重组的时刻（该时刻可看作一个随机点）与劳动契约相互独立。

资本市场是竞争性的，所以时期 t 股权的市场价值 v_t 是所有未来现金流现值的期望，即：

$$v_t = E_t \left[\int_t^T e^{-r(s-t)} \left((K-D) r + (\eta_s - w_s)(1-\tau) + Dr\tau \right) ds + e^{-r(T-t)} v_T \right] \tag{3.3}$$

在企业重组的时期 T，企业恢复到它的初始状态，因而有 $v_T = v_0$，即：

$$v_t = E_t \left[(K-D)\left(1 - e^{-r(T-t)}\right) + e^{-r(T-t)} v_0 + \int_t^T e^{-r(s-t)} \left((\eta_s - w_s)(1-\tau) + Dr\tau \right) ds \right] \tag{3.4}$$

初始股权价值必须等于其资本供给价值，也就是 $v_0 = K - D$，所以有

$$v_t = K - D + E_t\left[\int_t^T e^{-r(s-t)}\left((\eta_s - w_s)(1-\tau) + Dr\tau\right)ds\right] \tag{3.5}$$

并且在时期0，有

$$E_0\left[\int_0^T e^{-rt}\left((\eta_t - w_t)(1-\tau) + Dr\tau\right)dt\right] = 0 \tag{3.6}$$

在一个竞争的劳动市场上，企业雇用有限的具有特定能力的企业员工。因此，企业支付给企业员工的报酬不能少于市场报酬，否则企业员工就会离开该企业而到另一家企业工作。在时期0企业员工得到市场报酬，所以股权的价值不会超过时期0的价值，即 $v_t \leqslant v_0$，$\forall t$，否则，企业员工所得的报酬将会低于市场报酬，从而就会没有员工愿意为该企业工作。因此，

$$E_t\left[\int_t^T e^{-r(s-t)}\left((\eta_s - w_s)(1-\tau) + Dr\tau\right)ds\right] \leqslant 0,\quad \forall t \in [0, T] \tag{3.7}$$

最优劳动契约在上述两个限定条件（3.6）和（3.7）下最大化企业员工效用，即：

$$\max_c E_0\left[\int_0^T e^{-rt}u(w_t)\,dt\right] \tag{3.8}$$

$$\text{s.t.}\quad E_0\left[\int_0^T e^{-rt}\left((\eta_t - w_t)(1-\tau) + Dr\tau\right)dt\right] = 0 \tag{3.9}$$

$$E_t\left[\int_t^T e^{-r(s-t)}\left((\eta_s - w_s)(1-\tau) + Dr\tau\right)ds\right] \leqslant 0,\quad \forall t \in [0, T] \tag{3.10}$$

为了解上述优化问题，我们用 Lagrange 方法，设限制条件（3.9）的 Lagrange 乘子为 λ，限制条件（3.10）的 Kuhn-Tucker 乘子为 μ_t，则此时的拉各朗日方程为：

$$E_0\left[\int_0^T e^{-rt}u(w_t)\,dt\right] + \lambda E_0\left[\int_0^T e^{-rt}\left((\eta_t - w_t)(1-\tau) + Dr\tau\right)dt\right] - \mu_t E_t\left[\int_t^T e^{-r(s-t)}\left((\eta_s - w_s)(1-\tau) + Dr\tau\right)ds\right] \tag{3.11}$$

此时，一阶条件为：

$$e^{-rt}u'(w_t)-(1-\tau)e^{-rt}\lambda+(1-\tau)\int_0^t e^{-r(t-s)}\mu_s ds=0$$

(3.12)

同理，我们写出 $w_{t-\Delta t}$ 时的一阶条件：

$$e^{-r(t-\Delta t)}u'(w_{t-\Delta t})-(1-\tau)e^{-r(t-\Delta t)}\lambda+(1-\tau)\int_0^{t-\Delta t} e^{-r(t-\Delta t-s)}\mu_s ds=0$$

(3.13)

在等式（3.13）的两边同乘以 $e^{-r\Delta t}$，则有：

$$e^{-rt}u'(w_{t-\Delta t})-(1-\tau)e^{-rt}\lambda+(1-\tau)\int_0^{t-\Delta t} e^{-r(t-s)}\mu_s ds=0$$

(3.14)

式（3.12）减去式（3.14），得到：

$$e^{-rt}(u'(w_t)-u'(w_{t-\Delta t}))+(1-\tau)\int_{t-\Delta t}^{t} e^{-r(t-s)}\mu_s ds=0$$

(3.15)

根据 Kuhn-Tucker 条件，我们知道 $\mu_t\geqslant 0$，所以我们很容易可以得出：

$$(1-\tau)\int_{t-\Delta t}^{t} e^{-r(t-s)}\mu_s ds\geqslant 0 \tag{3.16}$$

结合式（3.15）和式（3.16）我们很容易得到：

$$u'(w_t)\leqslant u'(w_{t-\Delta t}) \tag{3.17}$$

根据我们的假设，我们最终得到：

$$w_t\geqslant w_{t-\Delta t} \tag{3.18}$$

$$E_t\left[\int_t^T e^{-r(s-t)}((\eta_s-w_s)(1-\tau)+Dr\tau)ds\right]=0 \tag{3.19}$$

同时，根据补充松弛条件，只有当约束条件（3.10）满足（3.19）时，$\mu_t>0$。也就是说，如果 $w_t>w_{t-\Delta t}$，则约束条件（3.10）取等号。

如果约束条件不满足（3.19）时，也就是

$$E_t\left[\int_t^T e^{-r(s-t)}((\eta_s-w_s)(1-\tau)+Dr\tau)ds\right]<0 \tag{3.20}$$

那么 $\mu_t=0$，即 $w_t=w_{t-\Delta t}$。

综合以上论述，我们得到如下动态薪酬过程：一般情况下，w_t

$=w_{t-\Delta t}$，但是当受到正的 η 的冲击的时候，薪酬会提升以满足约束条件（3.10）。

从而我们可以写出最优薪酬合同如下：

$$w_t(\eta^t)=\max_{0\leqslant s\leqslant t}\{w^*(\eta_s,\ s)\} \tag{3.21}$$

这里，$\eta^t\equiv\{\eta_s;\ 0\leqslant s\leqslant t\}$，并且 $w^*(\eta,\ t)$ 是 η 的单调增函数，当 $\eta_t=\eta$ 时，在任何时期 t 企业的价值都等于初始股权价值 $K-D$。故而当 $w_t=w^*(\eta_t,\ t)$ 时，约束条件（3.10）取等号。

在企业重组之前，企业必须支付每期债务利息。因为股东红利不可能为负，所以企业员工的报酬不可能超过企业的总收益减去债务利息支出，即：

$$w_t\leqslant\eta_t+r\left[\frac{K}{1-\tau}-D\right],\ \forall t\in[0,\ T] \tag{3.22}$$

假设 η_t 只和时期有关，结合前文我们得到的最优薪酬契约，我们可以得到以下修正的最优薪酬契约（以后我们所称的最优薪酬契约都指的是这个薪酬契约），在企业重组之前，最优契约为：

$$w_t(\eta^t)=\min\left\{\eta_t+r\left[\frac{K}{1-\tau}-D\right],\ \max_{0\leqslant s\leqslant t}\{w^*(\eta_s,\ s)\}\right\} \tag{3.23}$$

该最优薪酬契约的经济含义为：当企业在正常经营状况下，企业员工的最优报酬为单调不减函数，当遇到正向的生产能力的冲击时，报酬提升。当企业面临财务危机时，企业员工减薪，此时权益资本的收益为零。

也就是说，如果企业没有面临财务压力，那么它就能支付债务利息，支付企业员工的报酬（随着能力的正向冲击，企业员工报酬只增不降）。当企业面临财务压力，不能支付到期债务利息时，情况就完全不一样了。在这种情况下，企业员工报酬临时削减，从而企业可以避免重组，并且继续运作。如果企业员工放弃所有的报酬，而企业依然不能支付债务利息，那么企业将被迫重组。在这个点上，企业的现金流入为 $Kr/(1-\tau)+\eta$，少于企业所欠的债务利息 Dr，也就是

$$Kr+\eta(1-\tau)+Dr\tau<Dr \tag{3.24}$$

所以当企业重组发生在 $\eta < \underline{\eta}$ 时，此时：

$$\underline{\eta} = -\left[\frac{K}{1-\tau} - D\right] r \tag{3.25}$$

其独立于劳动契约，所以这个最优薪酬契约满足我们的初始假定。现在我们把这个最优薪酬契约应用到企业资本结构决策当中。在此我们引入行为金融学家特维斯基（Tversky）和卡尼曼（Kahneman）预期理论的价值观函数来做描述。本章中，价值观函数表示的是决策人（企业员工）对具体的财务杠杆的主观（心理）反应，如图 3-2 所示。

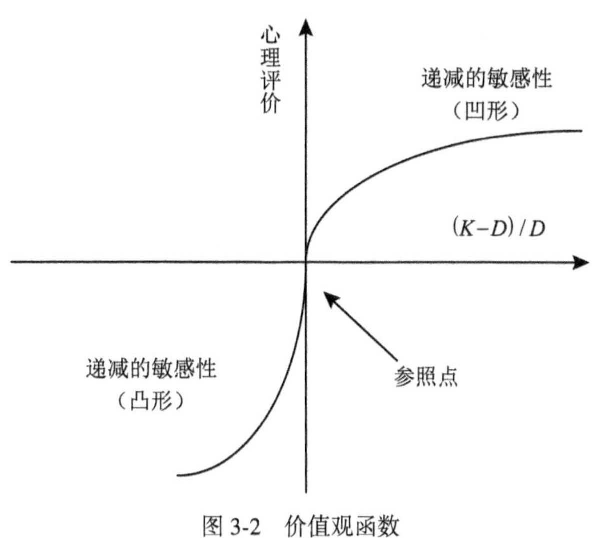

图 3-2　价值观函数

在图 3-2 中，当财务杠杆比例低于某个特定的财务杠杆比例（该特定比例就是图 3-2 中参照点处）时，也就是图 3-2 中第一象限的图像，企业员工对其的心理评价是随财务杠杆比例的减少而呈递减的敏感性；当财务杠杆比例高于该特定参照值时，也就是图 3-2 中的第三象限，企业员工对其的心理评价是随财务杠杆比例增加而呈递减的敏感性。我们注意到，在第三象限的曲线比第一象限的曲线陡，这种现象称之为企业员工的债务规避。这意味着，对于同样的数量变化，员工对高于参照点时债务的增加的反应比低于参照点时债务的减少更为强烈。考虑两个债务水平 D_1 和 D_2，且满足 $0 \leqslant D_1 < D_2$。当 $\tau = 0$ 时，企业的现金流入独立于它的债务水平。令 T_1 和 T_2 分别代表债务水平 D_1 和 D_2 的企业重组点，根据价值观函数，企业员工对 D_1 的评价要高于 D_2，也就是 $v^{\circ}(D_1) > v^{\circ}(D_2)$，故企业员工认为在债务水平 D_1 的情况下最优劳动报酬的持续时间要大于债务水平 D_2 的情况下最优劳动报酬的持续时间，所以 $T_1 > T_2$。因为企业的现金流入独立于债务水平，所以当 $D = D_2$ 时，报酬计划为最优报酬直到时期 T_2，之后为0。当 $D = D_1$ 时，同理。由于相同的严格正报酬的劳动契约，企业员工在债务水平 D_1 下严格优于债务水平 D_2，并且在所有 $0 \leqslant D_1 < D_2$ 的情况下都满足，所以最优债务水平为0。由此我们得出结论：不考虑企业所得税，最优债务水平为0。

在上面的分析中我们已经说明了企业的债务是无风险的并且总是以其面值 D 进行买卖，在时期0股权的价值为 $K - D$，所以企业的价值为 $D + (K - D) = K$，独立于财务杠杆水平。所以在时期0，企业的价值和股权的价值与财务杠杆水平无关。

企业的价值独立于财务杠杆水平的原因在于负债的收益（税盾效应）归于企业员工，而不是我们模型中的企业。因此企业员工承担了非最优资本结构的后果。这种结果归因于资本市场的竞争性，如果税盾效应所获收益归于投资者，则投资者将获得高于无风险收益率的回报，在一个竞争性的资本市场中，这是不可能的。

为了符号的方便，从现在开始，我们假定 η_t 的远期分布独立于时间。在这个假定条件下，最优薪酬契约可以写成一种更为简洁的形式：

$$w_t(\eta^t) = \min\left\{\eta_t + r\left[\frac{K}{1 - r} - D\right],\ w^*(\overline{\eta}_t)\right\} \tag{3.26}$$

这里

$$\overline{\eta}_t = \max_{0 \leqslant s \leqslant t} \eta_t \tag{3.27}$$

（三）最优契约的实现

至此，我们已经证明了没有税收，企业员工无法规避他们的人力资本风险，从而企业更偏好股权融资。然而，事实上，税盾效应使企业又有很强的动力发行债券，在本章中，我们证明这两个方面处于同一个量级上。

1. 股权的价值

定义：

$$\delta_t \equiv (\eta_t - w_t)(1 - \tau) Dr\tau \tag{3.28}$$

所以由企业员工增加的额外现金流量的期望贴现值为：

$$V(\eta, \bar{\eta}, t) \equiv E_t\left[\int_t^T e^{-r(s-t)} \delta_s ds \mid \eta_t = \eta, \bar{\eta}_t = \bar{\eta}\right] \tag{3.29}$$

并且股权价值为 $K - D + V(\eta, \bar{\eta}, t)$ 。

企业员工得到竞争性的薪酬时，

$$V(\eta, \bar{\eta}, t) = 0 \tag{3.30}$$

在其他的时间，$V(\eta, \bar{\eta}, t) < 0$，当企业员工雇用期间，股权价值等于或少于其价值。

我们的目的是得到该模型代表性的含义。我们必须得到企业价值和企业员工效用之间关系的一个固定表达式。因此，我们必须使用更加严格的假定。第一个假定就是我们假设 η_t 服从随机游走，即：

$$d\eta_t = \sigma dZ \tag{3.31}$$

同方差性的假定极大地简化了分析，因此在该问题中没有时间的约束，V 不依赖于 t。根据 Ito 定理，当 $\eta_t < \bar{\eta}_t$ 时，有

$$dV = V_\eta d\eta + \frac{1}{2} V_{\eta\eta} \sigma^2 dt \tag{3.32}$$

首先考虑企业能够支付债务利息。在均衡水平，股东可以得到一个公平的投资回报率，即：

$$E(dV) = (rV - \delta_t) dt \tag{3.33}$$

联立，我们得到 $V(\eta, \bar{\eta})$ 的微分方程：

$$\frac{1}{2}\sigma^2 V_{\eta\eta} - rV + \delta_t = 0 \tag{3.34}$$

该方程的通解为

$$V(\eta,\ \overline{\eta}) = A(\overline{\eta})\,e^{\sqrt{2r}\eta/\sigma} + B(\overline{\eta})\,e^{-\sqrt{2r}\eta/\sigma} + \frac{(\eta - w^*(\overline{\eta},\ D))(1-\tau)}{r} + D\tau \tag{3.35}$$

当 $\eta = \overline{\eta}$ 时，V 等于零，根据式（3.30），当 η 趋近于 $\overline{\eta}$ 时，我们得到附加的边界条件

$$V_{\overline{\eta}}(\overline{\eta},\ \overline{\eta}) = 0 \tag{3.36}$$

当企业无法支付债务利息时，它就面临财务危机，企业员工临时地削减报酬以勉强支付债务利息。当企业所有的收入与所欠债务利息相等时，财务危机发生：

$$\frac{Kr}{1-\tau} + \eta_t - w_t = Dr \tag{3.37}$$

或者

$$\eta = \eta^* \equiv w - \left[\frac{K}{1-\tau} - D\right] r \tag{3.38}$$

和

$$\delta = -(K - D)\,r \tag{3.39}$$

当企业面临财务危机时，δ 保持在这种水平不变，也就是说，当企业面临财务危机时，红利分配为零。面临财务危机时，股东必须仍然获得一个公平的投资回报率，即：

$$E(dV^f) = (rV^f + (K - D)\,r)\,dt \tag{3.40}$$

所以在这个区域中的微分方程为

$$\frac{1}{2}\sigma^2 V^f_{\eta\eta} - rV^f - (K - D)\,r = 0 \tag{3.41}$$

方程的通解为

$$V^f(\eta,\ \overline{\eta}) = F(\overline{\eta})\,e^{\sqrt{2r}\eta/\sigma} + G(\overline{\eta})\,e^{-\sqrt{2r}\eta/\sigma} - (K - D) \tag{3.42}$$

在点 η^* 企业进入财务危机，值函数及其导数必须满足：

$$V(\eta^*,\ \overline{\eta}) = V^f(\eta^*,\ \overline{\eta}) \tag{3.43}$$

$$V_\eta(\eta^*,\ \overline{\eta}) = V^f_\eta(\eta^*,\ \overline{\eta}) \tag{3.44}$$

在企业重组点 $\underline{\eta}$（即使企业员工放弃了所有的报酬之后，企业仍然不能偿付它的到期债务），企业解雇了所有的员工，并且聘用了能够使资本发挥最大生产效用的员工，因此

$$V^f(\underline{\eta},\ \overline{\eta}) = 0 \tag{3.45}$$

用这个限制条件来解系数和最优报酬得到：

$$A(\overline{\eta}) = \frac{\left(4\left(\frac{D-K}{1-\tau}\right)r^{\frac{3}{2}} + \sqrt{2}e^{-\frac{\sqrt{2r}w}{\sigma}}\sigma - \sqrt{2}e^{\frac{\sqrt{2r}w}{\sigma}}\sigma\right)e^{\frac{\sqrt{2r}\underline{\eta}}{\sigma}} + 4\sqrt{r}\left(c - \frac{Dr\tau}{1-\tau} - \overline{\eta}\right)e^{\frac{\sqrt{2r}\eta}{\sigma}}}{\frac{4r^{\frac{3}{2}}}{1-\tau}\left(e^{\frac{2\sqrt{2r}\eta}{\sigma}} - e^{\frac{2\sqrt{2r}\underline{\eta}}{\sigma}}\right)} \tag{3.46}$$

$$B(\overline{\eta}) = \frac{\left(4\left(\frac{D-K}{1-\tau}\right)r^{\frac{3}{2}} - \sqrt{2}e^{-\frac{\sqrt{2r}w}{\sigma}}\sigma + \sqrt{2}e^{\frac{\sqrt{2r}w}{\sigma}}\sigma\right)e^{\frac{\sqrt{2r}(2\overline{\eta}+\underline{\eta})}{\sigma}} - 4\sqrt{r}\left(w - \frac{Dr\tau}{1-\tau} - \overline{\eta}\right)e^{\frac{\sqrt{2r}(\overline{\eta}+2\underline{\eta})}{\sigma}}}{\frac{4r^{\frac{3}{2}}}{1-\tau}\left(e^{\frac{2\sqrt{2r}\eta}{\sigma}} - e^{\frac{2\sqrt{2r}\underline{\eta}}{\sigma}}\right)} \tag{3.47}$$

$$F(\overline{\eta}) = \frac{4\left(\frac{D-K}{1-\tau}\right)r^{\frac{3}{2}}e^{\frac{\sqrt{2r}\underline{\eta}}{\sigma}} + \sqrt{2}\sigma\left(e^{-\frac{\sqrt{2r}(w+\underline{\eta}-2\overline{\eta})}{\sigma}} + e^{\frac{\sqrt{2r}(w+\underline{\eta})}{\sigma}}\right) + 4\sqrt{r}\left(w - \frac{Dr\tau}{1-\tau} - \overline{\eta}\right)e^{\frac{\sqrt{2r}\eta}{\sigma}}}{\frac{4r^{\frac{3}{2}}}{1-\tau}\left(e^{\frac{2\sqrt{2r}\eta}{\sigma}} - e^{\frac{2\sqrt{2r}\underline{\eta}}{\sigma}}\right)} \tag{3.48}$$

$$G(\overline{\eta}) = \frac{\left(4\left(\frac{D-K}{1-\tau}\right)r^{\frac{3}{2}} - \sqrt{2}e^{-\frac{\sqrt{2r}w}{\sigma}}\sigma\right)e^{\frac{\sqrt{2r}(2\overline{\eta}+\underline{\eta})}{\sigma}} - 4\sqrt{r}\left(w - \frac{Dr\tau}{1-\tau} - \overline{\eta}\right)e^{\frac{\sqrt{2r}(\overline{\eta}+2\underline{\eta})}{\sigma}} + \sqrt{2}e^{\frac{\sqrt{2r}(w+3\underline{\eta})}{\sigma}}\sigma}{\frac{4r^{\frac{3}{2}}}{1-\tau}\left(e^{\frac{2\sqrt{2r}\eta}{\sigma}} - e^{\frac{2\sqrt{2r}\underline{\eta}}{\sigma}}\right)} \tag{3.49}$$

薪酬为：

$$w = w^*(\overline{\eta},\ D) \tag{3.50}$$

这里

$$w^*(\eta,\ D) \equiv \{w \mid \Delta(\eta,\ D,\ w) = 0,\ 0 \leqslant w < \overline{\eta} + Dr\tau\} \tag{3.51}$$

并且

$$\Delta(\eta,\ D,\ w) \equiv \left(2\sqrt{2}\left(\frac{D-K}{1-\tau}\right)r^{\frac{3}{2}} + \left(e^{-\frac{\sqrt{2r}w}{\sigma}} - e^{\frac{\sqrt{2r}w}{\sigma}}\right)\sigma\right)$$

$$e^{\frac{\sqrt{2r}\left(\left(\frac{K}{1-\tau}-D\right)r+\eta\right)}{\sigma}} - \sigma - \sqrt{2r}\left(\eta - w + \frac{Dr\tau}{1-\tau}\right) +$$

$$e^{\frac{2\sqrt{2r}\left(\left(\frac{K}{1-\tau}-D\right)r+\eta\right)}{\sigma}}\left(\sigma-\sqrt{2r}\left(\eta-w+\frac{Dr\tau}{1-\tau}\right)\right)$$
(3.52)

2. 企业员工的效用

给定最优薪酬契约，我们可以计算企业员工的期望效用。

$$\nu(\eta,\ \overline{\eta}) \equiv E\left[\int_0^\infty e^{-rt}u(w_t)\,dt \mid \eta_0=\eta,\ w_0=w^*(\overline{\eta},\ D)\right] \tag{3.53}$$

为了解上述方程，我们必须对偏好进行假定，即假定：

$$u(w)=-e^{-\gamma w} \tag{3.54}$$

当企业正常运行（没有面临财务危机）时，η 低于 $\overline{\eta}$，薪酬不变，因此关于 ν 的 H-J-B 方程如下：

$$\frac{1}{2}\sigma^2\nu_{\eta\eta}-r\nu+u(w)=0 \tag{3.55}$$

该常微分方程的通解为：

$$\nu(\eta,\ \overline{\eta})=A(\overline{\eta})\,e^{\frac{\sqrt{2r}\eta}{\sigma}}+B(\phi)\,e^{-\frac{\sqrt{2r}\eta}{\sigma}}-\frac{e^{-\gamma w}}{r} \tag{3.56}$$

这里 $w=w^*(\overline{\eta},\ D)$。

当企业面临财务危机时，企业员工薪酬缩减以弥补到期债务利息支付。根据式（3.56），当 η 缩减到 η^* 时，企业面临财务危机。在危机中，企业员工的补偿为：$w-(\eta^*-\eta)=\eta+r(K-D(1-\tau))=\eta-\underline{\eta}$。所以在该范围内 H-J-B 方程为：

$$\frac{1}{2}\sigma^2\nu^f_{\eta\eta}-r\nu^f+u(\eta-\underline{\eta})=0 \tag{3.57}$$

该微分方程的通解为：

$$\nu^f(\eta,\ w)=C(\overline{\eta})\,e^{\frac{\sqrt{2r}\eta}{\sigma}}+F(\overline{\eta})\,e^{-\frac{\sqrt{2r}\eta}{\sigma}}-\frac{e^{-\gamma(\eta-\underline{\eta})}}{r-\frac{\gamma^2\sigma^2}{2}} \tag{3.58}$$

假设当 $\eta\leqslant\underline{\eta}$ 时，企业员工失去工作，并且不能找到另外一份能够获得正收入的工作，所以选择不工作，并且永远得到零报酬：

$$\nu^f(\underline{\eta},\ \overline{\eta})=-\frac{1}{r} \tag{3.59}$$

在财务危机点 η^* 时，值函数及其导数必须满足：

$$\nu(\eta^*, \bar{\eta}) = \nu^f(\eta^*, \bar{\eta}) \tag{3.60}$$

$$\nu_\eta(\eta^*, \bar{\eta}) = \nu^f_\eta(\eta^*, \bar{\eta}) \tag{3.61}$$

最后的约束条件是：

$$\nu_{\bar{\eta}}(\bar{\eta}, \bar{\eta}) = 0 \tag{3.62}$$

$$\lim_{\eta, \bar{\eta}\to\infty} \nu(\eta, \bar{\eta}) = 0 \tag{3.63}$$

第一个条件与式（3.53）类似，第二个条件基于以下事实：当 $\bar{\eta}$ 非常大的时候，员工的补偿也非常大，并且

$$\lim_{c\to\infty} u(w) = 0 \tag{3.64}$$

根据这些限制条件，我们来解方程 $A(\bar{\eta})$，$B(\bar{\eta})$，$F(\bar{\eta})$ 和 $C(\bar{\eta})$。

$$A(\bar{\eta}) = \int_{\Phi}^{\infty} \frac{\gamma\left(2e^{\frac{\sqrt{2r}\eta}{\sigma}} - e^{\frac{\sqrt{2r}(\eta - w^*(\bar{\eta}, D))}{\sigma}} - e^{\frac{\sqrt{2r}(\eta + w^*(\bar{\eta}, D))}{\sigma}}\right)\frac{\partial w^*(\bar{\eta}, D)}{\partial \bar{\eta}}}{2e^{w^*(u, D)}\gamma\left(e^{\frac{2\sqrt{2r}\eta}{\sigma}} - e^{\frac{2\sqrt{2r}\eta}{\sigma}}\right)r} du \tag{3.65}$$

$$B(\bar{\eta}) = \frac{1 - \frac{\sqrt{2r}}{\gamma\sigma} - 2e^{w\left(\gamma + \frac{\sqrt{2r}}{\sigma}\right)} + e^{\frac{2\sqrt{2r}w}{\sigma}}\left(1 + \frac{\sqrt{2r}}{\gamma\sigma}\right)}{2e^{w\gamma - \frac{\sqrt{2r}(\eta - w)}{\sigma}} r\left(1 - \frac{2r}{\gamma^2\sigma^2}\right)} - e^{\frac{2\sqrt{2r}\eta}{\sigma}} A(\bar{\eta}) \tag{3.66}$$

$$F(\bar{\eta}) = \frac{\gamma\sigma\left(2\sqrt{2}e^{\frac{\sqrt{2r}\eta}{\sigma}}\gamma\sigma + e^{\frac{\sqrt{2r}(\eta - w)}{\sigma} - c\gamma}\left(2\sqrt{r} - \sqrt{2}\gamma\sigma\right)\right)}{2\sqrt{2}r(2r - \gamma^2\sigma^2)} - e^{\frac{2\sqrt{2r}\eta}{\sigma}} A(\bar{\eta}) \tag{3.67}$$

$$C(\bar{\eta}) = -\frac{e^{-\frac{\sqrt{2r}(w+\eta)}{\sigma}}\gamma\sigma}{2e^{w\gamma} r\left(\sqrt{2r} + \gamma\sigma\right)} + A(\bar{\eta}) \tag{3.68}$$

三、关于模型经济意义的阐述

为了更明确地阐释其经济意义，我们给出表 3-5 所示的参数。在此我们的目的并不是要标准化该模型，因为这并不能给出实际资本结构决策所有的方面。然而，为了评估我们所研究的因素的经济重要性，我们试图挑选具有经济现实意义的参数。我们设定风险规避系数为 2，企业所得税率 30%。选择初始值 $\eta_0 = \bar{\eta} = 1$，$K =$

50，$r=3\%$，这意味着资本对收入的贡献率 $Kr=1.5$。所以根据这些变量值，劳动对收入的贡献率是资本对收入的贡献率的 2/3。

表 3-5　　　　变　量　值

变量	符号	值
资本	K	50
初始值 $\overline{\eta}$	$\overline{\eta}$	1
风险规避	γ	2
利率	r	3%
税率	τ	20%
标准差	σ	20%

根据表 3-5 的参数值，图 3-3 揭示了作为员工能力 η（其值介于 $\underline{\eta}=-0.96$ 和 $\overline{\eta}=1$ 之间）的函数的最优薪酬契约下的股权价值。初始杠杆比率为 1.06（当 $\eta=\overline{\eta}$ 时），该状态时最优。在起始点和在企业重组点，股权的价值等于初始股权投资，也就是在这两种情况下，新员工被雇，并且付给市场报酬。在其他的点，股权价值低于初始股权投资。因为在这种情况下，员工被雇并且其报酬低于其能力（$w=0.7$，其初始能力为 $\overline{\eta}=1$），股东获得一个公平的市场回报。这种差别，加上税盾，对股东来说，产生了正的现金流入（红利）以补偿其股权价值下跌的损失，并且保证股东获得一个竞争市场的平均收益。

根据表 3-5 的参数值，图 3-4 揭示了作为杠杆比率的函数的效用函数 ν。当杠杆比率为 1.06 时，效用最大化。该结果的重要性在于它揭示了人力资本风险与税收具有同等的重要性，并且其可以独立作为税收的反向力量从而得到现实的杠杆比率。

四、最优财务杠杆结构

为了得到最优的财务杠杆结构，我们最大化员工的效用方程。最主要的因素 $c^{*}(\phi, D)$ 由式（3.50）、式（3.51）和式（3.52）

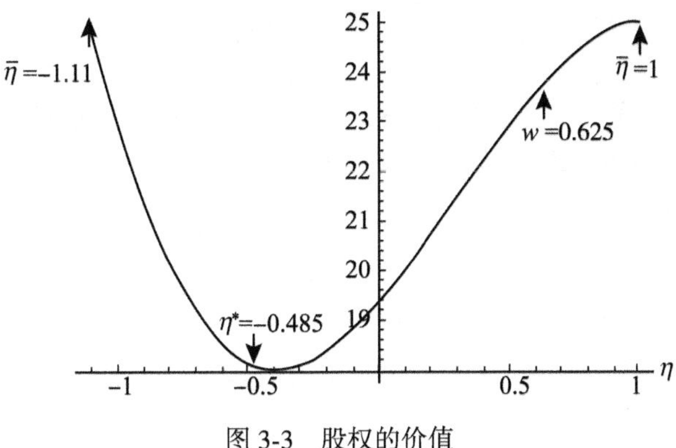

图 3-3　股权的价值

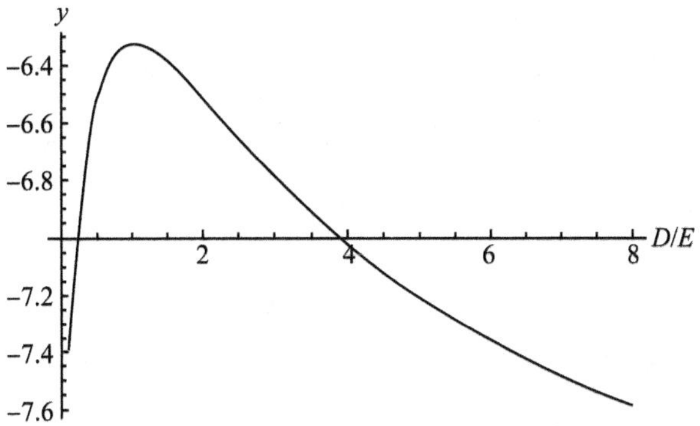

图 3-4　员工效用

定义。首先，把 ν 写成 D 的一个方程，$\nu(\eta,\ \bar{\eta},\ D)$ 。在初始点上，当 $\phi=\bar{\phi}$ 时，计算 ν 的斜率，即 ν 对 D 求全导数：

$$\frac{d\nu(\bar{\eta},\ \bar{\eta},\ D)}{dD}=\frac{\partial\,(\bar{\eta},\ \bar{\eta},\ D)}{\partial\ D}+\frac{\partial\,(\bar{\eta},\ \bar{\eta},\ D)}{\partial\,\bar{\eta}}\frac{\partial\,\bar{\eta}}{\partial\,D}$$

$$=\frac{\partial\,(\bar{\eta},\ \bar{\eta},\ D)}{\partial\,D} \tag{3.69}$$

上式第二行受条件（3. 62）的约束。所以最优财务杠杆结构的解为：

$$\frac{\partial\ (\bar{\eta},\ \bar{\eta},\ D)}{\partial D}=0 \tag{3.70}$$

图 3-5 揭示了初始最优财务杠杆结构作为税率的函数。该图表明，即便存在明显的债务税盾效应，人力资本风险已经足够产生现实的杠杆水平。

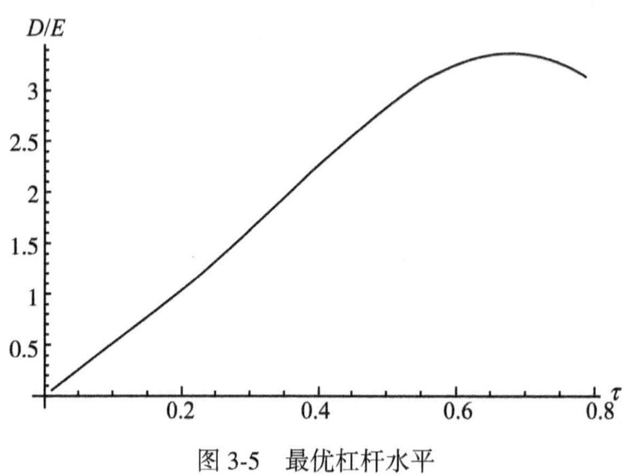

图 3-5　最优杠杆水平

最优杠杆水平是最优物质资本量 K 的函数。在其他条件相同的情况下，更多的物质资本意味着更小的破产概率和更高的最优债务水平。

图 3-6 表明了最优杠杆水平是作为物质资本 K 对收入贡献的一个函数，两条曲线针对具有不同的现金流不确定性 σ 的经济体。其直接含义为劳动密集型企业应该具有低的财务杠杆水平。更进一步来说，因为物质资本密集型企业规模更大（特别是用其账面价值作为企业规模的衡量标准），其实证含义就是大公司具有更高的财务杠杆水平，这与实证研究相符合。

在其他条件相同的情况下，劳动密集型企业具有更高的重组概率，故而具有更小的风险分担的范围，该企业的员工也会有更高的薪酬期望。从另一个方面看，劳动密集型企业自发地拥有更少的债务，从而减少了重组概率。

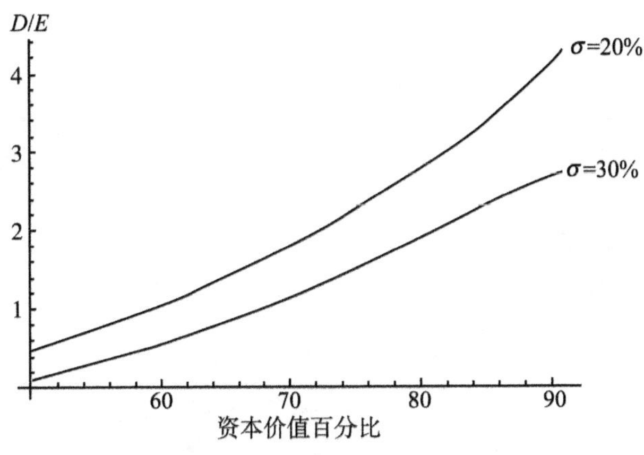

图 3-6 公司规模与财务杠杆水平

图 3-7 揭示了这种自发的反应足够抵消初始的效应——资本密集型企业（或者说大企业）付给员工更高的薪酬。图 3-7 中两条曲线分别描述了具有不同不确定水平的现金流的状况。

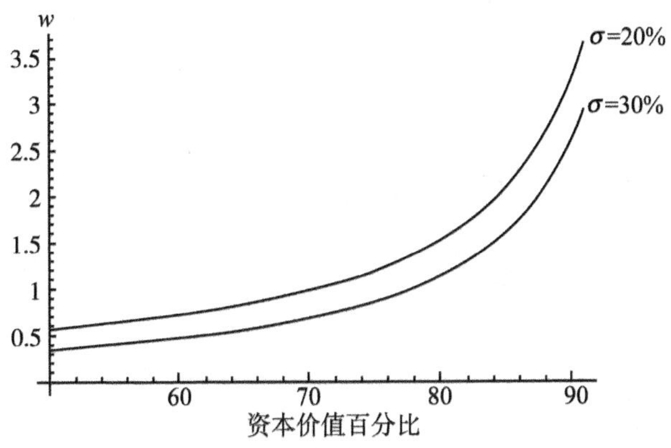

图 3-7 资本密集型企业付给员工更高的报酬

接下来我们讨论不确定性对财务杠杆的影响。更大的不确定性意味着更高的风险，故而自发的反应是降低债务水平，图 3-8 描绘了这种现象。

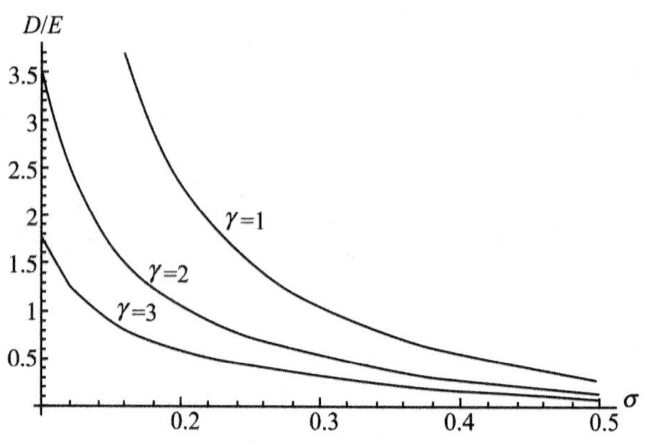

图 3-8　最优财务杠杆作为现金流不确定性的方程

与潜在的现金流不确定程度相关的一个重要因素是企业的成立年限。成立时间越短的企业或成长中的企业面临的不确定性较高，因此年轻的企业应该保持较低的财务杠杆。

图 3-9 说明了拥有更高杠杆水平的企业拥有更高的薪酬水平。

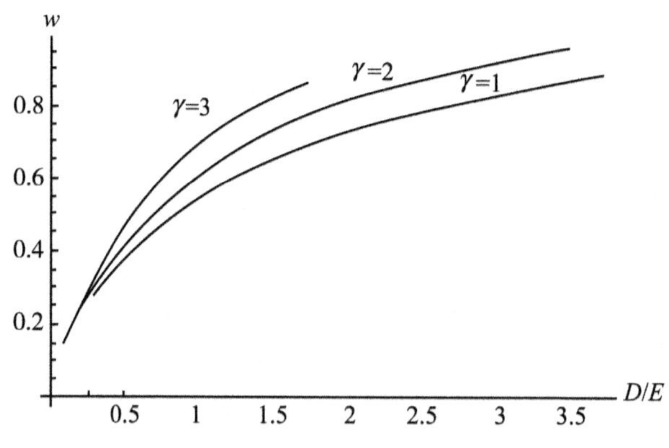

图 3-9　企业的财务杠杆水平与员工薪酬水平正相关

Modigliani 和 Miller（1958）为以后资本结构理论的发展打下

了坚实的基础。资本结构的决定是负债的收益与负债的成本的折中。显而易见，债务融资的税盾收益是巨大的，但是负债融资的成本一直是公司金融领域的谜团之一。当前很多理论把企业的破产成本和代理成本看做是与债务的税盾收益相抗衡的重要因素，但是实证显示企业的破产成本和代理成本相比之下微乎其微，不足以充当与税盾收益相抗衡的角色。

在此基础之上引入人力资本是相当关键的，根据现代企业理论，企业本身的性质就说明了企业不仅仅是资合式，而且更多的是人合式，企业应当是资合与人合相结合的产物。马克思把企业的资本分为可变资本和不变资本，马克思的劳动价值论论证了劳动者（人力资本所有者）有权分享企业的生产剩余。所以我们探讨一个企业的资本结构，不能仅仅只是从物质资本（股权资本和债权资本）入手，这样做的后果是以偏概全，得到的结果必然是不完整的，或者差之毫厘、谬以千里，得到完全错误的结论。由此，我们应该结合企业理论的最新发展，根据企业本身的性质来界定资本结构的概念，只有这样，我们才能够由表及里，抓住事物的本质，得到正确的结论。

本节就是从人力资本的角度入手，通过在资本结构当中加入人力资本这一当代企业中举足轻重的因素，来确定包含人力资本的新的意义上的最优资本结构。由于人力资本的加入，极大地丰富了传统的理论。在我们模型的开始，我们给出了人力资本所有者、权益资本所有者和债权资本所有者的一个合理的补偿次序，该次序是人力资本所有者、权益资本所有者和债权资本所有者相互博弈的一个合理的结果。

人力资本的特性是与提供人力资本的“人”的不可分离性，在进行资本结构的决策中我们不得不从“人”的特性着手，从而在我们的推论中引入人的价值观是相当合适的。心理学中的价值观函数表明，风险规避是大多数人的特性，从而顺理成章，我们找出人力资本风险其实就是在资本结构的决策当中与债务资本的税盾收益具有同等的重要性的因素。

分析人力资本风险我们得出一系列有关公司资本结构决策的重

要推论。第一，给出合理的参数值，我们的模型导出一个适度的企业财务杠杆结构。第二，相对于劳动密集型企业，资本密集型企业拥有更高的最优财务杠杆水平。第三，相对于劳动密集型企业，资本密集型企业拥有更高的员工薪酬水平。第四，风险程度高的企业往往选择较低的财务杠杆比率。第五，高财务杠杆企业付给员工更高的工资。

本书的结论和推论在一定程度上解决了当今资本结构理论的一些困境，比较符合现实当中企业的资本结构的实证证据。而且，因为本部分模型当中由非最优财务杠杆比例所带来的成本都由企业的员工承担了，而不是企业的投资者，所以我们也可以得到与 MM 定理相似的结论：企业的价值与企业的财务杠杆比例无关。但是，如果企业选择了非最优的财务杠杆比例，则在均衡当中企业就雇用不到愿意为其服务的员工，也就是说没有人力资本出资者，这样的企业不会存在，所以本节提出的模型依然可以得出最优的财务杠杆比例。

但是，本节依然存在一些不足，比如我们依然没有得出人力资本、权益资本和债权资本完整意义上的最优资本结构。另外，我们的工作只是部分阐释了最优资本结构形成的行为基础，其分析方法是引入心理学的假设条件但仍然从传统的经济理论的逻辑思维来分析，并没有从完整意义上对其行为基础做出充分的论证。

第三节　人力资本、财务资本和资本结构理论的再认识

一、现代资本结构理论的提出

现代资本结构理论开始于 Modigliani 和 Miller 1958 年发表的《资本成本、公司财务与投资管理》的一篇论文，当时社会正处于工业经济时代，财务资本对企业而言举足轻重，Modiglian 和 Miller 所描述的资本结构概念自然也就是以财务资本为中心的。其后近

40年里，许多学者从不同角度对他们在该文中提出的资本结构无关论进行修正，形成大量的资本结构研究文献，Milton、Harris 和 Artur Raviv、Luigi Zingales、Stewart Myers 对此专门进行了回顾和总结。但我们从中发现，这些研究大多仍是围绕财务资本进行的，主要讨论财务资本经组合配置形成的不同结构对资本成本、利益冲突、财务风险以及股东财富等的影响。

然而，同样在这近40年里，社会已经从工业经济向知识经济时代迈进。这期间的重要特征之一就是企业中人力资本（包括公司经理人及其他智力资本）凸显，逐步成为与财务资本并重的关键要素。1996年经济合作与发展组织（OECD）在国际组织文件中首次正式使用基于知识的经济（Knowledge-based Economy）这个概念，这在认可知识经济时代到来的同时，也确定了人力资本的重要性。1999年和2001年，Watson Wyatt 全球人力资本咨询机构两次对加拿大、欧洲和美国750家企业的调查都表明，在人力资本高的公司，平均股东收益是人力资本低的公司的近3倍。2002年亚太区人力资本指数研究报告也显示，人力资本指数 HCI（Human Capital Index）提高1%能够使股东价值提高78.4%。遵循经济发展规律，现有以财务资本为中心的资本结构理论必然受到重大挑战。大量的实证研究已经表明，这些理论在解释咨询、高新技术等人力资本较为密集的公司时捉襟见肘。著名财务学家 Myers 和 Zingales 都认识到这一问题，并提出企业为财务资本与人力资本共同的投资组合已是企业财务理论研究刻不容缓的任务，可以说适应知识经济时代的资本结构应该既包括财务资本（主要是股权资本和债权资本）又包括人力资本。本文正是在此方面的一个尝试，以原有财务资本结构研究为基础，通过引入人力资本变量拓宽资本结构的内涵，并构造了数理模型探讨债务、股权和人力资本三者之间的相互关系和作用，得出衡量最优资本结构的新标准。

二、人力资本、财务资本和资本结构理论的再认识

人力资本开创者 Theodore W. Schultz 定义的人力资本是，体现于人身体上的知识、能力和健康。但后来越来越多的学者对这个概念作了深入的探讨，认为人力资本不同于人力资源，人力资源是指企业员工整体的劳动素质、生产技能和知识水平等，而人力资本则主要是技术创新者和职业经理人的知识、技术、创新能力和管理方法的总称，本文采纳这种观点。人力资本理论另一个重要方面是人力资本产权，这是西方人力资本理论忽视的部分，而我国一批学者从企业理论的角度进行了研究 。周其仁教授对其特性的论述最具有代表性，第一，人力资本天然归属个人；第二，人力资本的产权权利一旦受损，其相应的人力资本部分就会被关闭起来；第三，人力资本总是自发地寻求实现自我的市场。

随着人力资本重要性的凸现，企业的边界不再局限于由财务资本来决定。Rajan 和 Zingales 指出，企业是以关键资源为中心形成的专用性投资网络，随着经济实践的发展，财务资本并不总是关键资源，人力资本的重要性使得企业控制的中心从财务所有权转到对人力资本的控制和保留上。由于人力资本投资具有专用性，会产生投资不足的问题，确保人力资本在企业专用性投资网络中的合理收益，是解决投资不足的有效方式。Zingales 认为企业的边界是企业资本结构研究的基础，在资本结构理论中引入人力资本的概念虽然还相当抽象，但这在理论创新时期是正常的，而且这是今后研究工作的一个重大方向。1958 年以来，许多学者从放松 MM 理论的完全市场假设入手，通过引入税收、潜在破产成本、代理成本与信息不对称等因素，不断修正最优资本结构的判断标准，这些资本结构研究主要分为权衡理论（Trade-off Model）、激励理论（Incentive Theory）、信息不对称理论（Asymmetry Information Theory）和控制权理论（Control Theory）。需要说明的是，这些文献中虽有对经理人的涉及，但是这里的经理人主要是作为“代理人”存在的，并不具备人力资本所有者的

完全特征，故在引入人力资本概念后，某些结论可能将被修正。根据现有资本结构理论的代表性成果，债务、股权和经理人的利益关系见表3-6。

表3-6 **财务资本与经理人的利益关系**

财务资本 代表理论	债务	股权	企业价值最大化
MM理论（有公司税）	成本较低和利息节税优势	成本较高	债务达到100%时
权衡理论	债务越多，破产危机越大，代理成本越高	成本较高，可能通过代理人经理侵蚀债权人利益	随债务增加，小于100%时
激励理论	增加经理的持股比例，是一种担保机制①	资产替代效应②导致债务成本上升	最小化代理成本时，企业价值最大
信息不对称理论	债务上升传递积极信号	外部股权上升传递消极信号	根据债务比例和经理持股比例确定
控制权理论	存在限制条款或银行控制	股权分散时控制较小	经理偏好拥有控制权，影响企业价值

资料来源：张昌彩．中国融资方式研究．北京：中国财政经济出版社，1999.

① 担保机制是指如果企业不借入债务，企业就不会有破产的风险，这时经理人使企业利润最大化的积极性就不高；而借入一定的债务时，会迫使经理为避免破产和为保住在职利益而努力工作。

② 资产替代效应是指随着债务比例上升，股东将倾向于选择风险更高的项目。因为如果项目收益高，则股东获得高收益，而债权人还是获得固定收益；如果项目失败，股东损失有限，而债权人损失了提供的资金，并承担了后果。

如果将人力资本加入到财务资本结构模型中，是否会对上述利益关系产生影响呢？Priscilla Butt 和 Anjan V. Thakor 提出企业为解决人力资本专用性造成的投资不足，促进人力资本投资，途径之一是与部分雇员确定长期雇佣合约。但这种合约虽在事前是有效的，却不一定在事后有效，因为可能事后发现这些雇员是低能力的。为此企业借入债务，那么在长期合约低效时，可以通过债务的破产清算来终止这种长期合约。但雇员预计到了这一点，所以增加债务而增加的破产危机会降低雇员对人力资本的投资，这种损失可能超过债务融资带来的避税利益。Yiming Qian 提出人力资本对企业的价值贡献分为整合、转化和转化后三个时期，人力资本所有者只在第二时期具有较强的谈判力和利益分享权，为此他会尽量延长第二时期并取得收益，但债务可能对此造成威胁，所以债务与人力资本投资负相关。Guohua Yang 的研究得出同样的结论，他认为现有资本结构研究的大多是经理人的机会主义倾向，而忽视财务投资者的机会主义倾向。财务投资者可能解雇和替换经理人，经理人作为人力资本所有者将考虑对自身人力资本的投资程度，当财务投资者主要为债务的时候，人力资本投资就比较小。但总体上说，将人力资本引入资本结构的研究尚处于初期阶段，上述文献都是从债务降低人力资本投资收益回收可能性的角度进行阐述的。

三、人力资本引入资本结构研究的重要性

我们设定从债务、股权和人力资本对企业产出贡献和利益的角度进行研究，分析三者投资的可行性。模型中包括债权人、股东和人力资本所有者。假设在期初 $t=0$ 时，企业需要对项目进行融资，通过股权 E 和债务 D 融资获得财务资本共为 $K=E+D$，K 用于购买物质资料和一般劳动力。同时企业雇佣人力资本 H 所有者。该模型具有以下主要特征：

（1）财务资本具有可观测性，根据合约要求，投入的财务资本即为 K。

（2）人力资本具有不易观测性，无法通过合约确保人力资本所有者投入的人力资本为 H，设投入的人力资本为 $h\in[0, H]$，h

越大，对产出的贡献越大。

（3）设在 $t=1$ 时，企业获得产出，产出在企业的三方投资者之间进行分配，其索取权顺序依次为人力资本所有者、债权人、股权所有者。①

（4）企业与人力资本所有者签订合约，要求产出至少达到 x，支付给人力资本所有者的报酬为 $w\times x$，这是人力资本的资本特性所要求对产出的索取权，企业偿还债务 D 后，股权所有者获得 $(1-w)x-D$。

人力资本选择投资的理性过程如图 3-10 所示，具体分析为：

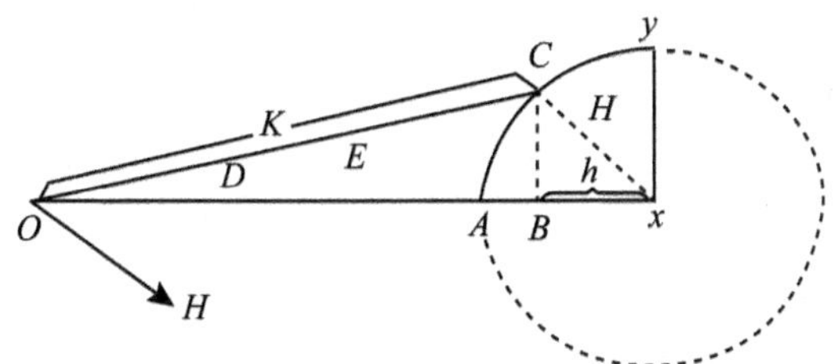

图 3-10　人力资本选择投资的理性过程

企业投入的财务资本和人力资本，要求至少获得产出 x。x 是由 K 和 H 两个矢量共同作用形成的，虽然企业其他利益相关者对 H 和 K 是否运用在产出方向进行一定的监控，但由于信息不对称和契约的不完备性，仍然不能严格要求财务资本和人力资本完全在产出 x 的方向运作。人力资本 H 作为“主动性”资本，通过和 K 的监控者对作为“消极性”资本 K 的用途加以控制的博弈，最终使 K 偏离产出 x 某个角度，并相应地决定自身人力资本真正的投入量 h（h 表现为人力资本 H 在产出 x 上的投影），只要 K 和 H 的总贡

① 企业职工、债权人和股东依次具有优先受偿权，这是有法律依据的。根据《中华人民共和国公司法》第一百九十五条规定，公司财产能够清偿公司债务的，分别支付清算费用、职工工资和劳动保险费用，缴纳所欠税款，清偿公司债务。公司财产按前款规定清偿后的剩余财产，有限责任公司按照股东的出资比例分配，股份有限公司按照股东持有的股份比例分配。

献能得到产出 x 即可。如图 3-10 所示，Ox 代表产出及其方向，K 和 H 并不在 Ox 方向运作。当 $K=OC$ 时，人力资本进行操作，使 K 的端点 C 落在以 x 为圆心、H 为半径的圆周上，则 H 以 Cx 的方向运作，使其合力构成 ΔOCx，得到产出 x。这时图中 K 和 H 分别以 $\angle xOC$ 和 $\angle xOH$ 偏离产出 x 方向。H 在 Ox 上的投影 Bx 代表人力资本对产出的贡献，K 在 Ox 轴上的投影 OB 代表 K 对产出 x 的贡献。由此不难看出，如果监控程度一定，当 K 增加，其在 Ox 上的投影就会增加，这时人力资本的贡献就可以减少，需要投入到产出的人力资本 h 也就可以减少。即人力资本所有者会根据 K 的量和其用途受到的限制情况，用财务资本代替人力资本，当财务资本较多的时候，为达到产出 x 所需要的人力资本投入就会低一些。当财务资本 $K=OA$ 时，为达到产出 x，人力资本所有者投入完全的人力资本 H；当 $K>OA$ 时，财务资本的运作可能偏离产出方向，人力资本的投入就不完全，即 $h<H$；当 $K=Oy$ 时，人力资本所有者就不会投入人力资本，而是以企业的一般劳动者形式工作。由此可见，企业投入的财务资本与人力资本之间有一个量的比例关系，如果财务资本投入过多，其使用方向就会偏离产出方向，并且不利于激励具有创造力的并有更大产出率的人力资本的充分发挥。所以在适当估计人力资本的情况下，投入适当的财务资本才是最恰当的。

将财务资本 K 分为债务 D 和股权 E 两种，其比例与人力资本 H 的关系作进一步解释：由于财务资本和人力资本所有者都具有经济理性人的机会主义倾向，即一旦出现更有利的行为，就会采取行动来获取更高利益。在项目过程中的主要表现就是，财务资本和人力资本所有者会试探性地完成项目的第一阶段，并根据 $t = 1$ 时的收益和 $t = 2$ 收益的预期，对项目是否继续进行抉择。由于项目需要专用性人力资本才能继续下去，以下将重点分析资本结构对人力资本是否继续投入的影响，进而得出项目持续进行对资本结构决策的要求。

(一) 人力资本后续投入的必要条件

假设在 $t = 1$ 时期，项目获得的预期回报价值为 x，$x =$

$x(h, K)+u$，u 代表其他因素对产出的随机影响。首先，根据规模效应和边际递减效应，有 $x'_h>0$，$x''_h<0$，即人力资本的产出随人力资本的增加而增加，但增加的速度越来越慢；其次，人力资本所有者投入人力资本是有成本的，设为 $C=C(h)$，由于成本递增原理，人力资本投入越大，成本越大，而且人力资本一般具有专用性，投入越多专用性就越强，人力资本所有者更换工作的风险越大，故人力资本的成本函数有 $C'_h>0$，$C''_h>0$，即人力资本的成本随着人力资本投入的增加而增加，而且增加的速度越来越快。根据以上特征，我们得出 $W=a+bx$ 和 $C=C(h)$ 的曲线图，如图 3-11 所示。

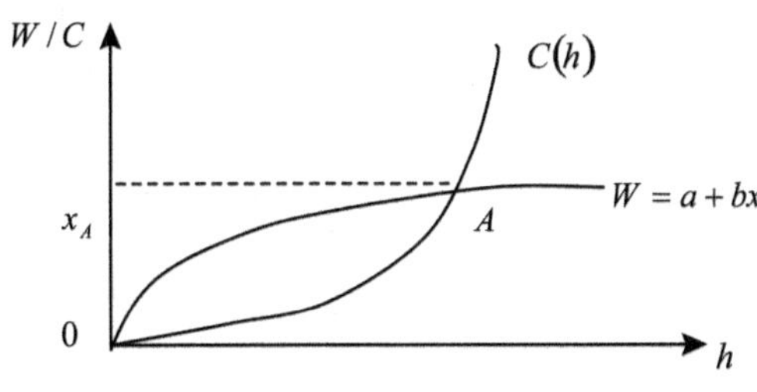

图 3-11　人力资本的成本收益

图 3-11 中，W 和 C 相交于 A 点，若要人力资本继续投入，则必须有 $W=a+bx$ 大于 $C=C(h)$，即有

$$x \leqslant x_A \tag{3.71}$$

同时，财务资本结构所有者的收益也需要得到满足。这包括清偿完债务后，股权 E 即 $K-D$ 部分，至少获得利润率 r，否则股东会寻找另外的项目投资机会。其数学表达式为：

$$x+s-[a+b(x+s)] \geqslant D \tag{3.72}$$

$$x+s-D-[a+b(x+s)] \geqslant r(K-D) \tag{3.73}$$

综合上述两式，表明满足人力资本继续投入的条件必然满足：

$$x \geqslant \left(\frac{r(K-D)+D+a}{1-b}-s\right) \tag{3.74}$$

但是，当 K 一定，而债务融资 D 过多的时候，就有：

$$x_A \leqslant \left(\frac{r(K - D) + D + a}{1 - b} - s\right) \quad (3.75)$$

比较式（3.71）、式（3.74）和式（3.75），显然，当债务融资 D 过多的时候，一旦式（3.75）成立，x 就不能同时满足式（3.71）和式（3.74），则此时人力资本将不会继续投入，项目必将不能满足条件继续下去。也就是债务比率过高，会导致股权所有者和人力资本所有者的利益不能同时得到满足，从而企业生产难以具有持续性。

（二）人力资本后续投入的充分条件

在 $t \in (0,1)$ 时期，由于人力资本在生产中积累了自己的专有知识和技能，在 $t \in (1,2)$ 时期，人力资本所有者将具有更高的技术优势，从而拥有更多的谈判权。此时，理性的人力资本所有者就不会满足于报酬仅增加 s 的 b 份额，即 $b \times s$，而会利用谈判权要求利益份额增加 Δb。同时，债权人和股东也愿意和人力资本所有者对 Δb 进行谈判，因为一方面根据法规不能强制人力资本所有者增加人力资本投入，所以只能通过谈判，增加人力资本所有者的报酬 $\Delta b \times s$ 来激励其继续努力工作；另一方面，人力资本在 $t \in (0,1)$ 时期积累了经验，将比雇佣新的人力资本带来更高的产出，进而债权人收回贷款的风险减少，股东可分配的利润增加，即财务资本所有者的利益也会增加。人力资本所有者和财务资本所有者对 Δb 的谈判结果受三者谈判力量影响，假设人力资本所有者、股东和债权人的谈判力量指数分别为 θ，λ，ε。

根据控制权理论，一般情况下的债权人不参加企业经营决策，即 $\varepsilon = 0$，此时谈判在人力资本所有者和股东之间进行，设谈判结果从 b 增长到 b_1，谈判纳什子博弈均衡要求：

$$\max\ (b_1(x + S) - b(x))^{\theta}\ [s - (b_1(x + s) - b(x))]^{\lambda} \quad (3.76)$$

对 b_1 进行一阶求导，得出：

$$b_1(x + S) = b(x) + \frac{\theta \times s}{(\theta + \lambda)} \quad (3.77)$$

当债权人的债权达到一定量和集中度的时候，就会对企业有一定的控制权，即 $\varepsilon \neq 0$，此时债权人要求债务 D 的新价值为 D_2，这时谈判结果从 w 增长到 w_2。则谈判纳什子博弈均衡要求：

$$\max\ (b_2(x+s)-b(x))^{\theta}[s-(b_2(x+S)-b(x))-(D_2-D)]^{\lambda}(D_2-D)^{\varepsilon} \tag{3.78}$$

对 b_2 求一阶偏导，得出

$$b_2(x+S)=b(x)+\frac{\theta\times s}{(\varepsilon+\theta+\lambda)} \tag{3.79}$$

比较式（3.77）和式（3.79），我们得出 $b_1 > b_2$，即当债务达到一定量时，债权人对企业经营决策有一定的控制权，此时人力资本所有者的利益索取权会减少。而且融入债务越多，债权人的谈判力量 ε 越大，人力资本的利益份额就越小，人力资本的激励就越小。另外，在存在债务的时候，由于破产风险增加，财务资本所有者会以此作为谈判筹码，要求占有更多的收益份额。所以，为鼓励人力资本所有者增加人力资本投入，进而增加企业产出，在融入财务资本的时候应该更多的考虑股权方式。

四、对我国上市公司资本结构的实际意义

上述理论分析说明，如果将人力资本引入到资本结构中，首先应要求财务资本与人力资本的比例适当，其次是债务对人力资本投资存在负面影响，在决策债务、股权和人力资本的结构比例时应该考虑这一点。从本章文献总结可以看出，在财务资本结构理论中债务的优势是明显的，例如债务具有低成本、节税、激励和传递积极信号的作用。正是如此，Myers 和 Majluf 经典的顺序理论（Pecking-order Theory）才得出企业债务融资优于股权融资的结论。而我们在引入人力资本后，这个结论就未必成立：一是如前文分析，债务增加时，人力资本所有者利益索取权会减少，激励人力资本增加投资的利益诱因减少，企业产出就难以增加；二是如 Priscilla Butt 和 Anjan V. Thakor 的研究结论，债务增加会通过增加破产风险而降低人力资本投资；三是如控制权理论所描述的，债务增加产生债务的限制条款，这与经理人对控制权的偏好相冲突，也

会降低经理这一主要人力资本所有者的人力资本投资。对债务融资带来这样的三点影响，我们称为人力资本投资不足的机会成本。在权衡理论（Trade-off Theory）的基础上，我们认为债务增加，不但导致破产危机成本和代理成本增加，也导致人力资本投资不足的机会成本增加，如图 3-12 所示。

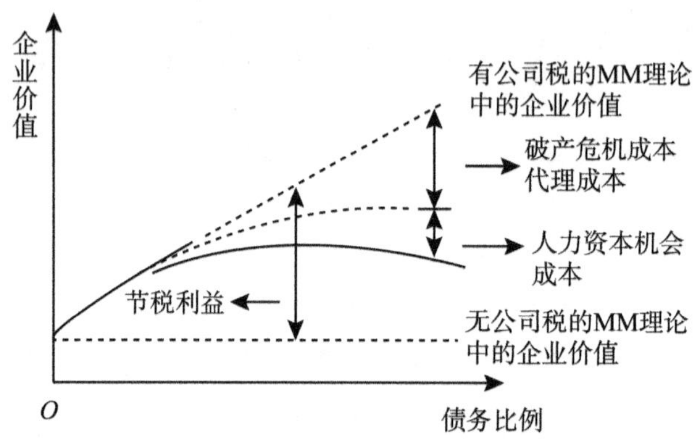

图 3-12　债务增加对企业价值的影响

在我国，资本结构问题引起了广泛关注，因为人们认识到资本结构是影响上市公司经营绩效的重要因素，它不仅关系到上市公司融资成本和风险，还体现了公司治理主体的权利基础，并在一定程度上决定着公司治理模式的选择和公司治理的有效性。我国许多学者参照西方一些较成熟的财务资本结构理论，结合我国具体情况进行了一系列的实证检验和原因阐述。但在对我国上市公司总体负债率水平的研究上，不同的学者提出不同的观点，有的认为我国上市公司，尤其是国有上市公司的债务偏高，如陆正飞、忻文、谢德仁等，理由主要有三，一是债务偿还能力差，二是债务资金效率低，三是隐性债务问题；有的认为我国上市公司债务偏低，如陈晓、单鑫、施东晖，理由主要也有三，一是债务破产成本尚未威胁到企业的永续经营，二是上市公司过于偏重股权融资，三是债务比率低于其他国家水平。

根据对现有财务资本结构效应的实证研究结果，陈小悦、岑成德发现我国股市收益（R）与债务/权益比率（DER）成显著负相关；陆正飞、施东晖、于东智等发现我国上市公司呈现负债率与盈利能力负相关的特征。我们的理论可以部分解释这种负相关关系，即在加入人力资本因素后，债务增加会导致人力资本投资不足问题，企业业绩就难以提高。这论证了债务通过人力资本对企业价值产生的负面影响，其重要意义就是，为合理促进上市公司的人力资本投资和持续发展，增强上市公司的竞争力，债务融资就不能太高。所以在考虑人力资本因素后，我们认为我国上市公司的负债比率并不低。首先，考虑到各国会计处理方式的差异，以上负债比率相较于以证券市场融资为主的英美模式要低，而相较于以银行融资为主的德日模式要高，所以从国际比较得出负债率或高或低缺乏足够的说服力。其次，据中国人民银行统计，2002 年我国非金融公司部门贷款、公司债和股票融资的比重为 79.4：1.3：4，即债务与股权比例几乎是 80.7：4，如此悬殊的比例使得债务超规模，债务对人力资本的风险压力大于其激励作用，提高股权融资比例是必要的。再次，我国存在债务软约束的问题，这种情况下债务的实际破产成本难以得到如实反映，而随着金融改革和市场化的深入，债务约束硬化，破产成本势必增加，这必将影响公司人力资本的投入，造成公司价值难以提高。还需要注意的是，由于我国资本市场的特殊性，上市公司一般是不会放弃股权融资的机会，而与此同时，如果建议上市公司增加债务融资，财务资金就会相对过剩，上市公司募集资金后无法落实投资项目，致使资金严重偏离项目产出方向。例如，根据中国证券网的数据，1997 年底上市公司股东权益比上年增长了 36.66%，负债增长了 10.6%，其中就有一部分上市公司用相当一部分发行新股和配股所募集的资金偿还了债务。据对 1998 年上市公司的调查分析，有 27 家经营状况较好的上市公司平均净利润率高达 24.1%，而其资产负债率却低于 10%，有的上市公司公开宣称“不缺钱花”，不必再向银行借款。2001 年在证券市场上涉及委托理财的上市公司达 172 家，金额累计为 216.65 亿元，据不完全统计，2001 年上市公司募集资金 3400 多亿元，但真正投到项目上的却不到10%。剔除金融类公司后，A 股公司整体资产负债率在 2015 年期末为 60.11%，2015 年中期末为 60.56%，2014 年底为 60.66%。2014 年底以来，非金融上市公司的资产负债率呈逐步下降态势，但 2016 年上半年期末略有回升。从负债结构看，流动负债在全部负债中的比率上半年末为 68.81%，2015 年底为 70.09%，2015 年中期为 70.36%，2014 年底为 70.80%。流动负债比重在逐步下降。主板公司资产负债率最高，上半年为 64.77%，而创业板公司资产负债率仅为 35.28%，中小板居中，为 49.85%。资产负债率最低的 5 个行业分别为食品饮料、传媒、计算机、医药生物、农林牧渔，依次为 33.14%、37.75%、37.80%、41.74%、42.17%。其中，食品饮料行业中期的资产负债率仅为 33.14%，为各行业中最低。实际上近几年该行业一直在 33%的水平。上述现象可以说明企业上市后，似乎已经达到“过量”的财务资金，而如果再要求其提高债务比例只会致使资金进一步过量，无疑会降低其使用效率。从这一点看，也不宜提议上市公司增加债务融资比例。

五、促进我国上市公司人力资本投资的措施

分析结果表明，考虑人力资本因素对判断我国上市公司融资行为和资本结构的优化标准提供了新的标准。为从资本结构上支持上市公司的人力资本投资，我们必须做出具体的制度安排，措施如下。

（一）规范上市公司融资行为

从理论上讲，上市公司的融资行为应该受市场规律的规范，即债务融资需要还本付息，股权融资受再融资条件的约束，只有对任何资本支付了其真实的社会成本，融资行为才可能有效率。但是在我国，上市公司从整体上出现资金过剩局面，从我们的理论分析可以看出，这不仅不利于激励公司人力资本所有者能力的发挥，而且导致资金运用效率低下，资金对产出方向的偏离可能性和偏离角度也较大。要改变这种局面，规范公司融资行为就需要从债务和股权

融资的市场化入手。从债务讲，一是要加强银行对公司的信贷约束，减少政府对银行信贷计划的干预，使银行信贷从“软约束”趋于“硬约束”；二是发展企业债券市场，企业债券表现为民间债权债务关系，约束力自然强于银行，市场化程度也较高，是提高债权融资的有效机制；三是完善破产机制，使经营不善的公司退出市场。从股权讲，主要是由于我国大多上市公司中国有股和法人股占控股地位，这样广大投资者对于上市公司筹集资金之后的使用情况难以了解和控制，对于上市公司的融资行为也就难以约束，所以通过适当的方式减持国有股势在必行，现在这方面的改革已取得了初步成果。另外从企业债券、股票等金融市场的建设来看，加强信息披露机制、建立风险和信用评级机构、培育和发展理性的机构投资者等，对强化上市公司的融资成本意识，加强对融入资金在上市公司中运用方面的监督，约束其“过度圈钱”的倾向和冲动也是必要的。

（二）完善公司治理结构

公司治理结构与资本结构的关系密切，以往在财务资本结构的基础上，治理结构主要是解决财务资本所有权与经营权分离条件下的委托-代理问题，通过建立一套既分权又能相互制衡的制度来降低代理成本和代理风险，防止经营者对财务所有者利益的背离，从而达到保护财务所有者的目标。然而随着人力资本成为企业价值的重要源泉，资本结构的内涵扩大到财务资本与人力资本的综合概念。相应地，治理结构的目标就扩展到均衡保护财务所有者和人力资本所有者的利益，并需要根据股东、债权人和人力资本的谈判力量 λ、ε 和 θ，设计治理结构制衡的重点。而我国上市公司治理中存在的问题是国有大股东虚置，广大中小投资者股权分散，缺乏监管动力，这导致内部人控制现象严重，董事会、监事会无法发挥应有的作用。反映在资本结构上就是 λ 较小，而对于作为非内部人的人力资本所有者 θ 更小，几乎为零，故没有动力增加人力资本投资；对于作为内部人的人力资本所有者 θ 虽然极大，几乎能获得增加产出的全部收益，但其可以不增加人力资本投入，而是通过

“内部控制”也能获得等量收入，所以也不会选择增加人力资本投资。然而，为确保人力资本投入，增加公司价值，就需要改善治理结构，关键在于解决股权结构问题，这不仅包括减持国有股、培育机构投资者，还包括将各种人力资本所有者的人力资本折价入股，让其拥有一定的企业经营决策权。另外，加强独立董事制度，发挥董事会、监事会和独立董事的作用，严防独立董事不独立，这也是控制上市公司内部人控制现象的一种方式。

（三）促进人力资本市场的建设

如果人力资本市场不完善，一定程度上就加大了人力资本投资的专用性风险。人力资本市场为人力资本的投资、定价和确保一定的谈判力量 θ 提供了制度基础。而人力资本市场的基础就是要确保供求机制、价格机制、竞争机制、信息机制和调控机制的有效性，这主要包括：①界定人力资本产权，使人力资本所有者拥有人力资本所有权，以及相应的处置权和收益权，为人力资本投资主体的多元化和市场供求主体的独立化提供前提。②构建人力资本的市场化定价，目前对人力资本定价的研究主要有收益法和成本法，但由于人力资本的不易观察性和产权的私有性，准确度量人力资本的价值十分困难，度量成本也非常昂贵。而通过市场来为人力资本定价，可以说是成本最小和最有效的方式。③促进人力资本的竞争，这表现为人力资本存量越高，则谈判力量 θ 越大，所有者收益越高，反之亦然。在这样的条件下，市场运行不仅可以实现“帕累托最优”的人力资本配置，而且对人力资本形成一种潜在的压力和自我激励约束力，因而会促使人力资本尽可能地投资于生产并重视对自身的维持和提高。④建立人力资本需求信息中心，信息不对称将导致人力资本配置低效和盲目，充分利用远程通信、网络技术，建立人力资本信息网络，无论对社会、企业还是个人，都具有非常重要的现实意义。⑤健全人力资本市场的政府宏观调控。要健全人力资本市场的政策法规体系，综合运用经济和法律手段，对人力资本市场实行必要的调控和监管，避免市场失灵，为人力资本市场运行营造良好的外部环境。

◎ 参考文献

1. Ross S. A. The Economic Theory of Agency: the Principle's Problem. American Economic Review, 1973, 63 (2): 134-139.
2. L. Zingales. In Search of New Foundations. The Journal of Finance, 2000, 55 (4): 1623-1653.
3. Aghion P., Bolton P. An Incomplete Approach to Financial Contracting. Review of Economic Studies, 1992, 59 (3): 473-494.
4. Alpha C. Chiang. Elements of Dynamic Optimization. New York: McGraw-Hill, 1992.
5. Alpha C. Chiang. Fundamental Methods of Mathematical Economics. New York: McGraw-Hill, 1984.
6. Andrei Shleifer. Inefficient Markets: An Introduction to Behavioral Finance. New York: Oxford University Press, 2000.
7. Ariel Rubinstein. Modeling Bounded Rationality. Cambridge: The MIT Press, 1998.
8. Cornelli, Yosha. Stage Financial and the Role of Convertible Securities. Review of Economic Studies, 2003, 70 (1): 1-32.
9. David J. Denis. Entrepreneurial Finance: An Overview of the Issues and Evidence. Journal of Corporate Finance, 2004, 10 (2): 301-326.
10. Douglas Gale. Strategic Foundations of General Equilibrium-Dynamic Matching and Bargaining Games. Cambridge: Cambridge University Press, 2000.
11. Drew Fudenberg, David K. Levine. The Theory of Learning in Games. Cambridge: The MIT Press, 1998.
12. Drew Fudenberg, Jean Tirole. Game Theory. Cambridge: The MIT Press, 1991.
13. Gilson, Schizer. Understanding Venture Capital Structure: A Tax Explanation for Convertible Preferred Stock. Harvard Law Review,

2003，116（3）：874-916.

14. Guohua Yang. Human Capital, Incomplete Information and Corporate Financing: Theory and Evidence. working paper, 2003: 74.
15. Harris, M., Raviv, A. The Theory of Capital Structure. Journal of Finance, 1991 (49): 297-355.
16. Hellmann. IPOs, Acquisitions and the Use of Convertible Securities in Venture Capital. Journal of Financial Economic, 2006, 81 (3): 649-679.
17. Jensen M. and Meckling W. Theory of the Firm: Managerial Behavior, Agency Costs and Ownership Structure. Journal of Financial Economics, 1976 (3): 305-360.
18. Joachim Goldberg, Rüdiger von Nitzsch. Behavioral Finance. New York: John Wiley & Sons Ltd, 2001.
19. Jorgen W. Weibull. Evolutionary Game Theory. Cambridge: The MIT Press, 1995.
20. S. N. Kaplan, Per Stromberg. Financial Contracting Theory Meets the Real World: An Empirical Analysis of Venture Capital Contracts. Review of Economics Studies, 2000, 70 (2): 281-315.
21. Milton Harris, Bengt Holmström. A Theory of Wage Dynamics. Review of Economic Studies, 1982, 49 (3): 315-33.
22. Modigliani F., Miller M. H. The Cost of Capital, Corporation Finance and the Theory of Investment. American Economic Review, 1958, 48 (3): 261-297.
23. Morton I. Kamien, Nancy L. Schwartz. Dynamic Optimization: the Calculus of Variations and Optimal Control in Economics and Management. American Journal of Agricultural Economics, 1981, 31 (12): 1252-1257.
24. Myers S. C., Majluf N. S. Corporate financing and investment decisions when firms have information that investors do not have.

Journal of Financial Economics, 1984 (13): 187-221.

25. Myers, Stewar. Capital Structure. Journal of Economic Perspectives, 2001 (15): 81-102.

26. Myers, Stewar. Fundamentals of Corporate Finance. New York: McGraw-Hill. 1999.

27. Nancy L. Stokey, Robert E. Lucas, Jr. Recursive Methods in Economic Dynamics. Cambridge: Harvard University Press, 1989.

28. Priscilla Butt, Anjan V. Thakor. Firm-specific Human Capital and Optimal Capital Structure. International Economic Review. 1994, (35): 283-308.

29. Rajan, R. , L. Zingales. Power in A Theory of The Firm. Quarterly Journal of Economics, 1999, 113 (2): 387-432.

30. Robert B. Ash. Real Analysis and Probability. Salt Lake City: Academic Press, 1972.

31. Robert Gibbons. Game Theory for Applied Economists. New York: Princeton University Press, 1992.

32. Ross S. A. The Determination of Financial Structure: The Incentive Signaling Approach. Bell Journal of Economics, 1977, 8 (1): 23-40.

33. Schmidt. Convertible Securities and Venture Capital Finance. Cesifo Working Paper, 2003, 58 (3): 1139-1166.

34. Schultz, Theodore W. Investment in Human Capital. The American Economic Review, 1961: 1-17.

35. Yiming Qian. Human-Capital Intensive Firms: Incentives and Capital Structure. working paper. 2001.

36. Zingales. Luigi. In Search of New Foundations. The Journal of Finance, 2000: 1623-1653.

37. Zvi Bodie and Robert C. Merton. Finance. Prentice-Hall, Inc, 2000.

38. 岑成德．深市上市公司的资产负债率与业绩关系初探．特区经济，1998 (9).

39. 陈小悦．上海股市的收益与资本结构关系的实证研究．北京大学学报，1995（1）．
40. 陈晓、单鑫．债务融资是否会增加上市企业的融资成本．经济研究，1999（9）．
41. 黄乾，李建民．人力资本、企业性质与企业所有权安排．经济学家，2001（6）．
42. 李义超．中国上市公司资本结构研究，北京：社会科学出版社，2003．
43. 陆正飞．企业适度负债的理论分析与实证研究．经济研究，1996（2）．
44. 沈艺峰．资本结构理论史．北京：经济科学出版社，1999．
45. 施东晖．上市公司资本结构与融资行为实证研究．证券市场导报，2000（7）．
46. 吴晓求．中国上市公司：资本结构与公司治理．北京：中国人民大学出版社，2003．
47. 谢德仁．国有企业负债率悖论：提出与解读．经济研究，1999（9）．
48. 忻文．国有企业的资本结构分析．经济研究，1997（8）．
49. 姚丽根，马丽娜．人力资本与资本结构优化研究．社会科学论坛，2005（5）．
50. 于东智．股权结构、治理效率与公司业绩．中国工业经济，2001（5）．
51. 张昌彩．中国融资方式研究．北京：中国财政经济出版社，1999．
52. 中国诚信证券评估有限公司，中诚信国际信用评级有限责任公司．中国上市公司基本分析．北京：中国财政经济出版社，2002．
53. 周其仁．市场里的企业：一个人力资本与非人力资本的特别合约．经济研究，1996，（6）．
54. 张娟．人力资本、财务资本与资本结构：理论与实证．经济管理，2006（16）．

第四章　公司治理结构对管理者行为影响分析

第一节　公司治理结构的定义及理论依据

一、公司治理结构的基本含义

公司制是现代企业制度的一种有效组织形式，公司治理结构（Structure of Corporate Governace）是公司制的核心。公司治理结构产生的前提是公司制的诞生，导致所有权和经营权的分离，由此产生的委托代理问题。在此委托-代理关系下，权利诸方面的权能主体出现了多元化，形成了所有者、支配者、管理者之间的目标、动因、利益、权力、责任差异，相应地产生了所有权、法人产权、管理权的矛盾，因而要求相应的治理结构来衔接并规范各方面的利益主体。

关于公司治理结构的准确定义目前还无法得到，但是我们能够从其涉及的不同角度对其进行分类。

威廉姆森从交易成本经济学的角度对治理结构做出了定义，他认为治理结构就是合同关系的完整性和可靠性得到完整体现的框架。现代企业理论对企业所做出的定义就是一系列契约（合同）的有机组合。治理结构就是对这些有机的合同做出完整准确地表达。

英国的《公司法》把公司治理制度描述为由董事、股东、审计员三方构成的制度。柯林·梅耶认为公司治理结构是指公司对代表和服务于它的投资者利益的一种组织安排。吴敬琏在《现代公司与企业改革》中指出："所谓的公司治理结构是指由所有者、董事会和高级管理人员三者组成的一种组织结构"。钱颖一认为：在经济学家看来，公司治理结构是一套制度安排，用以支配若干在企业中有重大利害关系的团体（投资者，经理人，职工）之间的关系，并从这种联盟中实现经济利益。上述三者的论述，只涉及了公司治理结构的一部分，其表现的是狭义的公司治理结构理论。张维迎就指出，狭义的公司治理结构是指有关董事会的功能结构、股东的权利等方面的制度安排。

从广义的角度对公司治理结构下定义的经济学家也很多。科克伦和沃特克就指出，公司治理问题包括高级管理阶层、股东、董事会和公司其他的相关利益人的相互作用中产生的具体问题。李普顿（Lipton）等人认为，在当代社会中，公司治理结构应看成是一种手段，用来协调公司组成成员即股东、管理部门、雇员、顾客、供应商及包括公众在内的其他利益相关者之间的关系和利益。希克（Sheikh）等人也认为，公司治理结构应看成是公司与公司组成人员的一种"社会合约"，从道义上使公司及董事有义务考虑其他"利益相关者"的利益。可见，广义的公司治理结构还包括公司的破产、接管、产品市场、资本市场等。布莱尔（Blair，1995）就认为，公司治理问题应该是广义的，它是规定公司的目标、控制方式以及平衡风险和收益的一种法律、文化和制度安排的有机整合，而不仅仅是有关董事会的权力和结构以及股东的作用等问题。

总结以上广义和狭义的定义，可以概括成两个方面：一是指公司组织制度和管理制度安排，也就是如何有效地在公司利益相关者之间分配剩余控制权和索取权，以达到相互制衡。二是指如何通过外部市场的有效约束来规范公司的行为。

二、公司治理结构的理论基础

自 20 世纪 30 年代美国学者提出公司治理结构的概念以来，众多的学者从不同角度对公司治理结构进行了研究，形成了丰富多样的公司治理结构理论。其中最具经典意义的是产权理论、代理人理论、超产权理论、利益相关者理论，这四者之间又紧密联系，相互补充，构成了公司治理结构的主要理论框架。

（一）产权理论

产权理论主要是从古典的资本主义企业模式引申而来的。认为私有产权是有效率的产权，私人具有经济理性，为了自身的经济利益，私人所有者会直接监督生产者。因此，产权理论认为所有者和经营者合二为一的古典资本主义企业模式是有效率的，但是这种企业治理结构只是一种理想状态。在此基础上，产权学派对公司治理结构作了更深入的理论研究。认为所有权规定了公司的边界，是控制公司的权力基础，这些权力包括提名和选举股东为董事的权力；要求董事就企业资源的配置做出决策并给予解释的权力；任命独立审计师检验账公司账务的准确性及对董事的报告和账目提出质疑的权力等。

传统产权理论认为，私有企业的产权人享有剩余利润占有权，由此产权人会不断地提高企业的效益。产权的安排就是公司治理结构的一个外在表现。治权是产权的延伸，产权的相对集中可以形成集中的治权，提高公司治理效果，同时降低治理成本，由此形成了内治型的公司治理结构。

（二）代理人理论

代理人理论的基本思想是：代理人是自利的经济人，具有不同于公司所有者的目标函数，具有机会主义的行为倾向。所以，公司治理结构的中心问题就是解决代理问题即如何使代理人维护委托人的利益问题，具体来说，就是如何建立起有效的激励约束机制，促使经营者为所有者的利益最大化服务。

委托代理理论重点研究了如下几个问题：什么是代理问题，代理问题在公司治理结构中的核心地位，代理问题产生的原因，代理成本的内容，对代理人激励约束机制的设计等。

（1）什么是委托代理关系？

委托代理关系是代理关系中的一种，我国《民法通则》第六十四条第一款规定：代理关系包括委托代理，法定代理和指定代理三种。委托代理所具有的法律特征有三个：代理人在委托人的授权范围内行使代理权，实施代理行为；委托人的利益依赖于代理人的行为；代理人以委托人的名义实施行为，但其行为的法律后果要由委托人承担。但是现代公司的委托代理关系除此之外还有其自身的特点。一方面，法律上的委托代理关系是不考虑代理成本的，代理人完全从被代理人的角度来考虑问题，能够完全为维护被代理人利益而行动，不存在任何有损被代理人利益的动机。另一方面，代理人要求以被代理人的名义实施行为，但在公司治理中，公司经理并非以股东名义而是以法人名义实施行为。此外，被代理人对代理行为承担民事责任，而股东只承担有限责任，而且是间接的，所有责任是由公司法人直接承担。

（2）代理问题的重要性及其产生的原因。

所谓代理问题就是如何使自身具有独立利益的代理人来最大限度地维护委托人利益的问题，这是公司治理结构所要解决的中心问题。对于代理问题产生的原因，许多学者如哈特、阿罗、张维迎等人从多个角度进行了精辟的分析。哈特认为产生代理问题的主要原因有两个：信息不对称和契约不完备。信息不对称是指在代理关系中，委托人能了解的有关代理人的信息（如代理人的才能，努力程度等）是有限的，而代理人则掌握着信息优势，因此，代理人为了自己的利益会想方设法在达成契约前利用信息优势诱使委托人签订对自己有利的合约，或者在达成契约以后利用信息优势不履约或者不努力工作，从而损害委托人的利益。契约的不完备是指委托人与代理人之间签订的代理合同不可能穷尽一切可能发生的事件。在阿罗看来，当不确定性和信息不对称同时存在时，代理问题就出现了。首先，由于不确定性，利润产出受多种不能人为控制的客观因素的影响，不能明确指明经营者实际的努力水平；其次，再加上信息的不对称，经营者的努力水平只有经营者自己清楚，所有者无法直接观察。这时，代理人就有可能利用环境为自己的经营不善找借口或者利用信息不对称来隐瞒自己的偷懒行为等。张维迎的契约理论对代理问题有自己独特的见解，他认为股份公司是能力和财富的合作体，这种合作体有可能出现以下几个代理问题：由于观察的不完全性以及企业家能力的现实需要一段时间，资本家在选择经理时不可避免地会犯一些错误；由于经理活动的重要性和不易监督性，对其的激励就成为一个非常重要的问题；当资本家是外部成员时，资本最容易被滥用；当企业股份非常分散时，资本家的动力又成为问题，因为监督的成本由个人承担而监督的收益却归所有相关者分享，所以应当有一种机制来解决资本家之间的搭便车问题。

（3）代理成本的内容。

普拉特和茨考塞对代理成本下了一个较经典的定义："我们不能期望任何工商企业或经济组织的运作与在所有信息都可免费分享或委托人与代理人之间的激励可无成本地实施时的运用一样有效。这种缺陷有时就称作代理损失或代理成本，在构造代理关系时的挑战就在于代理成本最大化。用经济学的语言来说就是，既然最优结果只能在无成本信息流的非现实世界中才能取得，那么，我们所能尽力而为的目标就必须是争取我们有时所说的次优解的东西。"金森和麦克林的研究将委托人的代理成本进行了细分，并拓宽了代理成本的外延，认为代理成本还应包括代理人为取得委托人的信任或为其行为给委托人造成的损失进行补偿而支付的担保支出，即保证支出。我们认为，如果只站在委托人的角度来看待代理成本，那么，代理成本就应该包括委托人的监督支出和剩余损失（而不包括代理人的保证支出）。同时，委托人的监督支出应该是一个广义的概念，这样，金森和麦克林的委托人监督支出就应该包括对代理人的考察费用和激励约束费用。而所谓的剩余损失，就是在委托人监督不了而代理人又不能自律的情况下，或者在委托人的激励约束不足以抵消某种利益诱惑时，代理人的行为给委托人造成的损失（如代理人的在职消费，采购回扣等）。

（4）对代理人的激励约束和公司治理结构。

如前文所述，代理问题就是如何使自身具有独立利益的代理人最大限度地维护委托人利益的问题，这是公司治理结构所有解决的核心问题。对于如何设计激励约束机制，有两种不同的观点，一种观点认为，应主要依赖于企业内部激励约束机制的设计，持这一观点的代表性人物有豪姆斯特隆（Bengt R. Holmstrom）、克拉克

(Clard)、泰罗勒（Tirole)、雷纳（Radner）等；另一派观点则认为，主要凭借市场机制就可以解决代理问题，持这一观点的代表性人物主要有德姆塞斯（Demsetz)、法马（Fama)、哈特（Hart)、斯克勒（Scherer）等。

事实上，在现实的企业运行中，这两类机制是结合使用的。企业资本所有者除了“用手投票”（如股东大会选举董事，董事会任免总经理等）之外，还可以“用脚投票”（如在资本市场上抛售股票)。在“用手投票”的作用不明显或力度不够时，不能说所有权就不起作用了，我们还要看到“用脚投票”的作用。而且“手”能起作用，往往正是“脚”起作用的结果——正是因为大家对公司经理的经营业绩不满足从而抛售股票，股价大跌，才产生了许多用“手”解雇总经理的事实。

具体来说，解决代理问题的企业内部激励机制包括经营者收入年薪制、经营者股票期权制。企业内部约束机制包括监事会对董事，董事会对经理的监督约束、经营者风险抵押金等；解决代理问题的市场约束机制包括：资本市场的约束（如收购，接管)、经理市场的约束（经理市场的竞争同时存在于企业内部和外部，当经理业绩不良时，现职经理有可能被内部或外部的优秀人员所替代)、产品市场（产品的竞争力在很大程度上反映经理的业绩，并进而对其产生约束)。

（三）超产权理论

超产权理论是在产权理论基础上的引申和完善。在充分肯定产权理论的基础上引入了竞争的因素。产权论只阐明了产权或利润激励与企业效益之间的关系，而超产权论不但概括了这一关系，同时还发展了竞争激励和企业治理机制与效益之间的关系。产权论在考虑竞争因素后，认为企业的治理机制与产权归属在长期的竞争均衡中是可以分离的。超产权论认为，要使企业改善自身治理机制，基本动力是引入竞争，而变动产权只是改变机制的一种手段。约瑟夫·斯蒂格利茨就认为，竞争是公司治理结构的重要组成部分，如果没有竞争，无效运用资源的寻租现象就会盛行。他在比较竞争和私有化时指出，如果竞争和私有化能够两全的话，当然应该努力求其两全；如果只能选择其一，中国和俄罗斯的发展经历证明了竞争比私有化，尤其是假私有化更重要。马丁（Martin）和帕克（Parker）在对英国各类企业私有化的经营成效作了综合广泛的比较后指出：在竞争比较充分的市场上，企业私有化的平均效益改善不明显。这就有力地驳斥了产权论的不足，特别是一些国有企业的改革成功，产权论是无法给予满意的解释的，而超产权论就可以做出充分有力的说明。

（四）利益相关者理论

在委托代理理论里，公司天生就归出资人所有，这就排斥了公司其他利益相关者担当委托人的资格。而利益相关者理论认为，公司是各种投入的组合，股东仅仅是资本的提供者，除此之外，供应商、贷款人、顾客，特别是公司职工对企业都做出了特殊的投资，企业经营好坏与否对他们的影响与对股东的影响一样，他们也应该享有公司的治理权。在这一点上，利益相关者理论弥补了委托代理理论关于委托人主体资格仅限于股东的缺陷，完善了公司治理结构理论。

但是，关于利益相关者理论，从一开始就出现了两种对立的观点。赞成者的中心思想是：公司是由不同要素提供者组成的一个系统，他们提供的要素有许多是公司的专用资产（例如专用性人力资本）。他们是公司的利益相关者，公司经营是为公司利益相关者创造财富服务，而不仅仅是为股东利益最大化服务。为此，就应当让利益相关者享有公司所有权并参与公司治理。也有不少学者认为，包含各种利益相关者代表的董事会不利于提高效率。威廉姆森指出，如果各种利益相关者真要参与董事会，应该仅仅限于信息参与，比如以日本企业集团理事会和德国等欧洲国家的监事会或企业委员会的形式参与。张维迎等学者属于中立，他们不反对在特殊情况下，利益相关者参与企业治理。利益相关者要不要参与企业治理，什么情况下参与企业治理，应该视企业的经营状态而定，这种分析是贴近实际的。

关于利益相关者理论的两派争论，费方域做了一个很好的综述，他认为，这场争论之所以难解，主要有这样几个原因：第一，当事各方都有人出于自己的既得利益而坚持自己的观点并不懈地争取权利；第二，在实际中，两派理论和模式都有自己存在的环境。例如，英美的代理权竞争和收购接管，日本和德国的银行持股和法人交叉持股；第三，在分析方法上，它们也有不同侧重。一个强调完全或者不完全合同，一个强调合作和不合作对策；第四，所涉及的一些基本理论问题还没有弄清楚，如股份公司的所有权问题等。

第二节　公司治理结构模式的发展概况

对公司治理结构概念的不同看法导致了治理模式的不同，但归纳起来主要有两种观点。一种观点认为：公司治理中心在于确保股东的利益，确保资本供给者可以收到其理应受到的投资回报，因而股东是具有绝对主导地位的（法马和詹森，1983；施利弗和威斯尼，1997），这种治理模式也称“股权至上”模式或“单边治理”模式。另一种观点则认为：应该把股东利益置于与利益相关者（如借款人、国家、董事会、经理、职工等）相关的位置上，因此，公司治理的研究内容应该是包括股东在内的利益相关者之间的关系，以及规定他们之间关系的制度安排（Cochran 和 Wartick，1988；布莱尔，1995；费方域，1996），这种治理模式也称为“共同治理”模式或“利益相关者治理”模式。

一、单边治理模式

（一）“股权至上”模式

“股权至上”模式，又称“资本雇佣劳动”。它是对传统的股东-经理理论的略微修正，认为股东是公司的真正所有者，企业制度效率的质量标准在于所有者或者股东利益的最大化，获得授权的经理人员只有按照股东的利益行使控制权才是有效率的保证，这也是典型的“股东至上主义”逻辑。（马建堂、黄达、林岗等，2000）这种理论认为尽管存在潜在索取权受到重重限制，但公司剩余索取权的所有者非股东莫属，无论从收益还是从对公司的控制上看都是如此。该理论的推导很简单，股东必然争取股东价值最大化，在良好的规制环境下也满足了其他索取权的利益，从而使社会效率最大化。

“企业是企业家的企业”向来被看作是天经地义的真理，因此“资本雇佣劳动”就成为企业治理模式的必然，其典型代表是英美企业的治理模式。“股权至上”模式如图 4-1 所示。这种模式的特点在于公司的利益就是股东的利益，按照标准的新古典微观经济学解释，即使存在经理人员掌握实际的经营管理权的现象，由于股东拥有经理人员的选聘权利，因此可以认为两者的决策取向是内在一致的，即企业追求利润最大化也就等同于追求股东的财产价值最大化，这是判断企业是否有效的唯一标准。

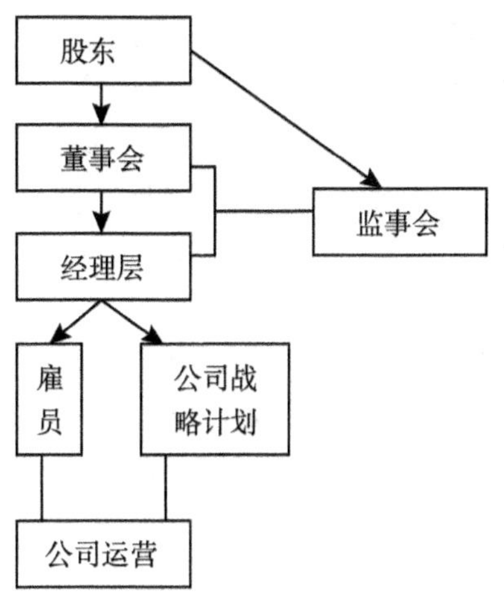

图 4-1　传统的“股权至上”模式

这种以股东权益为唯一标准的看法是基于实物财产权的认识。传统的财产权观念来自罗马法，即所谓财产权是对拥有的实物资产具有占有、使用、处置及收益等一系列权能，如果有产者把他们的实物财产投入公司，那么公司的财产就等价于这些投资者的财产。所以，有关公司财产的一切权益均属于股东。然而，投资者一旦组建企业，则企业本身就获得了相对独立的生命，这是因为企业的运营除了需要物的投入外，还需要人的投入。特别是当企业运营一段时间后，逐步建立起自身的荣誉，这些无形资产所引致的一系列权能就不可能仅仅归于投资者。现在人们基本上同意，企业所有权与财产所有权是有区别的，那么企业所有权应该是不同要素所有者所共享的。

（二）“劳动控制”模式

在瓦尔拉斯范式中“资本雇佣劳动”和“劳动雇佣资本”都是等效的。“劳动雇佣资本”的理论起源于 20 世纪 20 年代关于社会主义经济计量可行性大辩论。劳动管理型企业有时候也被称为“工人控制型企业”或“自治型企业”。该模式如图 4-2 所示，其基本特征可概述为：①工人们组成一个共同的组织，把各自的劳动投入其中，共同劳动，并按人均收入或人均福利最大化原则开展生产经营活动。②采取一人一票和少数服从多数原则，实行工人集体的民主管理。③雇用各种非内部成员劳动以外的各种生产要素，其中资本可以从资本市场租用私人资本获得，也可以来自国家资本。④企业无权将他们所享有的剩余索取权在市场上交易，即剩余索取权的可交易性是法律所禁止的。

这种企业制度的特点是：通过各种方式使企业所有成员都成为企业的法定财产所有者，但这种所有权是一种集体所有权，如果某个工人要退出企业，就必须交出这部分权益。由于企业的所有者就是作为财产所有者的工人集体，那么所有关于企业重大问题的决策权都由工人自己掌握。工人可以组成一种类似董事会的管理委员会或自治委员会等组织，负责企业的决策工作，同时委员会聘任经理人员负责日常的经营管理工作。在这种制度下，工人既是企业的决策者，又是自己所选出的经理的服从者，赞成这种制度的经济学家由此认为，企业工人真正达到了自己管理自己的目的，既可以避免单纯的资本所有者控制企业中经常出现劳资对抗而形成合作导向的产业关系，又能消除企业内部可能存在的工人偷懒行为，提高工人的劳动效率。

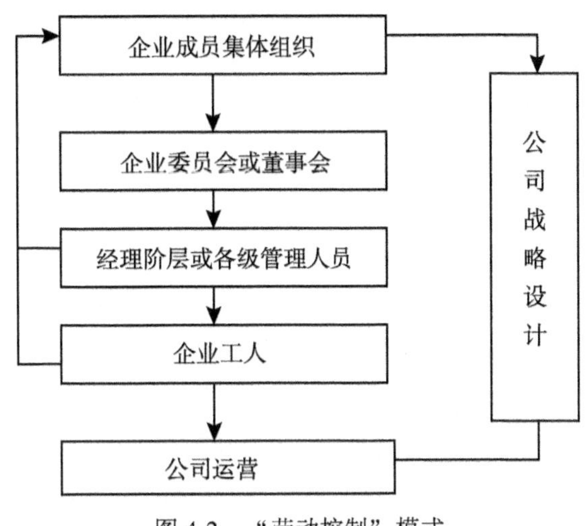

图 4-2　“劳动控制”模式

“劳动雇佣资本”理论最大的问题在于它本身缺乏经济学和法理基础，几乎所有支持劳动雇佣资本理论的经济学家都没令人信服地说明是什么力量和原因使得工人掌握了企业的控制权和剩余索取权，而资本的所有者却只能获得固定的租金。特别是他们没能在资源契约的基础上做到这一点，所以劳动雇佣资本理论更多的只是一些理论思想，而在现实企业的实施中却很少。

二、共同治理模式

无论是“资本雇佣劳动”还是“劳动雇佣资本”的企业治理模式，他们强调的是资本家（或工人）单方面垄断性地独享企业所有权和生育权，并认为这种制度安排是最优的。但另外有学者认为“单边治理结构”并不是企业制度安排的最优选择，而认为“共同治理”则是未来公司治理模式的发展方向。杨瑞龙等把主流企业理论和利益相关者理论相结合提出了“共同治理”和“相机治理”的公司治理模式。共同治理的逻辑与股东至上主义的逻辑的本质差异在于公司的目标是为利益相关者服务，而不仅仅是追求股东利益的最大化。相机治理机制的基础是企业所有权的状态依存特征，其设计的目的就在于确保非正常的经营状态下，受损失的利益相关者有合适的制度帮助其完成在谈判中的意愿（杨瑞龙、周业安，1997）。

（一）欧洲的“共同决定”模式

欧洲是社会主义思想的发源地，历来有着重视工人权益的传统，早期体现在工人争取缩短工作时间和改善工作环境的集体斗争及全社会对人权保护的渴望上，后来这些思潮也影响到企业的治理结构设计上。与英美不同，欧洲的许多学者偏向于让工人参与企业的决策，从而可以在微观层次上协调公共利益和私人利益。面对这种呼声的压力，第二次世界大战后欧洲的许多国家开始通过立法强制规定企业必须让工人代表进入决策层，由此逐步形成了著名的“共同治理”模式，如图 4-3 所示。

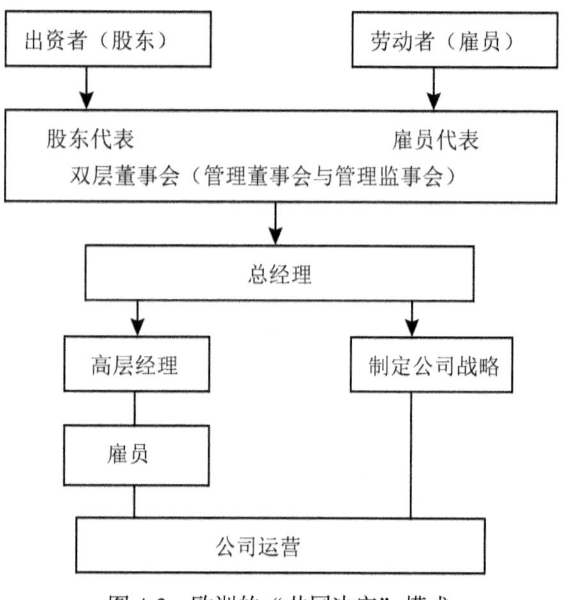

图 4-3 欧洲的“共同决定”模式

共同决定制度的核心就是工人参与决策，按照库尼（Khune，

1980）的定义，共同决定制度描述了这样一种状态，全体工人选出若干代表依法进入公司的决策机构（管理董事会和监事会）与所有者代表一起决定公司发展的重大事项。库尼进一步表明，“雇员代表的概念仅适用于那些由在同一企业工作场所工作的同事们选举或任命的人，这些人可以由代表工人的行业公会推荐，也可以不通过工会推荐。”共同决定制度使得工人无需拥有实物财产，就可以在企业决策中表达自己的声音，依据欧洲许多国家的公司法，工人代表可以在监事会中占 1/3 左右，有时能占到一半，这种监事会的职能相当于英美的董事会，作为公司的决策机关，工人具有一定的比重显然有助于维护工人自身的权益，从理论上说，这似乎能够把资本控制型治理结构与劳动控制型治理结构的优点结合起来。

（二）日本的“经理协调”模式

表面上看，日本的企业治理结构接近于英美模式，即出资者作为股东享有法律赋予的最高权力，股东选举董事组成董事会作为公司的决策机关，同时选举监事组成监事会作为公司的监督机关；董事会选聘总经理及其他公司的最高经理负责公司日常决策工作，雇员处于服从地位，只能通过工会等工人组织来确保权益的实现。但公司法规定的权力结构在日本并没有真正实现，由于特定的文化背景及体制结构，导致了日本企业独有的特征，一般被概括为终身雇佣制、年工序列制、企业间相互持股制度以及主银行制。这些制度运行的结果就是雇员的利益与企业的利益牢牢拴在一起，因为一个人一旦成为某企业的雇员，就只能一辈子在该企业工作，企业的好坏也就关系到其持久收入的水平。对于出资者来说，雇员无法通过劳动市场分散投资风险，这就使得保护工人权益的呼声越来越强烈，雇员就必须要求在制度上体现其权益要求。由于终身雇佣，企业的雇员关系相对稳定，经理人员的选拔也只能从在位的雇员中进行，所以论资排辈就是一种有效的制度安排。这两方面导致了企业对经理的选择不是由股东单方面决定，而是股东与雇员双方协商解决。日本的“经理协调”模式如图 4-4 所示。

日本企业为了稳定企业间的业务关系，还采取了相互持股的办

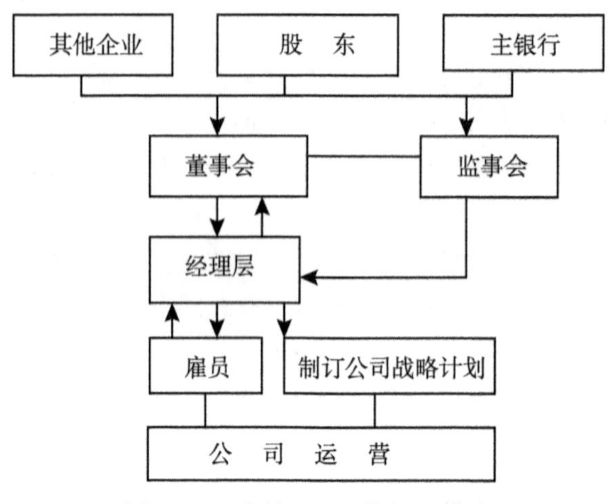

图 4-4　日本的“经理协调”模式

法，由于每个企业都对其他企业的经营行为有一定的影响力，而这种影响又是通过在位的经理人员来完成的，于是企业的经理们就可以形成自己的权力圈子，从而处于相对独立的地位。股东只能通过单个企业的股东会间接控制本企业的经理。不过，日本企业的出资者不仅是股东，银行也发挥了极为重要的作用，因为日本的银行与企业之间的关系相对固定，银行通过派出董事来直接影响企业的行为，也就增强了出资方的发言权。日本企业经理的这种特殊独立，就能够使之客观地评价股东和工人的权益，即日本企业可以看成是一个合作博弈结构，其中经理人员处于裁判的位置，站在中间调停出资方和雇员的利益矛盾。

（三）“社会责任”模式

20 世纪 30 年代初，美国的经济大危机迫使人们反思在经济力量中占据主导地位的少数大公司的作用。一些学者认为，由于这些大公司的垄断地位及对政府广泛的影响力，导致了社会收入分配的严重不平等和就业机会的丧失，因此，政府必须出面干涉这些大企业的活动，通过立法及其他规制措施迫使企业承担必要的社会责任。期间，以哈佛法学院的多德教授为代表的学者极力推动公司社会责任的相应立法工作。多德教授（1932）指出，现在人们逐渐认识到，商业活动要对社区承担社会责任，而那些从事这些商业活动的公司的经理们理应在其经营活动中自愿负起相应的社会责任，而不是坐等法律的强制。“社会责任”模式如图 4-5 所示。

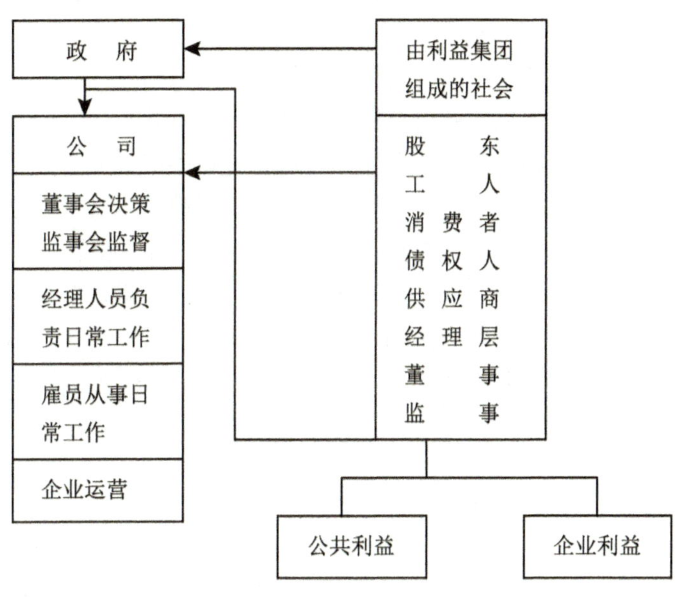

图 4-5 “社会责任”模式

尽管多德教授的观点遭到伯利（1932）及弗里德曼（1986）等人的激烈反对，但伯利在 1954 年的一篇文章中坦言，争论的结果是多德的观点获得优势，这反映在美国许多州开始立法强制公司承担一定的社会责任，并且这种观点逐步传播到美国以外的国家，对其他国家的立法产生了广泛的影响。要求公司承担社会责任，就是要改变公司的智力结构，最初这一举措是通过政府的规制来完成的。由于公司的行为不仅影响到股东、债权人及雇员等直接的利益主体，而且还对消费者、供应商及社区成员等产生影响。一方面，受到影响的利益主体可以通过法律及结成社团组织对公司施加直接的压力；另一方面，这些利益主体也对政府施加压力，要求政府直接管制公司的行为，政府必须在企业利益和公众利益之间取得平衡，要么运用法规直接施加规制，要么直接介入公司的运营，后者就是国有化。国有企业的出现可以说是公司社会责任模式的极端体现，因为政府本身代表了社会利益，如果企业由政府来直接管理，那么企业也必然追求社会利益，即企业的利益目标和社会的利益目标是内在一致的。

社会责任模式指出了公司行为的外部性及其治理的问题，但这种观点容易引起人们对政府直接规制的渴望。近几十年的国有企业实践证明，即使在少数行业采取国有化制度也不能说明各个利益集团的权益得到了很好的协调，其中的关键在于政府本身并不是一个抽象的社会利益代表，而是由许多具体的官员个体构成的联合体，官员素质和能力就成了政府能否代表社会利益的关键。此外，政府对公司的规制是否有效也是得不到理论和经验支持的。实践表明，国有化程度越高，社会对公司的期望于公司的利益之间的差距越大。

（四）“利益相关者”模式

利益相关者理论（Stakeholder Theory）是对委托代理制的一种补充和完善，认为公司的目标不能只定为股东福利最大化，而应该更加广泛。公司的目标尤其要考虑与其有长期利益关系的其他人员的福利。这些相关利益人包括其他所有者、供应商、客户、债权人、员工，甚至包括政府部门，其中员工是最重要的。该理论认为利益相关者拥有明确的公司控制权和收益权，公司决策是多个利益相关者合力的结果。布莱尔（1995）在分析公司治理结构时绕开从传统的产权或所有权入手，而从分析公司所有的参与者——相关利益者在公司运行中的权力、索取权和责任入手，确定在公司中由谁得到剩余收益和承担剩余风险，并指出：过度强调股东的力量和权力会导致其他利益相关者的投资不足，并且降低公司潜在的财富创造。因此，公司治理问题不应只单单是公司董事会的权利和结构以及股东的作用的问题，还应包括对公司进行了专用性投资利益相关者的权责问题。“利益相关者”模式见图 4-6。

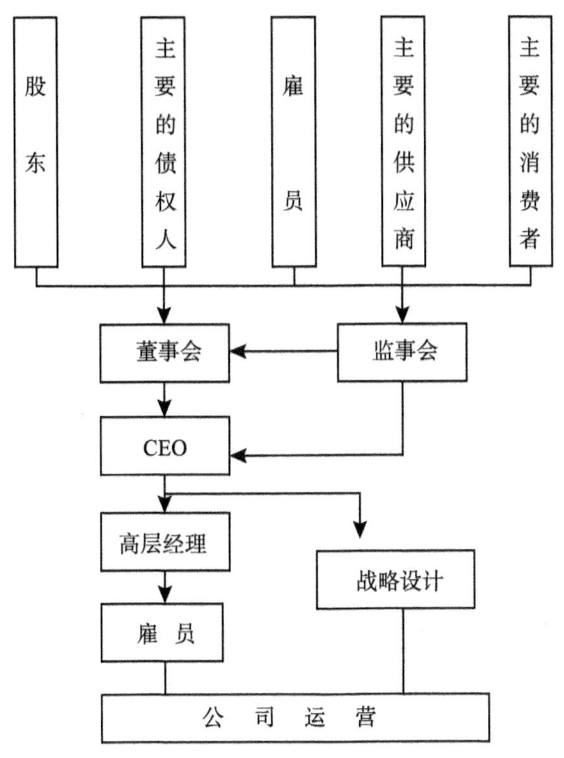

图 4-6　“利益相关者”模式

1963 年，斯坦福大学的一个研究小组提出了利益相关者的思路，他们认为，对一个公司来说，存在这么一些利益团体，他们与公司息息相关，若没有他们，公司就无法生存。这些利益团体也就是所谓的利益相关者。公司治理结构的利益相关者论，把前面的几种模式结合起来，认为公司发展离不开各种利益相关者，由于这些利益相关者对公司的绩效都做出了贡献，那么公司理所当然要为利益相关者服务，股东仅仅是其中之一。由于利益相关者代表了不同利益团体的利益，公司为利益相关者服务，也就相当于承担了社会责任。但是，利益相关者对公司治理结构的影响不是通过政府的直接规制，而是一方面通过政府立法间接规范竞争秩序，为公司的良好运转创造了一个良好的条件；另一方面，一部分利益相关者通过直接介入公司的决策机构，参与公司的战略制定，以此来保证自身的利益。

第三节　不同治理结构模式对管理者影响分析

公司治理结构模式实质上就是对管理者约束的一系列制度安排。我们可以把对经营者的激励约束分为直接激励和间接激励。直接激励通常就是指报酬契约，间接激励或者说预防激励包括两个方面，内部约束和外部约束。我们试图构建一个直接激励、间接激励和财务管理目标的框架，希望通过这个框架能够全面分析治理模式对管理者影响。

一、治理结构与财务目标

按照西方财务理论，一个公司资本结构的是否合理直接影响到企业的财务状况及经营成果，直接关系到股东的权益与风险程度。也就是说，任何企业的资本结构都是与其特定的财务目标相联系，深入研究资本结构问题，就必须了解资本结构与财务目标之间的联系。同时，公司治理结构确定了企业目标，并提供了实现目标和监督运营的手段。企业财务目标服务于企业目标，当然也是由治理结构决定的。公司治理结构具有动态性，企业财务目标作为制约财务运行的基本方向，应当适应公司治理结构的调整和变化，如果不能适时调整财务目标，财务运行体制就不可能合理，反过来也会影响公司治理结构的效率，影响企业目标的实现。

根据西方财务理论界的研究，企业的财务目标包括利润最大化、股东财富最大化、企业价值最大化、企业经理人效用最大化和相关者利益最大化。

（一）利润最大化目标

西方经济学家们常以利润最大化这一概念来分析和评价企业行

为和经营业绩。一般认为，管理当局在制定各种决策时，均假设企业作为“经济人”，在一切经济活动中的行为都是合乎理性的，即以最小的经济代价去追逐和获得最大的经济利益，即追求利润最大化目标。

假设企业供给量（生产量）为 Q，单位市场价格为 P，则销售收入(TR) 为：

$$\mathrm{TR}(Q)=P(Q)\times Q \tag{4.1}$$

如果经济成本(或机会成本) 为 TC(Q)，则经济利润为 $\pi(Q)=P(Q)\times Q-TC(Q)=TR(Q)-TC(Q)$，对上式求导可得：

$$\frac{\mathrm{d}\pi}{\mathrm{d}Q}=\frac{\mathrm{d}TR}{\mathrm{d}Q}-\frac{\mathrm{d}TC}{\mathrm{d}Q} \tag{4.2}$$

即利润最大化的必要条件是边际收益等于边际成本，即：

$$\frac{\mathrm{d}\pi}{\mathrm{d}Q}=0 \tag{4.3}$$

$$\frac{\mathrm{dTR}}{\mathrm{d}Q}=\frac{\mathrm{dTC}}{\mathrm{d}Q}\text{或者 MR}=\mathrm{MC} \tag{4.4}$$

式（4.4）中，MR 为边际收益，MC 为边际成本。

西方经济学者认为，“利润最大化”基本假设未必完全合乎事实。1994 年，MM 理论创造人之一的莫迪利安尼教授在接受采访时就指出：“我想说的是，企业的经营目的不是利润最大化，因为利润是一种不确定的预计的可能性。你为了利润回报要多承担风险，所以，如果你只是为了追求利润最大化，那意味着你将承担所有的风险，这将导致资本结构中大量的债务。因为每当你以债务替代资产时，你将提高预期利润。所以，利润不是一种有价值的观念。你应该做的是使公司的价值最大化。”因此，现代财务管理理论认为，利润最大化并不是财务管理的最优目标。

(二) 股东财富最大化目标

股东财富最大化是指通过财务上的合理经营为股东带来最多的财富。股东财富最大化在计量模型上表述为股东价值最大化。股东财富最大化是指要求以未来一定时期归属于股东权益的现金流量，按考虑的风险报酬率（资本成本）折算为现值之和。由此得到的股东投资报酬的现值是股东财富的具体体现。

假定企业持续经营，未来各期息税前利润为 EBIT（t），举债为 D（t），税率为 T，平均利息率为 r，风险报酬率为 k，则股东价值计算公式为：

$$S = \sum_{t=0}^{\infty} \frac{[\text{EBIT}(t) - D(t) \cdot r](1 - T)}{(1 + K)^t} \tag{4.5}$$

如果 EBIT、D 为常数，上式可简化为：

$$S = \frac{(\text{EBIT} - D \cdot r)(1 - T)}{k} \tag{4.6}$$

从上式中可以看出，股东价值与企业利润密切相关。因为在企业债务 D，利率 r，所得税税率 T 和风险报酬率 k 一定的情况下，企业利润最大，则表示企业股东价值（股东财富）最大。这里的“利润”实际上是指“期望利润”。正如莫迪利安尼与米勒在《资本成本、公司理财与投资理论》一文中指出“我们将把一定股份所获得的流量在时间上的均值看作该股份的报酬；而把该均值的数学期望看作该股份的期望报酬率。”这里的“期望报酬”就等价于“期望利润”。

对于上市的股份公司，股东财富由其所拥有的股票价格和股票数量决定。假设某股东持有某股票 m 年，所得股利为 d_1，d_2，…，d_{m-1}，最后转让价格为 P_m，则股票价值为：

$$P = \sum_{t=1}^{m-1} \frac{d(t)}{(1 + k)^t} + \frac{P_m}{(1 + k)^m} \tag{4.7}$$

在股票数量一定时，股东财富最大化也就是股票价格最大化。与利润最大化相比，股东财富最大化的优越性在于：①股东财富最大化考虑了资金的时间价值，在一定程度上克服了企业追求利润的短期行为。②财富最大化考虑了风险因素。风险程度通过对风险报酬率的影响，进而影响股票价值（股票价格）。

（三）企业价值最大化

如果一个国家的证券市场高度发达，市场效率极高，上市公司可以把股东财富最大化作为财务目标，在现实经济中，证券市场乃至资本市场存在很多不完善的地方，市场效率受到很大的影响。因此，财务理论上提出“企业价值最大化”的财务目标。企业价值最大化也称企业总价值最大化，意味着股票市场价值和债务市场价值之和最大化，也就是企业资产的净收益的总价值最大化。根据股东价值计算公式，推导企业价值计算公式为：

$$V = S + D = \sum_{t=0}^{\infty} \frac{\mathrm{EBIT}(t)(1 - T) + r \times D(t) \times T}{(1 + k)^t} \quad (4.8)$$

或表示为：

$$V = \frac{\mathrm{EBIT}(1 - T) + r \times D \times T}{k} \quad (4.9)$$

从式（4.8）和式（4.9）可以看出，企业价值的大小，不仅取决于未来的预期报酬 EBIT，而且还取决于风险因素。如果企业预期报酬越不稳定，表明企业经营风险越大，由此要求的风险报酬率越高，企业价值就越低。因此，企业价值最大化必须谋求风险和报酬实现的均衡。企业在追求企业价值最大化的过程中，经营者还必须权衡股东和债权人之间的利益关系，否则就有可能在某些环境下使企业股东权益价值降低而使企业债务价值增加。

与利润最大化相比，企业价值最大化目标充分考虑了不确定性和时间价值，强调了风险与报酬均衡，考虑了利益相关者的合法权益，注重企业的可持续发展或长期稳定发展。

与股东财富最大化比较，企业价值最大化的价值在于：

（1）企业价值最大化扩大了考虑问题的范围，不仅仅是股东，还包括债权人、经理阶层、企业职工等。

（2）企业价值最大化注重在企业发展中各方利益关系。合理的财务目标必须考虑与企业有契约关系的各方。因为各方利益相关者对企业经营都会产生影响：股东大会或董事会通过表决决定企业的重大财务决策，直接任免企业经理甚至财务经理；债权人要求企业保持良好的资本结构和适当的偿债能力，以及按合约规定的用途使用资本；职工是企业财富的创造者，提供人力资本必然要求合理的报酬；政府为企业提供公共服务，也要通过税收分享利益。正是契约关系利益各方的共同参与，构成了企业的利益制衡机制，如果试图通过损害一方利益而使另一方获利，其结果就会导致矛盾冲突，最终影响企业价值。

（四）不同模式的财务目标对管理者影响

公司治理结构确定了企业目标，而财务目标服从于企业目标，换言之就是治理结构决定财务目标，不同的财务目标再形成对管理者不同的行为要求。在前文的几个财务目标中，利润最大化目标因其没有考虑时间和风险因素，已被认为不可能是最优目标，因此着重考虑的是股东财富最大化目标和企业价值最大化目标以及相关者利益最大化目标。这三个目标之间的区别在于：

（1）股东财富最大化目标以股票未来的现金流量考虑了风险因素后的价值作为衡量标准。此目标值考虑了一个团体的利益——股东，忽略了企业其他相关者的利益。同时，此目标适用的前提是高度发达有效的证券市场。

（2）企业价值最大化目标以企业价值作为衡量标准。企业价值包括股票市场价值和债券市场价值，那也就是经理的服务群体范围扩大了，由原来的股东一家之外，还多了债权人。他必须在适当的时候权衡债权人与债务人之间的利益关系。

（3）相关者利益最大化目标的权衡股东、债权人、经理人、企业职工、顾客、供应商以及其他利益相关者利益，并以此作为财务管理的目标。这一目标可以看作是在权衡相关者利益的前提下实现股东财富最大化，或者看成权衡相关者利益前提下的企业价值最大化。

公司治理模式，分为两大类：单边治理模式和多边治理模式。其中单边治理模式中，以“股权至上”模式为代表，“劳动控制”模式由于其不现实性，我们可以不予考虑。共同治理模式中，欧洲的“共同决定”模式，日本的“经理协调”模式，“社会责任”模式以及“利益相关者”模式都应有其各自的财务目标。

（1）“股东至上”的公司治理模式，公司的利益就是股东的利益，管理者只考虑股东的利益，故而其财务管理目标应该是通过财务上的合理运营为公司带来财富的最大化，也就是其财务目标是股东财富最大化。该治理模式对管理者的制约就是以股东利益为上，以扩大股东财富即股票价格为目标。

（2）欧洲的“共同决定”模式，工人与股东共同决定企业发展的重大事项。总经理受双层董事会即管理董事会和管理监事会监督，经理考虑的是股东与企业雇员的利益，需要顾及到多方相关者的利益。职工是企业财富的创造者，他们要求获得合理的报酬，并且参与到双层董事会中，这就决定了“共同决定”模式下，企业的财务管理目标应该为企业价值最大化。管理者的目标是权衡各方利益，构建一个利益制衡机制，保证企业的可持续发展，提高企业价值。

（3）日本的“经理协调”模式，交叉持股与机构持股普遍存在，此时由一些大企业、股东与主银行构成了董事会，经理层受上述三者的利益调度，需要协调的是这三者的利益冲突，故而在此模式下，其财务管理目标也应该为企业价值最大化，只不过考虑的利益主体不是上述构成，而改成了其他企业、股东与主银行。

（4）“社会责任”模式与“利益相关者”模式，经理层所考虑的利益主体组成是多方面的，其财务管理目标应该是相关者利益最大化目标。社会责任模式下，经理层受到的约束即来自于内部的利益集团组成的团体，如股东、工人、消费者、债权人等，同时还受到外部团体对政府的施压，以及政府对管理者的约束。稍微不同的是“利益相关者”模式，管理者没有受到外部团体及政府的约束。此财务目标的综合特点是考虑了方方面面利益相关者的合法权益，注重企业的持续发展或稳定发展。

实质上，三大财务管理目标，最终应归纳为两类：一类是股东财富最大化目标。另一类是企业价值最大化与相关者利益最大化目标，这两大类目标本质上是互通的概念。那么我们的治理结构模式对应的财务管理目标也应分为两大类：一类是单边管理模式或“股东至上”管理模式，其财务管理目标是股东财富最大化；另一类是共同治理模式，包括欧洲的“共同决定”模式、日本的“经理协调模式”、“社会责任”模式和“利益相关者”模式，其财务管理目标是企业市场价值最大化或相关者利益最大化。

二、治理结构与董事会制度安排

董事会不仅可以说是公司治理的重要组成部分，甚至可以说是中心组成部分。董事会制度的安排构成了经营者内部约束的内容，董事会不仅仅只是机械地联系着公司的管理者和所有者，随着公众对上市公司的更多关注和一系列公司欺诈案的发生，董事会在公司治理甚至是在国家竞争优势的谋取方面所扮演的角色越来越重要，上市公司董事会日益成为人们关注的焦点，本文对董事会与治理结构的分析从董事会结构的设置上入手。

（一）董事会的结构

董事会是股东代表或股东推选出来的代表组成的会议体机构，是股东大会的代理机构，受股东们的委托对公司的投资、生产、经营等重大问题进行决策、领导和监督，是公司治理的核心。董事会的结构是指董事会的组成及各组成部分相互之间的关系。董事会中的一部分人或单个人往往具有独特的背景、地位、能力、倾向和利益取向，由这些人组成的董事会也就会具有一定的行事方式、决策特色及权力制衡机制，从而也将决定董事会在公司治理中的作用和公司的绩效。

董事会的结构的首要表现形式，是执行董事与非执行董事（或外部董事）在董事会中的构成情况。特里科（Tricker，1994）在划分董事会和经营班子职责的基础上，将董事会的结构形式分为四种，分别为全部为执行董事的董事会、执行董事占大部分的董事会、外部董事占大部分的董事会和双层董事会四种，图中的圆形代表董事会，而三角形代表管理层（见图 4-7 至图 4-10）。

在全部为执行董事的董事会（见图 4-7）中，每一位董事均为管理班子中的一员。他们作为管理者的角色和义务一般由劳动法和雇佣合同所界定；而作为董事，则由公司法界定他们的权利和义务。一般由创业者所有并管理的企业，以及集团公司的全资子公司这一类公司，多数拥有一个全部为执行董事的董事会。此类董事会成员尽管均为管理班子的成员，但从技术上而言，董事会仍作为一个法律实体存在。这种情形，可以用“两块牌子，一套人马”来形容。

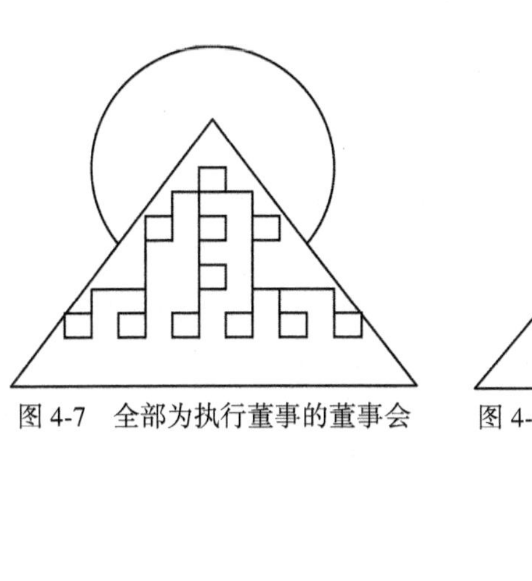

图 4-7　全部为执行董事的董事会

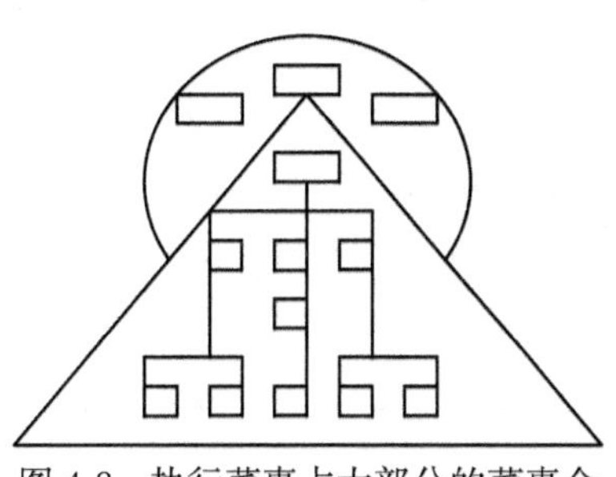

图 4-8　执行董事占大部分的董事会

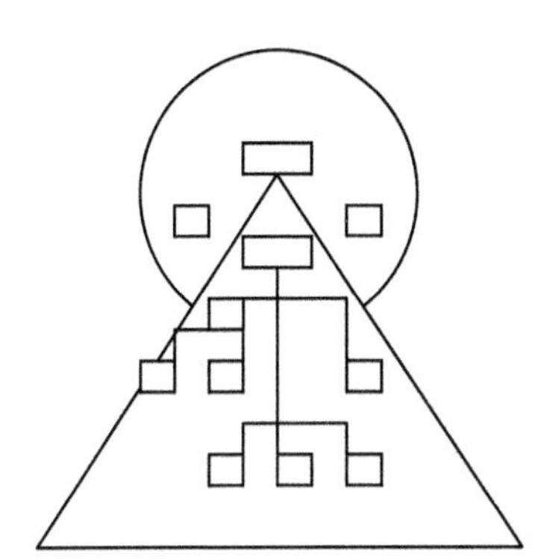

图 4-9　外部董事占大部分的董事会

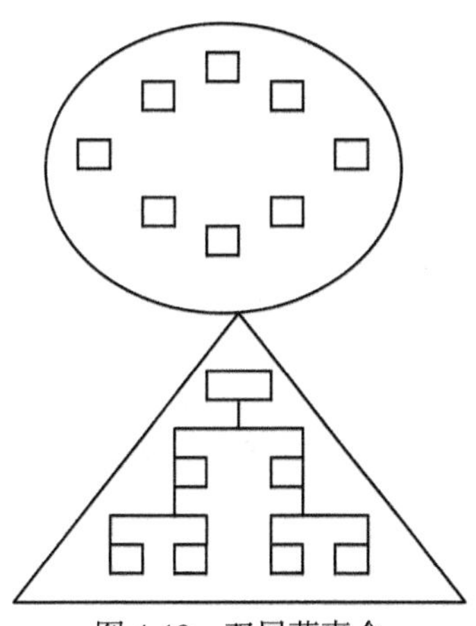

图 4-10　双层董事会

在执行董事占大部分的董事会（见图 4-8）中，非执行董事是少数派。这些非执行董事因其代表某一个大股东或某一个团体的利益，或者因其具有特殊的专长、知识、经验或与外界接触的便利之处而被任命为董事。他们的存在，一般认为对董事会乃至公司而言均是有益的，因为他们起到监督和平衡的作用，可以确保管理者和公司按规范办事，而且非执行董事的数量以两个以上为佳。因为在困难时候，单个非执行董事辞职的影响力往往较小，超过两个以上的非执行董事才可能真正对董事会的决议产生影响。但是由于执行董事占有大多数，董事会的事务往往仍被执行董事所支配。这些执行董事倾向于维护自己的利益，为自己的行为辩解，将公司资源投资于对自己有利的项目。另外对执行董事而言，之所以说让他们按真正独立的意愿行事是极为困难的，还因为他们的老板即公司总经理，往往也是董事会成员之一。作为执行层或管理层的首领，他的意愿会影响执行董事们的意见。对于执行董事占大多数的董事会而言，确实存在着执行董事们“自己给自己的考试卷打分”的嫌疑。

在非执行董事占大多数的董事会（见图 4-9）中，董事会对经营管理班子的检查、制衡与监督作用被认为可以得到较好发挥，因而此类董事会的优点得到了广泛认可。但是存在的问题是，所谓的非执行董事，往往代表了某一部分人的利益，如一个主要股东、一个主要供应商、一个主要客户的利益，或者公司的贷款银行的利益；也有可能该非执行董事是公司的前任总经理，或者是与现任高级管理人员关系密切的一个人。因而其真正的独立性也是成问题的。

在双层董事会（见图 4-10）中，监督董事会与管理董事会没有共同的成员。这种董事会体制在德国被广泛运用。监督董事会的职能是对管理董事会的计划执行与管理绩效进行监管，它的权力来自于必要时候可以解雇和聘任总经理。

以上是从执行董事和非执行董事在董事会中占有的成员比例来划分董事会的结构。对董事会结构的另一种描述可以从董事会内部的职能分工来进行，根据董事会的职能与作用，我们可以在董事会内部划分出几个职能委员会来，分别为执行委员会、审计委员会、报酬委员会和提名委员会等。这些委员会具有各自独立的职能和成员组成，最终向董事会负责，如图 4-11 所示。

（二）不同董事会结构对管理者的影响

董事会结构与公司治理模式之间应该是对应关系，因为董事会结构最终是由公司治理结构决定的。我们根据董事会侧重的是执行职能还是监督职能将董事会归纳为单层制与双层制。当执行是董事

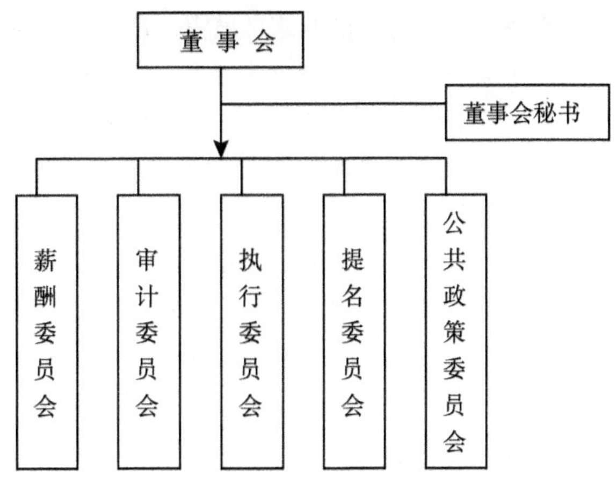

图 4-11　董事会内部的职能分工型结构

会的基本职能时，单层制的董事会结构就产生了，这种董事会模式是股东导向型，英、美、加、澳大利亚和其他普通法国家一般都采用这种模式。而监督职能更为重要是，双层制的董事会结构就符合这样的要求。一般来说，由一个地位较高的监事会监管一个代表相关利益者的执行董事会。这种董事会模式是社会导向型的，德国、奥地利、荷兰和部分法国公司等均采用这种模式。前面的四种董事会结构中，我们可以将全部为执行董事的董事会和执行董事占大部分的董事会认为是单层制，而非执行董事占大部分的董事会和双层董事会归纳为双层制。

单层制和双层制董事会各有其形成原因。典型的英美模式公司中，董事会之所以是单层制，是因为这些国家更加强调国家主权，同时股东出于对自身利益的考虑会主动关心公司管理层的权力制约，并会主动设计机制实现这种制约；英美国家的证券市场极为发达，这样来自公司的外部治理力量相当强大；英美公司法律规制框架体系没有明确区分有限责任公司与股份有限公司两种形态，没有强调监督职能；许多英美公司的股票由中小股东分散持有，由于监督成本的存在，中小股东都有“搭便车”的倾向，而英美国家的证券交易委员会都代行了一部分监督职能而向股东提供了公共产品，同时外部治理要求公司严格的信息披露制度减少了股东收集信息的成本；再就是英美国家较大公司的董事会都由独立董事和执行董事共同组成并设置多个次级委员会，独立董事能在董事会中积极发挥作用，实现对执行董事的有效监督。

而以德国公司为典型的双层制董事会则是建立在“共同决定”原则基础上的，并以监督职能为中心构建董事会。由股东代表和工会代表组成第一层董事会——监督董事会，它的监督是完全意义上的监督，包括制定政策目标、挑选人员、执行政策目标、监督目标的执行过程、对执行结果进行评价等。监督董事会提名决定第二层董事会——执行董事会的人选，并对其进行监督。德国公司的双层董事会形成的主要原因包括：已有历史传统的影响，证券市场不发达，作为大股东的银行在德国公司中具有很重要的作用，它能够对执行董事和高级经理人员实施有效监督。

总结起来，“单边治理”模式或“股东至上”模式的董事会结构是单层制，“共同治理”模式的董事会结构是双层制。“共同治理”模式中的日本“经理协调”模式有自己独特的一些特点，公司之间通过内部交易、交叉持股和关联董事任职等方式形成了非正式的网络关系，公开上市公司的董事会规模非常之大，30~35 人也不少见，通常董事会中包括了四、五个等级组织。大公司的董事会一般执行仪式化的功能，而其中的权力掌握在主席、CEO 和代表董事手中。

不同的治理结构模式中的董事会结构对管理者的影响表现在约束力上。单边治理模式中的单层董事会结构对管理者约束不大，管理者为股东利益服务，监督主要靠外部力量。因为董事会有权将部分经营管理权力转交给代理人代为执行。这个代理人就是公司政策执行机构的最高负责人，这个人一般被称为首席经营责任者，即 CEO。在多数情况下，首席经营责任者是由董事长兼任的，即使不是由董事长兼任，担任此职务的人也必然是公司的执行董事，并且很有可能成为董事长的继任者。但是，由于公司的经营管理日益复杂化，经理职能也日益专业化，大多数公司又在首席经营责任者之下设一助手，负责公司的日常业务，这就是首席营业官。在大多数公司，这一职务一般由公司总裁兼任，而总裁是仅次于首席经营责任者公司的第二号行政负责人。此外，公司还设有其他一些行政职务，如首席财务官等。这些都由各公司董事会决定，体现了公司经营权的进一步集中。

共同治理模式中的双层董事会对管理者实行的是严密的股东监控机制。公司股东主要通过一个能信赖的中介组织或股东当中有行使股东权利的人或组织（通常是一家银行）来代替它们控制与监督公司经理的行为，从而达到参与公司控制与监督的目的。如果股东们对公司经理不满意，不像英美国家公司那样只是“用脚投票”，而是直接“用手发言”。德国公司的双层董事会机构中的监督董事会是股东和职工利益的代表机构和监督机构，是一个实实在在的股东行使控制与监督权力的机构，因为它拥有对公司经理和其他高级管理人员的聘任权与解雇权。这样无论从组织机构形式上，还是从授予的权力上，都保证了股东确实能够发挥其应有的控制与监督职能。由于银行本身持有大量的投票权和股票代理权，因而在公司监事会的选举中必然占有主动地位，德国在1976—1977年度的一份报告中表明，在德国最大的85个公司监事会中，银行在75个监督董事会中占有席位，并在35个公司监事会中担任主席①，有关情况如表4-1所示。

表4-1　**德国银行在公司监事会的地位**

银行名称	(1)	(2)	(3)	(4)
储蓄银行	4	6	29	119
划汇中心	13	16	86	170
六大商业银行	91	100	405	483
地区银行	61	72	252	314
私人银行	49	38	170	185

① 冯福根．西方主要国家公司股权结构与股东监控机制比较研究．当代经济科学，1997（6）．

续表

银行名称	(1)	(2)	(3)	(4)
合作银行	2	4	19	73
总计	220	236	986	1344

注：(1) 栏指的是银行担任监事会主席的情况；(2) 栏指的是银行担任监事会副主席的情况；(3) 栏指的是银行在上市公司监事会的任职情况；(4) 栏指的是银行在上市公司、有限责任公司和其他所有规定设置监事会的公司监事会中的任职情况。

此外，德国监控机制有别于其他国家的重要特征是职工参与决定制度。职工通过选派职工代表进入监事会参与公司重大经营决策，即所谓“监事会参与决定”，使得企业决策比较公开，这有利于对公司经营的监督，同时还有利于公司的稳定和持续发展。

三、治理结构与经理报酬

对经营者的直接激励就是指经营者的报酬契约，包含薪酬和非薪酬契约两大方面。报酬是公司对经营者为公司所作的贡献，包括他所实现的绩效、付出的努力、时间、技能与创造等所付给的相应的回报，这实质上是一种公平的交换或交易。最终通过对报酬契约的设计来激励经营者努力工作，使其经营目标与董事会经营目标保持一致。

（一）薪酬契约

企业经营者的薪酬由三大部分组成：基本工资、短期激励和长期激励。短期激励和长期激励都是变化的酬金，其变量是一段时期内公司的绩效，其中短期激励是指由公司年度绩效决定的年度奖金计划，长期激励是在一个更长的时期内给予的奖励，包括绩效分享计划、限制性股票、股票期权和股票增值计划等。

1. 基本工资

经营者的基本工资是固定的现金收入，一般由职位或个人资历决定，不随企业的绩效变化而变化。工资一般是刚性的，很少下降，因此，工资仅仅是一种保险收入，不具有激励的作用。无论公司业绩如何，基本工资都是固定的，因而它是最具保险性的收入方式，同时，它丝毫不涉及股权的转让。

在实践中基本工资是很重要的。首先，它是企业经营者薪酬契约中的关键条款，薪酬契约中常常需要载明未来一定时期内每年工资的增长幅度；其次，薪酬的其他组成部分往往以基本工资为衡量标准，如年度奖金、养老金、离职安排等都是以基本工资为基数的。

2. 年度奖金计划（短期激励）

短期激励是指公司每年根据经营者的业绩考核情况实施激励。短期激励是与公司经营绩效挂钩的年度奖金计划，它具有一定的风险性。通常公司预设一个公司绩效的最低标准（如净资产收益率等），当年终时公司实际业绩低于此标准时，经营者没有奖金，当达到此标准时可以领取最低奖金，超过时可领取目标奖金。一般情况下公司对年度奖金实行封顶，即设置一个经营者能够获得奖金的最高数量。在最低奖金额和最高奖金额之间的部分被称为“激励区间”（见图 4-12），表明在一定范围内公司的经营业绩越好，经营者可以获得更多的奖金。

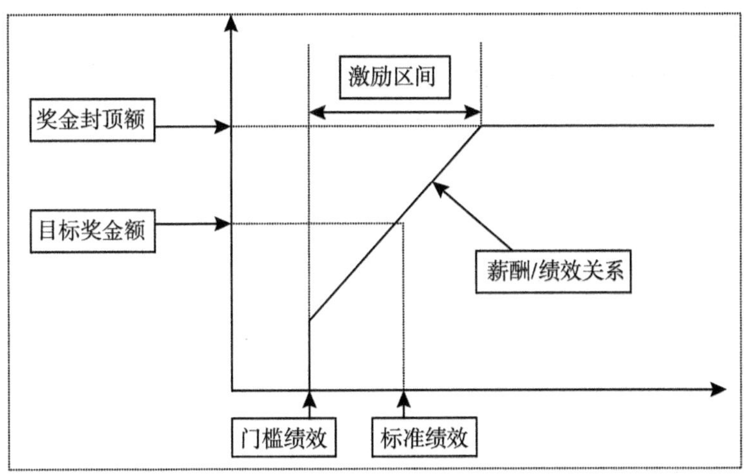

图 4-12　激励区间

年度奖金计划与基本工资之和构成了经营者的年度现金收入。表 4-12 列出了 1998 年美国各行业的 CEO 年度奖金相对于基本工资的比例。

表 4-2　**1998 年美国各行业 CEO 年度奖金相对于基本工资的比例**

行业	年度奖金/基本工资	行业	年度奖金/基本工资
建筑	100%	金融服务	78%
电讯	100%	多角化综合经营	76%
保险	97%	贸易—零售	72%
电脑	86%	通信	69%
商业银行	81%	贸易—批发	67%
制造	80%	电力	65%
运输	79%	公用事业	56%

资料来源：The Conference Board. 1998 年 CEO 薪酬调查报告 . 1999.

实施年度奖金计划主要取决于以会计指标衡量的公司业绩，常用的指标有：利润总额指标，这一指标通常用 EBIT 衡量，每股收益（EPS），边际利润率（包括总资产回报率 ROA、净资产收益率 ROE、销售利润率等）和新增价值（EVA），增长率指标。有时，年度奖金计划也用到非财务指标，包括有关人士对经营者行为和态度的主观评价、客户满意度、营运和战略的实现以及企业的社会效益。

3. 长期激励

长期激励的功能是解决所有者与经营者的利益一致，主要作用是鼓励经理人员在任职期间努力工作。与短期激励相比，长期激励是给予经营者长于 1 年的薪酬方式。为了强调薪酬组合中的变化部分，公司往往使用长期激励，目的是克服短期激励可能造成的各种“短期行为”，使经营者能考虑企业的长远发展和持续生存，一切从长远利益出发。长期激励包括限制性股票、长期绩效分享计划和股票期权等。

限制性股票激励是公司为了实现某一个特定目标，无偿将一定数量的限制性股票赠与或以较低价格出售给激励对象。所谓的“限制性”是指公司高级管理人员出售这种股票的权利受到限制。经营者在得到限制性股票的时候，不需要付钱去购买，但他们在限制期内不得随意处置股票，如果在这个限制期内经营者辞职或被辞退或因其他原因离开公司，那么他将丧失这些股票；一旦限制期满，经理人员没有离开公司，那他可以自由处理这些股票。

长期绩效分享计划通常是指以 3 年或者 5 年滚动平均累计业绩为绩效标准向经营者发放奖金。其报酬–绩效结构与年度奖金计划中的报酬–绩效结构非常相似，但效果有所不同。

股票期权是企业资产所有者对经营者实行的一种长期激励的报酬制度。标准的股票期权是指经营者享有在与企业资产所有者约定的期限内以某一预先确定的价格购买一定数量本企业股票的权利。如果该股票价格届时上涨，那么经营者在他认为合适的价位上抛出股票，就能赚取买进股价与卖出股价之间的差价。

（二）非薪酬契约

作为具有利己心的个人，企业经营者追求经济利益是很自然的。但这种“利”是广义的，可能是经济利益，用货币收益衡量，也可能不是。人并不是经济学里假设的纯粹的“经济人”，在很多场合下，他们表现为“社会人”、“自我实现的人”，重视工作给予的非经济利益的回报。经营者同样如此，他们也非常看重非经济的利益，即从工作中得到的乐趣，得到的内心的满足，追求长期的发展，渴望从出色的工作业绩中体验到成功，同时也赢得他人的尊重。非薪酬契约就是从这些方面对经营者进行激励。

非薪酬激励是指组织给予经营者非经济利益以满足经营者的社会性需要，从而使之努力为组织目标达成而工作。非薪酬激励的主要方式包括四个方面。

（1）控制权扩张。它是指赋予经营者更大的资产支配权力，以满足经营者的权力欲，从而激励经营者努力工作，创造业绩。在实际工作中，许多企业规模扩张实质上与经营者的权力欲望有很大的相关性。

(2) 社会地位提高。它是指赋予经营者在社会大众中更高大完善的形象与名声，以满足其追求名誉、提升人力资本价值的需求。

(3) 成就感提升。满足经营者因努力工作而获得成就的感觉、自身价值实现的快乐、社会责任履行的高尚体验，从而使之获得内在激励。

(4) 在职消费。它是指经营者在任期内为维持行使经营者管理职能所消耗的费用。在职消费包括经营者的各种福利、办公费（办公用品，电话费等）、交通费（小汽车等）、招待费（公款宴请、公关、联谊等）、培训费（培训、学习班、参观、考察费等）、信息费（为获得各种信息如参加订货会、信息发布会等所耗费用等）、带薪度假和经营者以公务名义进行的其他消费。在职消费可以理解为在此职位可以享有的诸如优越的办公条件，如签单权、豪华公车、外出旅行的特殊待遇、秘书助理、运动场所享受等。

(三) 不同报酬激励契约对管理者的影响

单边治理模式的公司治理结构即英美模式主要采用以工作业绩为基础的工资、以财务数据为基础的奖金、以股价表现为基础的退休金计划；董事会的报酬公开披露。在共同治理模式下即德日模式下，日本以事业型激励为主，包括职务晋升、终身雇用、荣誉称号等，董事的报酬保密；德国的经理人员报酬不像美国那样与公司的盈利、股价直接挂钩。我们把美、日两国的高层经理的激励模式做详细比较，来了解他们对管理者的不同影响。

(1) 关于高层经理聘用的比较。

一般美国公司董事会下都设有提名委员会，负责公司高层经理人员的聘用。美国高层职业经理人的选择主要是依靠发达的经理人才市场公开选聘，即内部提拔，美国公司也往往会根据工作需要和经理人员的工作业绩，破格提拔有能力的底层职业经理人，而不是论资排辈。日本企业人事制度的最主要特征是“终身雇用制”和“年功序列制”。因此，日本企业的高层经理人员通常是在企业内部产生的。人员晋升是按照阶梯一步一步逐级提升的，大多数企业一般不采用跨级提拔和突击选用。企业职工在晋升、工资、奖金评定等方面，也主要受工作年限长短的影响。

（2）关于高层经理薪酬结构比较。

美国高层经理人员的薪酬结构可以分为以下三个部分：基本工资和年度奖金、长期激励机制、福利计划。基本工资和年度奖金是传统薪酬体系的主要部分。长期激励机制主要包括股票期权计划、储蓄-股票参与计划、股票持有计划、虚拟股票计划、股票奖励等，将高层经理人员的薪酬与公司的长期业绩联系起来，鼓励高层管理人员更多地关注公司的长期发展，而不是仅仅将注意力集中在短期财务指标中。福利计划主要包括退休金计划和金色降落伞离职金等，在薪酬结构中所占比例比较低。

目前，美国有50%以上的公司制企业使用长期激励计划，而且股票期权收入已占总收入相当大的比重，近二十年来美国企业竞争力的提高，这种长期激励作用功不可没。

日本公司经理的报酬基本上是由基本年薪、奖金和津贴等构成。日本经理的非现金报酬明显高于美国，而这些非现金报酬包括雇主给经理交纳的社会保险和其他福利项目，这些非现金报酬与经理的职位相关性联系紧密。日本企业高层经理人员薪酬结构中另外一个显著特点是，股票期权等长期激励在日本高层经理人员薪酬结构中所占比例很小，或者几乎没有。

（3）关于高层经理薪酬水平比较。

美国企业高层经理人员的薪酬水平最近几十年来一直遥遥领先于世界其他国家高层经理人员的薪酬水平，而且高层经理人员的收入水平与作业型雇员之间的报酬差距及高层经理人员与中层经理人员的报酬差距之大在全球范围内都是首屈一指的。美国高级经理人员与工人的工资之比从1980年的42∶1扩大到1998年的419∶1。

日本的企业高层经理人员薪酬水平偏低，而且高层经理人员与普通工人的差距越来越小。例如，1927年日本公司经理的税后年度收入是普通工人税后年度收入的100.7倍，而到1979年公司经理的税后年度收入则降为普通工人税后年度收入的7.8倍。

(4) 关于高层经理人员绩效评价比较。

美国高层经理人员的薪酬一般由公司董事会下属的薪酬委员会制订计划、负责实施并报告董事会。薪酬委员会在规划公司高层经理人员薪酬时，除了要充分考虑公司业绩、高层经理人员所领导的团队业绩、高层经理人员业绩和职业经理人才市场上类似人才的报酬情况外，还要综合考虑公司所在行业的特征、公司在行业中的地位、公司的发展阶段、公司对各种薪酬形式的采用、公司高层人员薪酬收入中基本工资的比重等因素，来决定公司高层管理人员的基本工资在行业以及整个市场上的水平。

在日本，经理报酬主要受内部因素决定，不同企业之间经理的报酬差距较大，而且十分不透明。普通员工和中层经理人员的报酬主要是由年功因素决定的，普通员工和中层经理人员的业绩对其报酬的影响并不大。如果中层经理人员一旦能得到晋升，进入高层经理人员的行列，就可以享受到许多非现金报酬，而且非现金报酬在其报酬结构中占很大比例。

四、公司治理模式与外部约束

公司治理模式中的外部约束主要是指通过外部竞争的方式来约束高管人员的行为，通常包括公司控制权市场、经理人才市场和产品竞争市场。

资本市场的有效性提供了有能力的投资者纠正管理不善的公司的可能性。当一个企业经营不善时，首先是董事会对管理层施加压力，甚至是更换新的管理者。如果董事会解决不了，股东大会就会通过选举变更董事会。但是如果公司里面小股东多了，股东大会表决的时候就可能会出现“搭便车”的现象，每个人都不愿意出头，都希望沾别人努力的光，就可能出现正确的意见在股东大会上不能成为多数意见的情况，经理人员的低效率或者败德行为就不能及时得到纠正。在这种情况下，股东将“三十六计走为上计”，在资本市场上出售股票走人。当股东大量出售股票的时候，公司的股价下跌，就可能引起资本市场上战略投资者的注意，引发一个并购过程。

具体来说，如果公司的股权结构比较分散，任何股东在企业中所占的股份都很小，则单个股东就不足以对经理实行有效的监督。然而，由于股份可以自由买卖，当小股东对公司的经营者不满而又无计可施时，他们将基于对公司未来的悲观预期而抛售手中的股票，这就会导致企业股票价格下跌。而有能力的企业家或其他公司买进足够多的股份，就会接管该企业，赶走在任经理。显然，接管保证了公司管理者之间的有效竞争，对经营者形成压力。

同样的，有效的经理市场也会对经营者形成压力，因为，一旦在职经理不称职，董事会可以从经理市场中挑选更加合适的对象。另外产品市场如果越具有垄断地位，则经营者的压力更小。

单边治理模式下对应的是英、美模式，该模式下资本市场有效性高，故而接管市场完善，同时经理市场也发达，经营者受到的约束大。共同治理模式下对应的是德、日模式，该模式下资本市场有效性不足，接管市场发展不完善，经理市场不发达，经营者受到的约束有限。

第四节　管理者行为对资本结构的影响分析

一、财务目标对资本结构的影响

公司治理结构决定了企业的财务管理目标，而不同财务管理目标对管理者有着不同的约束，约束体现在管理者所考虑的利益主体的构成，管理者的行为又会影响到企业的资本结构。

我们衡量资本结构的一个重要指标是财务杠杆利益，杠杆比率为资本结构中债务资本与股权资本的比例关系。因此，财务杠杆利益就成为衡量一个企业资本结构、评价企业负债经营的重要指标。财务杠杆利益是企业运用负债对普通股收益的影响额，重心是负债对股东报酬的扩张作用，其计量公式如下：普通股利润率=投资利润率+负债股东权益 × 投资利润率-负债利率 ×（1-所得税税率）。由公式可见，当企业全部资金为权益资金，或当企业投资利润率与负债利率一致的情况下，企业不会形成财务杠杆利益；当投资利润率高于举债利率时，借入资金的存在可提高普通股的每股利润，表现为正财务杠杆利益。当投资利润率低于举债利率时，则普通股的利润率将低于税后投资利润率，股东收益下降，表现为负的财务杠杆利益。正的财务杠杆利益会导致负债增加，负的财务杠杆利益会导致负债减少。

单边模式或“股权至上”模式下，财务管理目标为股东财富最大化。管理者的压力来自于股东而非债权人，在影响财务杠杆利益因素一定的前提下，管理者应更偏好于债权融资。虽然债券融资有偿付债务利息和还本压力，但由于董事会成员中没有债权人，故而其在管理经营中可以联合股东共同侵占债权人的利益。同时，管理者在经营管理过程中的各种谋私行为的空间会更大。这些眼前利益会导致管理者倾向于债券融资，企业资本结构中债务资本的比例会倾向于增加。

共同治理模式下，财务管理目标为企业价值最大化或相关者利益最大化。企业雇员、债权人、政府等会影响财务杠杆利益指标。政府要求企业付出一定的报酬，相当于税率的提高，表现为公式中所得税税率的增加，那么我们的财务杠杆收益会减少；债权人与企业雇员参与到董事会，他们分别代表了债权人和企业雇员的利益，要求债务利息率和工资报酬的提高，因而企业的管理者再也不能伙同股东共同侵占他们的利益，其效果等价于投资收益率的降低，表现为财务杠杆收益的减少。这三者对管理者行为的影响表现为股权融资倾向的增加，企业资本结构中股权资本比例的上升。消费者、供应商与社会的利益集团同样会导致财务杠杆收益的减少，而一些相互持股的企业和银行，它们对管理者的影响表现为管理者有了相对的独立性和银行派驻代表进入董事会，这些均等价于财务杠杆收益的减少，股权资本比例的上升。

二、董事会制度安排对资本结构的影响

不同的结构治理模式有着不同的董事会结构，不同的董事会结构对管理者的影响体现在约束力上。我们可以认为单层董事会结构对管理者约束力较小，因而管理者以股东利益至上，在资本决策

上，更倾向于债权融资。双层董事会结构有了监事会的监督，故而管理者不再仅仅以股东利益至上，同时要考虑债权人、银行、工人等的利益。那么在资本结构上不再体现债权融资偏好。

过去研究资本结构的理论着重点在于研究最优资本结构的存在性及其特征和影响因素，那么研究董事会结构对资本结构的影响可以转为研究董事会结构对公司业绩的影响，也就是寻找最有效率的董事会。

（一）董事会特征与公司业绩

如果用数学方程来描述西方董事会制度实证研究的主要问题，可以把大量的研究概括为如下三个方程。许多研究实际上是对这三个方程中的一个或几个关系进行检验。这三个方程依次是：

$$a_{t+s} = \phi c_t + \varepsilon_t \tag{4.10}$$

$$p_{t+s} = \beta a_t + \eta_t \tag{4.11}$$

$$c_{t+s} = \mu p_t + \xi_t \tag{4.12}$$

其中，c 表示董事会的特征（如董事会的构成、规模或领导权结构）；a 代表董事会的行动（如同意接管活动或解雇现任 CEO 等）；p 表示公司业绩（如利润）；t 表示时间（$s \geqslant 0$）；ϕ、β 和 μ 是待估计的参数；ε、η 和 ξ 表示其他影响因素的作用（加上残差）。

如果把（4.10）的前两个方程进行联立处理，可以得到董事会特征和公司业绩的关系，即方程四：

$$p_{t+s} = \beta(\phi c_t + \varepsilon_t) + \eta_t \tag{4.13}$$

以上四个方程的关系，如图 4-13 所示。图中逻辑关系的含义在于：具有不同特征的董事会，其行为是不同的，因此，公司的业绩也会不同；反过来，公司的业绩又会影响公司董事会特征的进化。

对董事会结构与经营业绩的影响研究可以从三个方面展开：第一，董事会的构成状况即内部董事和外部董事的比例，或外部董事占整个董事会成员数量的比例。第二，董事会的规模，也就是董事会成员的数量。第三，公司的领导权结构，也就是看公司的董事会

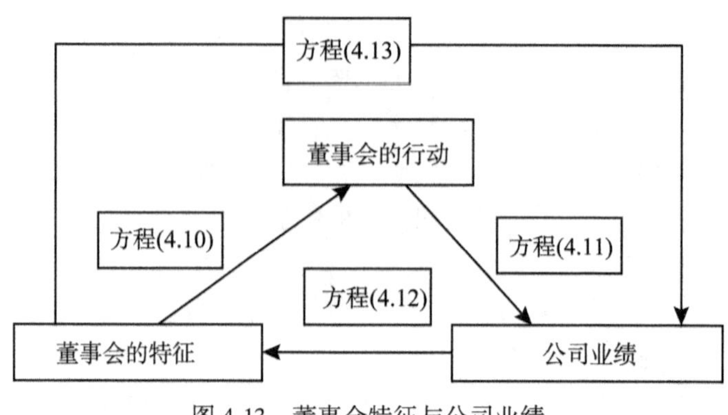

图 4-13　董事会特征与公司业绩

主席与 CEO 是否为同一个人兼任。

（二）董事会的构成与公司业绩

目前，关于董事会成员的流行分类方法来自于 Baysinger 和 Butler 以及 Byrd 和 Hickman 的定义。他们认为，董事可以细分为内部董事、有关联的外部董事（Affiliated Outside Director）和无关联的外部董事，后者也可以成为独立董事（Independent Director）。所谓有关联的外部董事，是指那些虽然不是公司的全日制雇员，但他们往往通过某种方式与公司存在着千丝万缕的关系。比如这些董事可能是与公司有业务关系的商业银行、投资银行、律师、咨询顾问以及客户，甚至是公司主要利益相关者的亲戚、同学；或者是公司原来的雇员。而所谓无关联的外部董事，即独立董事，是除了董事职位之外，与公司再无任何关联关系的董事，这些董事通常可能是个人投资者、知名人士和学者等。

董事中的内部董事，是可以在董事会讨论公司战略与重大决策方面发挥作用的人。这是因为，内部董事具有信息上的优势，他们比较了解企业的专有性信息。正如 Fama 和 Jensen 在 1983 年的论文中提出，内部董事参与公司董事会工作的好处是可以使董事会的决策过程更加有效率。另一个作用是他们加入公司董事会工作，有助于外部董事了解和考察 CEO 候选人。但是，董事会中内部董事数量增多，会降低董事会的独立性。

独立董事对公司业绩的影响，可以通过三个方面来理解。第一，独立董事被认为与企业的管理层关联比较少，可以公正地发表意见，监督公司的现任管理者。独立董事为了维护自己的声望和名誉，一般不会与管理层勾结，他们要通过公司董事职位这一身份向市场传递关于自身价值的信号。所以，独立董事敢于在公司业绩不良时提议或投票撤换公司 CEO，以维护股东利益。第二，独立董事可以运用他们的丰富经验以及在技术和市场方面的知识帮助企业解决经营上的难题。第三，当政治因素对企业的影响较大时，具备政府背景的独立董事就可以帮助企业进行游说，取得政府支持。

在逻辑上推测出不同身份董事的作用之后，测算董事会构成与公司业绩的关系，是实证的一个重点。目前已有的研究可以依据角度的不同，作如下分类：

选择公司的财务数据来作为公司的业绩指标，用董事会中外部董事的比例来描述董事会结构特征的研究工作（Hermalin 等，1991 年；Bhagat 等，2000 年）。几乎所有的研究发现，在外部董事比例和用财务指标衡量的公司业绩之间，不存在什么显著的相关关系。在 Hermalin 和 Weisbach 于 1998 年发表的文章中，他们对出现这种情况的分析是：往往公司的业绩比较差会刺激公司改造它的董事会，增加外部董事的数量和在董事会成员中的比例。所以，其结果导致了有较多的外部董事的企业，其业绩表现为差。这在计量研究中属于共生性（Endogeneity）问题。对上述问题的另外一个解释是归因于较低的信噪比（Signal to Noise Ratio）。这是因为，在董事会构成甚至是公司治理机制之外，有太多的因素会影响公司业绩，所以，一定把公司业绩归结为是董事会构成的必然结构，并在经验研究中要发现显著的证据，是勉为其难的。

该研究方法是避免做变量关系之间的直接回归，转而研究当董事会的构成发生变化之后，企业价值所发生的变化。研究中所使用的方法主要是事件分析法（Rosenstein 等，1990；1997）。在 1990 年的文章中，Rosenstein 等人研究了当公司董事会增加外部董事时，公告日的股价反映。他们发现，当外部董事被任命时，都会出现超额收益，并在统计上有一定的置信度。

Rosenstein 等人的分析基于 Morck 等在 1988 年研究内部人持股效果时的分类方法，发现持股比例在 5%~25%的样本中，市场反应与外部董事占董事会成员的比例之间成正向关系；而在另外的低于 5%和超过 25%的样本中，市场反应与外部董事占董事会成员的比例无关。他们对上述实证研究的解释如下：①当公司内部人持股比较少（低于 5%）的时候，增加内部董事有可能被市场认为会进一步加剧经理人的分离效应（entrenchment effect）；②在内部人持股在适度水平上（5%~25%），内部人利益与管理者利益的一致效应（alignment effect）会超过分离效应，由内部人加入董事会、让他们贡献出对企业的特定信息和分析，其优势可能会被市场认为超过增加内部人的分离效应。在这样的情况下，越是外部人占优势的董事会，增加内部人越会被认为是扬长避短，所以市场反应会越好；③在内部人持股过多的情况下（超过 25%），其本身的分离效应就使董事会制度的运行成本已经较高了，在这种情况下，增加内部董事当然会被市场认为会进一步加大分离效应。

其他的一些关于董事会结构与公司特定行为之间的关系有其他的结果。Weisbach 在 1988 年发现，在外部董事占支配地位（外部董事占董事总数至少 60%）的公司中，CEO 被替换的频率相对于内部董事占支配地位（外部董事少于 40%）的公司要更快一些。Brickley 和 James 在 1987 年发现，经理的在职消费量与外部董事的比例成负相关的关系。Mayers，Shivdasani 和 Smith 在 1933 年用美国互助人寿保险公司行业的样本进行研究发现，公司成本与外部董事在董事会中的比例呈反方向变动。这也就是说，股东一般相信外部董事在公司遭遇接管问题时会按照股东的利益行事。

（三）董事会规模与公司业绩

关于董事会规模的最初认识，来自于两个重要的理论工作：Lipton 和 Lorsch 在 1992 年的论文和 Jensen 在 1993 年的论文。他们都认为，董事会的人员规模小会比规模大更有效一些；董事会的规模增大，董事会成员之间诸如“搭便车”等代理问题就会严重起来，董事会也更具有象征性，而不是作为管理过程的一个部分而存在。这些理论认识与现实情况是相当吻合的。

Lipton 和 Lorsch 根据对公司董事会的案例研究指出：由于现实中公司董事很少对现任管理者制定的政策提出质疑和批评，他们关于公司业绩也往往并不提出坦率的意见和评论，因此，人们通常对董事会所固有的那些看法都是不对的，那些人们想象中的董事会行为规范，在实际生活中经常会被违背。而且董事会的人员规模越大，这些问题就越严重，所以减少董事会规模可以提高董事会的效率。为此，他们建议公司董事会的人员数量应该被限制在 10 人之内，最好是 8 个人或 9 个人。Jensen 完全接受 Lipton 和 Lorsch 的说法，他认为“在现代公司的董事会里，礼貌和儒雅代替了求真和坦诚”，并且主张“当董事会的成员数量超过 7 个人或 8 个人的时候，董事会就不太可能有效地发挥作用，而且很容易被 CEO 控制。”

1996 年，纽约大学教授 Yermack 发表了这个领域最重要的工作成果。Yermack 搜集了 452 家美国大型公众公司从 1984 年到 1991 年的数据，所有的公司都选自 Forbes 根据销售额、总资产等排列的全美 500 家最大公司的排行榜，入选的标准是在 1984 年到 1991 年 8 年之间至少 4 次登上排行榜的公司。Yermack 用托宾 Q 作为公司价值的代表量，然后研究董事会规模和公司价值之间的关系，他证实了在美国大型公司中确实存在着负相关的关系。当公司的董事会成员数量在 4~8 人的时候，托宾 Q 为 1.5~2；而当董事会成员数高于 20 人，托宾 Q 会下降到 1 以下。他由此做出了这样的假设：董事会的规模会影响董事会监督经理人员的激励和能力，因此会影响企业的盈利能力；由于企业的盈利能力决定公司的市场价值，所以从逻辑上讲，董事会规模和公司价值之间存在反向变动的关系。

（四）公司的领导结构与公司业绩

所谓的“领导结构”，是指公司的董事会主席与公司经营“一把手”（CEO）是不是由一个人兼任。如果两个职位由一个人兼任，公司领导权被称为“一元结构”；如果两个职位由不同的人担任，公司领导结构被称为“二元结构”。从法理上说，董事会主席领导整个董事会对股东负责，而公司的经营班子对董事会负责，董事会和经营班子之间的关系是决策和执行、监督与被监督的关系。当经营班子的工作不能令董事会满意的时候，董事会就要解除CEO的职务。反过来，CEO也特别希望能够“俘获”董事会，以稳定自己的工作。所以，为了防止CEO控制整个董事会，不应该由公司的董事会主席担任CEO，或者说公司的CEO不能担任董事会主席。公司应该采取二元领导权结构。

但是在现实中，有很多公司实行一元领导权结构。围绕这个问题，很多经济学家进行了很多计量研究，来验证不同领导权结构的公司治理意义。

Rechener和Dalton在1991年研究了141家企业，在这些企业中，21.3%的企业是二元领导权结构，而另外的78.7%是一元领导权结构。他们用财务指标来衡量公司的业绩，通过回归分析发现，有二元领导权结构的公司在业绩上超过一元领导权结构的企业。Pi和Timme在1933年用银行业样本进行了类似的工作，但他们的研究控制了企业规模等变量的影响。在他们的样本中，一元领导权结构占75%，二元领导权结构占25%。他们的研究发现，有二元领导权结构的公司，成本相对更低，资产收益率更高。1997年，Brickley、Coles和Jarrel的研究结果是与众不同的。当大家都根据逻辑推理和前面的一些经验研究来批判一元领导权结构的劣势时，Brickley等发现了采用一元结构的公司无论财务业绩，还是市场业绩都并不更差的证据。这与现实情况相一致。Brickley等对这些公司采取一元领导权结构进行了解释，他们认为采用一元领导权结构的公司大多正处于CEO的权力交接过程中，在美国当公司采用一元领导权结构的时候，董事会主席通常对公司的情况非常了解，并且拥有很高比例的公司股权。这意味着分散领导权具有很高的代理成本和信息成本，只有当这些成本能够以某种形式被消除或较大程度降低的时候，二元领导权结构才成立。由此，Brickley 等人为，一元领导权结构可能是美国企业权力结构中的一个传统，如果强迫企业接受二元领导权结构，则意味着要求企业放弃一个传统，或改变公司治理中的一个激励机制，这是不可取的。

三、不同的经理报酬激励对资本结构的影响

美、日两国对经理报酬激励机制的设计上存在着很大区别，它们分别从经理聘用、薪酬结构、薪酬水平和绩效评价上对高级经理层产生不同的影响。但是，经理所受到的不同影响对资本结构或者公司业绩上的影响却不是明显的。例如，美国公司的经理在薪酬水平上要远远高于日本公司的经理，两国经理在这点上所受到的激励虽然不同，但都能够达到经理能够很好地为股东服务的目的。因此，我们的分析要从经理报酬激励的最终决定因素入手，期望从中能够找到区别所在。

（一）市场经济环境比较

美国是市场经济发展最为成熟的国家，有完善而又发达的市场体系，有完善的股票发行和交易市场、债券市场等资本市场。发达的经理市场较能够准确地反映人力资本信息，它一方面使企业能够按照需要招聘到合格的职业经理人；另一方面也促使职业经理人加强自身人力资本投资、注重声誉以提高个人竞争力。美国还拥有保证市场经济体制正常运行的完善的法律体系。

日本由幕府统治的封建国家，历经了明治维新、第二次世界大战后的民主改革等资本主义生产方式改革，虽然建立了一个完整的市场体系，但由于特殊的原因，日本资本市场和经理市场都不太活跃，经理人缺乏流动性。这一切又强化了日本的“终身雇用制”和“年功序列制”。

（二）公司股权结构比较

美国公司制度经历了私人股东主导的公司治理模式、经理主导的公司治理模式和法人股东主导的公司治理模式三个阶段。从股权

结构来看，美国在20世纪90年代初以前，是以个人股东为主体，而目前则是个人股东和法人股东并存，法人股东持股略占上风，而且多为单向持股。美国最大的法人股东是机构投资者，如退休基金、商业银行的信托机构、人寿保险公司、共同基金以及各类基金会和慈善机构等。

日本公司的股权结构是在第二次世界大战后日本财阀被解散的过程中逐渐发展起来的，其股权结构主要表现为独特的法人相互持股和主银行制。法人相互持股主要表现为集团内企业间的相互持股，形成相互控股，并在股东会中占据主要地位。由于日本公司融资主要靠向银行借款扩大生产规模，金融机构持股总额近年来保持在40%以上，主要贷款银行一般派代表参加公司的股东大会和董事会，对公司的财务和经营实行有效的监督。

（三）股东监控机制比较

在美国，由于股东人数众多，持股高度分散，容易形成“内部人控制”。随着机构法人股东持股额的增大和持股比例的提高，机构法人持股的稳定性相应增强，机构投资者正在由短期投资者向长期投资者转化。

在日本，由于各个法人股东相互持股，持股法人不太关注股票的分红，而是着眼于长期利益及彼此间的长期交易关系和分工协作关系，以保证自己的投资安全和长期发展，从而使持股行为趋于长期化，不再受股市行情的左右而轻易抛出股票，股票的流动性大大减弱。

综上所述，可以看出美、日两国公司高层经理激励模式的差别分别从以下几个方面决定。第一，美国完善而又发达的市场经济体系，不仅促进了美国高层经理人员聘用和晋升过程中的市场化，而且对公司高层经理人员的绩效评价也主要是依靠市场进行的；日本不太活跃的经理市场和资本市场使得其高层经理人员的选择和晋升只能在企业内部进行，而且经理人员的晋升又是论资排辈的结构，对高层经理人员的绩效评价主要取决于其“年功”和“官位”。第二，由于美国公司股权相对分散，经理市场、资本市场十分活跃，经理更迭频繁，恶意收购时有发生，为了防止高层经理人员过分注重短期利益，美国公司经理报酬结构中的长期激励占的比重很大，而且还有进一步增大的趋势。这样一方面使高层经理人员的薪酬水平大大高于中下层管理人员和普通员工，另一方面也使在董事会拥有实际控制权的高层经理人员从多方面影响董事会为自己制定出更高的薪酬，难怪美国大多数公司高级管理人员薪酬增长幅度大大高于其公司市场价值增长幅度，有时甚至出现公司业绩明显下滑，但公司高级管理人员薪酬却大幅度上涨的局面。日本的双向法人相互持股和主银行制，使法人股东和主银行都关注企业长期利益，而不太关注股票行情，股东和债权人具有参与公司管理与监督经理层的条件和积极性。企业高层经理人员也往往能从企业长远利益出发，制定企业长期发展战略，如果只追求短期利益则会付出很高的代价。这样就使得日本企业没有必要再针对经理人员制定长期激励计划，因此，在日本高层经理人员的薪酬结构中，长期激励所占的比例就很少或者几乎没有，最后导致日本高层经理人员缺乏长期激励收入。

所以，美国公司中的经理报酬激励模式会使经理更趋向于股权融资，一方面由其资本市场发达程度决定，另一方面也由于其高度的股权分散化特征决定；而日本公司的经理报酬激励模式会使经理更趋向于债券融资，这由于其资本市场的不发达以及主银行对公司的持股比例。

四、外部约束力的大小对资本结构的影响

英、美模式下，经营者所受约束力大，资本市场发达，容易发生接管兼并事件，故而经营者更倾向于债权融资以维持自己的地位。德、日模式下，经营者所受约束力有限，大部分股权由往来企业和主银行相互持股，故而经营者更倾向于股权融资以减轻自己的工作压力。当然，这些分析是片面的，因为如果从资本市场发达程度来看，美，英国家在实际中更倾于股票融资，这是从其便利程度

来考虑的。

◎ 参考文献

1. 费方域．什么是公司治理．上海经济研究，1996（5）.
2. 费方域．董事和董事会的结构．上海经济研究，1996（7）.
3. 李荣林．欧盟公司治理——经验借鉴与中国实践，天津：天津大学出版社，2006.
4. 玛格丽特．M．布莱尔．所有权与控制．北京：中国社会科学出版社，1999.
5. 迈克尔．R. 戴蒙德，朱莉．L. 威廉斯．美国公司运作模式与税务筹划，北京：中信出版社，2003.
6. 宁向东．公司治理理论，北京：中国发展出版社，2005.
7. 钱颖一．转轨经济中的公司治理结构．北京：中国经济出版社，1995.
8. 芮明杰，袁安照．现代公司理论与运行．上海：上海财经大学出版社，2005.
9. 孙永祥．公司治理结构：理论与实证研究．上海：上海人民出版社，2003.
10. 沈艺峰．资本结构理论史．北京：经济科学出版社，1999.
11. 田志龙．经营者监督与激励．北京：中国发展出版社，1999.
12. 唐楚生．中日公司内部治理结构的比较分析．现代日本经济，1998（6）.
13. 吴晓求．中国上市公司：资本结构与公司治理（2003），北京：中国人民大学出版社，2004.
14. 吴敬琏．建立有效的公司治理结构．天津社会科学，1999（1）.
15. 杨斌．欧盟公司治理——经验与启示．天津：天津大学出版社，2006.
16. 杨亚达，王明虎．资本结构优化与资本运营，大连：东北财经大学出版社，2001.

17. 曾小青．公司治理、受托责任与审计委员会制度研究，大连：东北财经大学出版社，2005.
18. 张维迎．公司融资结构的理论契约：一个综述．改革，1995（4）.
19. 张维迎．所有权、治理结构与委托——代理关系．经济研究，1996（9）.

第五章　资本结构与公司治理结构相关关系研究——以湖北省上市公司为例

第一节　资本结构、公司治理与企业价值

一、资本结构、公司治理、企业价值概念界定

（一）资本结构

资本结构（Capital Structure）即在企业总资本中债务性融资与资本性融资的比例，它反映了企业各项资本来源的组合状况，因此又称为企业的融资结构。企业资本结构研究的侧重点常常放在股权资本与债权资本之间的比例上，即它考察的常常是长期资金项目之间的比率。它包括两个相关的问题，一是资本结构的构造技术，另一个是适合该企业长期稳定发展的资本结构状态。企业的主产、经营和发展离不开资本，一般而言，公司的资本来源主要有三个部分：企业内部的资本积累，发行股票筹集的权益资本和出售债券获得的债务资本。现代企业几乎找不到完全依靠内部资本满足公司资本增长要求的企业，也就是说，外部融资在现代公司制企业的成长中具有重要的作用，所以公司的出现造就了资本市场、股票交易和上市公司。公司进行外部融资可以采用债务融资，也可采用权益融资。虽然这两种方法可以满足企业对资本的要求，但是，不同的融资决策将使企业在未来发展中处于不同的财务和经营状态，因此，这便产生了融资决策问题。企业的融资决策从根本上又决定了企业

的投资决策，而投资决策的不同又决定和反映着企业的经营状况和企业的市场价值，因此，从企业的经营目标和长期发展战略来看，不同的企业必定有与自己相适宜的稳定的资本结构。

从资本结构的定义来看，它似乎是一个十分简单的问题，仅反映了企业资本的来源和组成比例状况。其实不然，正是因为这种资本组成的不同比例关系，反映出企业的本质问题，如企业的成本与市场价值，企业的治理结构状态，企业的稳定存续性等。

（二）公司治理

公司治理是现代企业理论的一个重要概念和研究主题。国外最早见诸文献是在 20 世纪 80 年代初期。在我国则始于 20 世纪 90 年代初期关于国有企业进行现代企业公司制改造的讨论。公司治理的英文名称为“ Corporate Governance”，国内经济学界通常将其译成“公司治理结构”，也有人将其译成“公司督导”，“法人治理结构”。由于公司治理本质上是一种制度安排，反映和体现着公司的运行机制和经营绩效，所以学者们从一开始就从不同的角度对其进行分析。这样关于公司治理的概念也就有不同的界定，至今未有统一的定义。目前国内有代表性的概念就有如下几种：

（1）狭义地讲，公司治理结构是指有关公司董事会的功能、结构、股东的权力等方面的制度安排，广义地讲是指有着公司控制权和剩余索取权分配的一整套法律、文化和制度性安排，这些安排决定公司的目标，谁在什么状态下实施控制，如何控制，风险和收益如何在不同企业成员之间分配这样一些问题。因此，广义的公司治理结构与企业所有权安排几乎是同一个意思，或者更准确地讲，公司治理结构只是企业所有权安排的具体化，企业所有权是公司治理结构的一个抽象概括。①

（2）所谓的公司治理结构，是指所有者对一个经营管理和绩效进行监督和控制的一整套制度安排。公司治理结构中最基本的成

① 张维迎．所有制、治理结构与委托-代理关系——兼评崔之元和周其仁的一些观点．经济研究，1996（9）．

分是通过竞争的市场所实现的间接控制或外部治理，而人们通常所关注或定义的公司治理结构，实际指的是公司的直接控制或内部治理结构。后者虽然是必要的和重要的，但与一个充分竞争的市场机制相比，只是生出的制度安排，其目的是借助于多种可供利用的制度安排和组织形态，以最大限度地减少信息不对称的可能性，保护所有者利益。①

（3）公司治理结构是用以处理不同利益相关者即股东、贷款人、管员人员和职工之间的关系，以实现经济目标的一整套制度安排，它包括如何配置和行使控制权，如何监督和评价董事会，如何设计和实施激励机制。②

从上面所列举的定义可看出，公司治理涵盖这样几个内容：

（1）它是一种所有者与经营者就如何达到企业价值最大化的目标的一整套制度安排。在“制度安排”这一点上，学者们已达成共识。

（2）公司治理结构要解决的核心是委托代理问题。它源于所有者与经营者之间潜在利益的不一致。所有权与经营权的分离是现代公司制企业经营的优点和特征。这一特征是由所有者与经营者之间的委托代理的契约关系所决定的，由于委托人与代理人的目标函数不一致、信息不对称、责任不对等使经营者有极大可能偏离所有者的委托目标。因此，这就需要公司内部有一套制度保证既使经营者有充分的经营自主权，又使经营者能按委托人的意愿努力经营。所以，公司治理实质上要解决的是因所有权和控制权相分离而产生的代理问题。

（3）其基本特征在于构建一套激励约束机制，以减少代理成本。为了减少代理人的败德行为就需要对代理人进行激励与监督，由此必然导致代理成本的产生。如何使激励最佳情况下的成本最小，这就需要一套方法的设计。因此，任何代理经营中，都有具体

---

① 林毅夫等．现代企业制度的内涵与国有企业改革方向．经济研究，1997（3）．

② 郑红亮．公司治理与中国国有企业改革．经济研究，1998（10）．

的对代理人的激励、约束和控制的措施。郑红亮认为公司治理要处理的是公司资本供给者确保自己可以得到投资回报的方法问题。(郑红亮，1998) 一般而言，良好的公司治理结构能够利用这些制度安排的互补性质，并选择一种结构来减低代理人成本。（钱颖一，1994）公司治理结构的特点在于其分权与制衡，但公司治理并不是为了制衡而制衡，而是为了保证公司科学决策进行的制度安排与设计。这种制度本身就是一个结构、机制的综合体。公司治理的核心在于保证企业的决策科学和提高公司业绩，权力制衡只是手段，建立在政策观念上的公司治理不仅需要一套完备有效的公司治理结构，更需要治理机制的有效运作。(李维安，2001)

(4) 从外延上看，它包括外部治理结构和内部治理结构。这是由于企业需要一个环境依存。在竞争的市场环境中，适者生存，能生存者，必能经得起市场的筛选。这说明市场环境给企业界定了活动空间和准则，这可看作公司的外部治理结构。具体地讲外部治理结构是指所有者通过市场经营者的间接控制，在产品市场、资本市场及经理市场都具备竞争性特征的条件下，所有者对经营者的监督与评价就可以借助于具有可比性的指标来进行，这会增加法人治理结构过程的透明性和客观性，并可以降低其成本。

综上所述，对公司治理作如下简要的界定：公司治理就是委托人与代理人之间为减少代理成本、达到企业价值最大化，而就企业控制权、经营者的激励与约束所达成的一整套公司权利、责任分工和约束机制的制度安排，它包括内部治理和外部治理两个方面的内容。公司治理模式主要有三种：英美的市场导向型治理模式、日德的网络导向型治理模式及东南亚诸国盛行的家族型治理模式。

(三) 企业价值

现代公司制企业的经营目标是企业市场价值最大化，这种价值评估是基于企业经营未来现金流量的贴现折算的，它包括了运营资本的时间价值和风险报酬等因素。用公式可表示为：

$$V=\sum_{t=1}^{n}\frac{c_t}{(1+r)^t} \tag{5.1}$$

其中 V 代表企业价值，C 代表未来现金流入量，r 代表贴现率，即资本成本（或资本的机会成本），t 代表第 t 期。从这一估价模型可看出，企业的价值取决于三个方面，即未来现金流量、贴现率及企业存续的时间。若未来现金流量越大，或贴现率越小，则企业价值越大，反之亦然。现金流量取决于企业的经营状况，它与一定时间内企业的经营利润相关，而企业的经营能否赢利，关键在于企业的投资决策，企业只有投资于净现值大于零的项目，才能保证企业有赢利。尽管投资决策由对项目的预测和管理运作所决定，但融资策略也是一个重要的问题，因为不同的融资决策会带来不同的筹资成本，进而影响投资项目的净现值。

贴现率也即资本成本，资本成本由企业筹资的加权平均成本来表示，资本成本越小，则企业价值越大。企业存续期越长，企业的价值越大。

若仅从融资角度考虑，资本结构是融资成本最小化问题，若考虑到企业制度，则资本结构就成为一个如何使资本结构最优，以使企业各种经营成本最小化的问题。

二、资本结构、公司治理、企业价值的相互关系

优化资本结构与加强公司治理最终的目的都是增加企业价值，因此在考察资本结构和公司治理的相关关系问题上，不能离开对公司价值问题的讨论。从已有的理论文献上看也的确如此。下面我们试图从资本结构发展史的角度来讨论这三者之间的关系。资本结构理论按照发展历程可以分为资本结构的传统理论、经典理论、现代理论。

（一）传统理论

资本结构传统理论的代表人物是杜兰特，该理论认为：债务融资成本（K_d）、权益融资成本（K_e）、加权融资成本（K）都会随着资本结构的变化而变化；债务融资成本小于权益融资成本，即

$K_d<K_e$；谨慎的债务融资不会明显增加企业的经营风险，即 K_d 和 K_e 基本保持不变。这意味着在谨慎的债务融资范围内，加权资本成本将随着负债比率（D/V）的增加而减少，企业价值（V）随着其增加而增加；而过度的债务融资将导致权益资本成本与债务融资成本明显上升，致使加权资本成本上升，企业价值下降（见图5-1）。这就是说，理论上存在一个最优负债比率使得企业价值最大化，若从经济学角度讲，在该最优负债比率点负债融资的边际成本等于权益融资的边际成本。

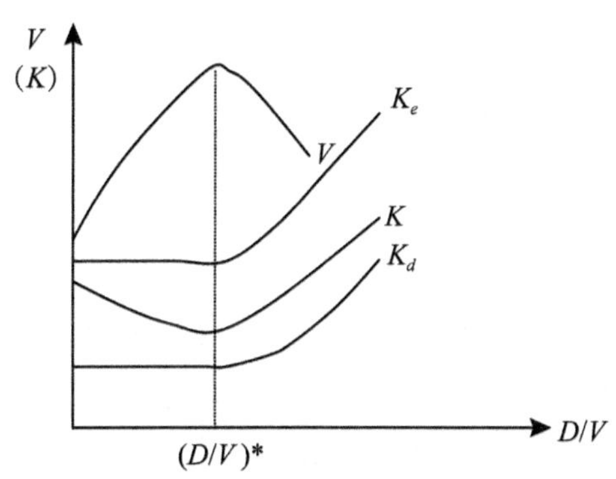

图 5-1　资本结构传统理论

传统理论是将资本结构与企业价值联系起来考虑，最优资本结构对应着融资成本的最小，从而企业的价值最大，资本结构与企业价值的关系是通过融资成本联系在一起的，即：资本结构——→融资成本——→企业价值 。

传统理论对资本结构与企业价值的研究只限于一种经验的描述，符合现实情况却没有严密的推导和证明，这是它的缺陷，而且可以注意到，此时资本结构并没有和公司治理直接联系起来。

（二）经典理论

资本结构的经典理论始于 1958 年 Modigliani 和 Miller《资本成本、公司理财与投资理论》一文的发表，即所谓的 MM 定理的提出。在此后的二十多年里，二位作者及其他经济学家和财务学家的后续研究形成了资本结构理论研究的黄金时代，其后的研究，也多是通过放松 MM 定理的前提假设来重新论证从而得出一个新的结论。经典的资本结构理论包括 MM 定理、修正的 MM 定理、米勒均衡模型及权衡理论。

1. MM 定理

MM 定理是以完善的资本市场为前提，其零交易成本、无政府限制、自由交易及资本资产可无限分割等假设蕴涵着新古典学派的气息，除此之外，无税收和无破产成本的假定是 MM 定理中尤其值得注意的。

MM 定理包括三个命题。

命题 1："任何企业的市场价值与其资本结构无关，而是取决于按照与其风险程度相适应的预期收益率进行资本化的预期收益水平。"①

这个命题的前半句是我们熟知的"无关性"命题，即"资本结构与企业价值无关"；后半句其实是谈到企业价值的决定问题，其含义与前文所论述到的企业价值的决定一致，所谓的"预期收益率进行资本化的预期收益水平"就是指除去资本成本、资本折旧等影响后的未来现金流收入水平。而我们知道，未来的现金流收入水平和公司的治理状况是紧密相关的。这意味着，命题 1 在说明资本结构与企业价值无关的同时，也隐含考虑到了公司治理与企业价值之间的关系。

命题 2："股票预期收益率应等于出于同一风险程度的净权益流量的资本化率加上与其财务风险相适应的风险溢价（premium）。其中财务风险是净权益流量资本化率和利率之差与负债融资比率的乘积。"②

---

① Modigliani F., M. Miller. The cost of capital, corporation finance and the theory of investment. Amercian Economic Review, 1956 (48).

② Modigliani F., M. Miller. The cost of capital, corporation finance and the theory of investment. Amercian Economic Review, 1956 (48).

命题3：“任何情况下，企业投资决策只能依据净权益流量资本化率，它完全不受融资工具类型的影响。”①

命题2意味着负债企业的权益资本成本随着财务杠杆的上升而增加；命题3较多地涉及投资决策问题，在有关资本结构理论的文献中讨论较少。三个命题中，命题1是核心，不仅说明了资本结构与企业价值无关，而且初步涉及了公司治理与企业价值之间的关系。

2. 修正的MM定理

修正的MM定理是修正关于原MM定理中的无税收假定，考虑了在征收公司所得税情况下资本结构与企业价值之间的关系。按照美国的税法规定，企业负债所支付的利息可计为企业的费用支出，可享受免税的优惠，而企业用于股利的费用支出却不能享受到这样的优惠，因此，在“大蛋糕”不变的情况下，增加企业负债比率是有利于企业价值增加的。此修正单纯考虑到通过改变企业资本结构和利用税法规定来增加企业价值的问题，并未考虑到债权和股权比重的变化可能引起的所有权和控制权结构的变化，即没有考虑到公司治理的问题。

3. 米勒均衡模型

米勒均衡模型是在考虑企业所得税的情况下又进一步考虑个人所得税，其实是在放松这两个假定的情况下来讨论资本结构对企业价值的影响。修正的MM定理认为企业价值会随着资本结构的增加而增大，而在加入了个人所得税之后，这种增加的速度会有所减慢，但是无法阻止企业价值增加的趋势。

4. 权衡理论

在米勒均衡模型的基础上，再放松无破产成本的假设来考虑资本结构与企业价值之间的关系就是权衡理论的内容。在前两个理论中，考虑到税收增加资本结构总体会增加企业价值，这意味着企业价值最大化对应着100%的负债率，然而随着企业负债率的增加，

---

① Modigliani F., M. Miller. The cost of capital, corporation finance and the theory of investment. Amercian Economic Review, 1956 (48).

必然会导致企业破产成本①的增加，这样会导致企业价值的减少，如图 5-2 所示。

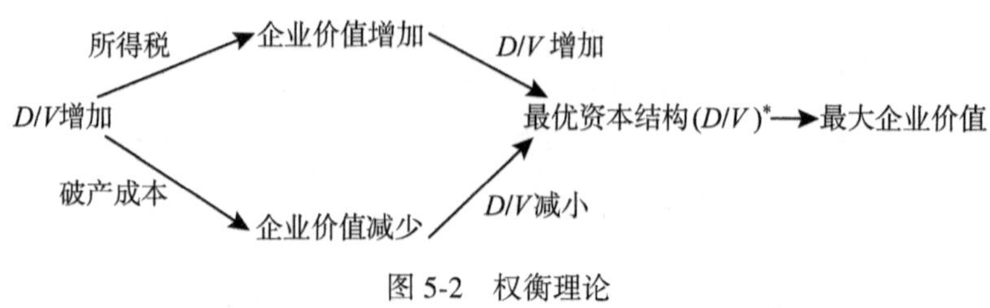

图 5-2　权衡理论

同一个起因导致两个相反路径的结果产生，说明必然存在一个权衡使总结果最优。资本结构的增加一方面通过“所得税”使企业价值增加，另一方面通过破产成本使企业价值减少，权衡两方面的力量，一定存在着某个资本结构点，使企业的整体价值最大，那么这个资本结构点就是企业的最优资本结构。权衡理论放松假定使理论和现实更加接近，得出的结论也和现实情况更贴切。但是此处仍只考虑到资本结构和企业价值之间的静态关系，没有考虑到公司治理环节。

（三）现代理论

经典资本结构理论是基于理性人假设、有效市场假说（EMH）和股东价值最大化假设进行研究的，它没有考虑企业产品市场竞争、非理性行为和公司治理对公司融资决策的影响。正是由于这些缺陷，经典公司财务理论很难解释如公司基于其永续竞争战略的财务保守行为、由于资本市场投资者非理性而造成的企业融资的“市场选择”行为、“IPO”之谜和人力资本的剩余索取权和剩余控制权。并且另一个值得注意的现象是，在新经济时代，人力资本日益成为影响企业价值的最重要因素，因此，在传统的资本结构里面

---

① 张娟．发达国家企业融资结构研究及对我国的借鉴．武汉：湖北大学商学院，2002.

加入人力资本也是资本结构理论发展的一个新的方向。在公司资本结构决策过程中，难免要考虑到公司的员工、原材料供应商、客户、政府、竞争对手等各方面的利益，尤其是公司人力资本的影响；投资者和公司的管理者的“非理性”行为则会在很大程度上影响公司资本结构的决策。现代公司资本结构理论出现了产业组织理论、行为金融理论、公司治理理论相互交叉、彼此融合的特征，并且受人力资本的影响，如图 5-3 所示。

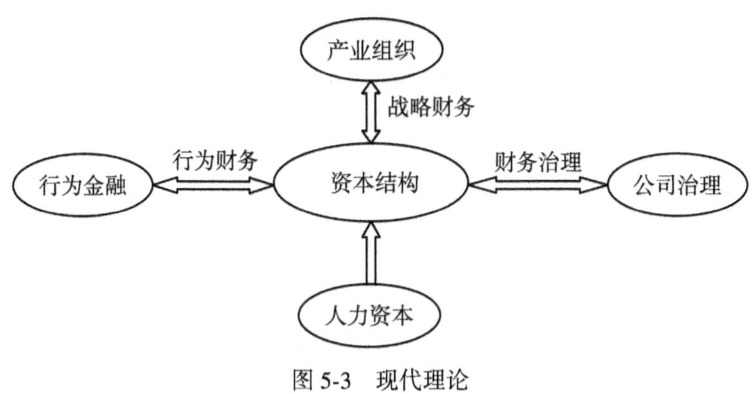

图 5-3 现代理论

此处，我们只深入讨论资本结构和公司治理之间的关系，资本结构发展的其他方向可以参考相关文献。资本结构和公司治理是企业理论中的两个重要问题，二者对公司的绩效均有着显著的影响，公司资本结构和公司治理理论有着十分重要的联系。“资本结构之于现代公司的重要性，不仅仅体现在融资成本与公司的市场价值方面，更加重要的是其影响公司的治理结构。”① 资本结构影响着公司治理结构即所有权安排，股权和债权均对公司形成控制权，两者有着不同的控制权形式，共同构成公司治理结构的基本内容，股权和债权两方面的控制权的有机组合完善了公司的治理结构，与此同时，公司的治理结构也影响着最优资本结构。

---

① 青木昌彦，钱颖一．转轨经济中的公司治理结构．北京：中国经济出版社，1995.

从公司治理结构对公司资本结构的影响角度来看，主要分为两条线索来研究：第一，强调公司内部产权安排的重要性，称为内部治理机制；第二，强调公司外部因素对在职经理的约束，称为外部治理机制。公司的内部治理机制和外部治理机制对公司的资本结构都产生重要的影响。下面按照这两条线索，简述公司治理结构对公司资本结构的影响。

（1）公司内部治理结构对资本结构的影响。

公司的内部治理结构主要包括大股东治理、机构投资者、管理者持股和外部独立董事等。他们形成的有效的公司治理结构对于改善企业的资本结构有重要的作用。

大股东是公司治理中一个非常积极有效的角色，股权相对集中的公司，大股东对公司经理层的治理比较有效。Jensen 和 Meckling、Hart、Shleifer 和 Vishny 认为公司的机制取决于公司内部股东所占有的股份比例，所有权的适当集中有利于公司绩效的提升。Shleifer 和 Vishny 认为，公司大股东有很强的动力监督经理人员以保护自身的利益。Yafeh 和 Yosha 的实证研究表明，由大股东治理的公司，其广告费用、研发费用和管理人员休闲娱乐费用均有大幅度的下降。Shome 和 Singh 的实证研究也支持了大股东“有效监督假设”。与此同时，大股东治理也有成本，主要是体现在大股东对其他中小投资者的压榨上，一些实证研究表明大股东侵占现象确实存在。然而，无论是大股东治理或者是侵占，其对于公司的资本结构产生了重大的影响。

机构投资者一般包括投资基金、保险公司、养老金、共同基金以及实业公司等，某些情况下，银行简单持有公司股份的时候，也是机构投资者。机构投资者因为持股数量大，专业水准高，使得其对公司管理层的监督比一般的股东更有效率。Kenneth 和 Ramesh 等人对机构投资者监督与公司资本结构、管理者持股之间的关系进行了实证研究。结果显示，公司债务比率、管理者持股数量与机构投资者持股比率成反比。其他一些研究者的实证研究也得出了类似的结论。

Kim 和 Sorensen 的实证研究发现，管理者持有的股权和企业的杠杆比率呈现显著的正相关。Gerald、Donald 和 Thomas 的实证研究发现：管理者持股与公司债务比率、股利数量成反比。我国学者徐晓东、陈小悦（2003）以中国上市公司为样本的实证研究表明：第一大股东为国有股股东的公司具有更大的财务杠杆比率。

独立董事制度最初发源于美国，担任独立董事的大多是企业外部的专家，其专业性、客观性以及良好的道德操守能够对企业融资决策产生重大的正面影响。Agrawa 和 Knoeber 对管理者持股、独立董事监督、机构投资者代表进入董事会、存在控股大股东等五个治理机构都是有效的，而独立董事监督是显著有效的治理机制。

（2）公司外部治理结构对资本机构的影响。

公司外部治理结构主要包括公司债权人治理、公司控制权市场、经理人市场、产品/要素市场竞争等几个方面。

公司的债权人（尤其是银行），通过银行的监督和严厉的债务条款来对公司管理层形成约束作用。Smith 和 Warner 认为，债务合同中的保护性条款对于企业和企业经营者在投资、融资、股利分配和公司经理收入等方面的限制会有效影响企业融资行为，改善公司治理结构。债权人（尤其是银行等大债权人）的专业化将有效提高治理的绩效，而债权人治理在日德公司治理模式占有很重要的地位，银行在融资和公司监控方面有着实质性的参与。

Fama 和 Lawis 从银行这个主要债权人角度指出，银行可以从借款人（公司）手中获得有价值的企业情报，从而使银行能够监督和控制企业，因而银行的实质性职能是经济控制。Jensen（1986）研究了在公司具有的剩余资金的情况下，债权对公司经营者的经营行为所起到的控制作用。他指出债权对于公司经营者是一种“硬约束”，他对于企业经营者的不正当经营行为具有制约作用。Lins 和 Roper（2001）的实证研究表明，债务融资能够增加股东的价值，但是并不包括所有类型的债务。只是带有附带监督的债务资金，如银行辛迪加中的主银行监督，由于他可以减少信息不对称和过度投资带来的代理成本，这种债务资金与股东价值正相关。

在英美公司治理模式下，公司的股东比较分散，难以形成有效大股东治理，于是产生了敌意收购的市场监管模式。公司控制权市场显著地影响了公司的资本结构。Palepu 发现公司被接管的可能性和企业的杠杆比率呈显著的负相关。而股票的价格随着双重投资结构以及其他反收购措施的实施显著下降。而经理人市场的存在对于管理人员的行为也进行了有效规制。

产品/要素市场竞争与资本结构相互关系的研究有助于解释不同的竞争结构和竞争战略的行业资本结构的差异。Boewn（1982）、Bradley（1984）的研究发现，同行业企业具有相似的资本结构，不同行业的资本结构则确有差别，并且具有时间上的稳定性。产业集中度的高度也影响企业的资本结构，在集中度比较高的行业，当业内主要企业因为融资约束或者杠杆并购（LBO），导致财务杠杆高的时候，财务杠杆低、现金流充裕的竞争对手往往主动发动价格战或者营销战（如增加广告投入，给经销商让利等），降低产品利润和经营现金流入。逼迫高财务杠杆企业陷入财务危机，从而降低竞争程度。因此财务杠杆低本身就是一项竞争优势因素，特别是在主要竞争对手之间经营效率无差异的时候。

目前，研究治理结构和资本结构之间的关系主要有 Jensen 和 Meckling 的代理成本理论模型、Grossman 和 Hart 的债务担保模型、Myers 和 Mujluf 的优序融资理论、Harris 和 Raviv 的控制权模型、Leland 和 Pyle 的信号传递模型、Ross 的激励信号模型、债务缓和模型、声誉模型、Heinkel 模型等。下面逐一介绍这些模型。

1. 代理成本理论模型（Jensen 和 Meckling）

以 Fama 和 Miller（1972）的早期研究为基础，Jensen 和 Meckling（1976）对这一领域的研究做出了开创性贡献。自此以来，研究人员对由代理成本（即委托人与代理人之间的利益冲突）所决定的资本结构模型的研究投入了大量的精力。

Jensen 和 Meckling 将利益冲突划分为两种类型，一是股东与经理人员之间的利益冲突。这种利益冲突起因于经理人员剩余索取权不足。由于剩余索取权不足，经理人员承担了增加利润的所有成本，但却不能得到利润增加的全部。因此，经理人员很可能在企业经营中偷懒，或者通过改善办公条件、建立企业帝国等在职消费手段，将公司财富转化为个人利益。经理人员承担了抑制上述在职消费的全部成本，但却只能得到因此而增收的一部分。因此，他们常常不去追求企业价值最大化，而是在谋求在职消费中过度放纵自己。这种经理人员无效率随着经理人员持股比例的增加而减少，反之，随着经理人员持股比例的减少而增加。Jensen将经理人员持股比例的减少所导致的无效率称为股权代理成本。假定经理人员绝对投资额不变，那么，企业债务融资比重的增加将增加经理人员持股比例，减少经理人员与股东利益冲突所造成的损失。此外，由于债务融资将迫使企业支付现金，从而经理人员可以用于在职消费的自由现金流减少。负债融资这种缓解经理人员与股东之间利益冲突的作用称为债务融资利益①。

另一种利益冲突存在于债权人与所有者之间。这种利益冲突产生的原因在于债务契约为所有者提供了一种次优投资激励②。具体而言，依据债务契约，如果项目投资获得了高于债务面值的投资回报，所有者将获得其中的绝大部分。然而，一旦投资失败，根据有限责任原则，债权人将承担其后果。在这种制度安排下，所有者可以从高风险投资中获利，尽管这些投资可能导致企业价值的下降。这样，所有者从债权人的损失中获得的收益完全可能超出其不良投资所造成的股票价值损失。然而，一旦债权人预期到所有者的未来行为，所有者就必须承担不良投资的一切后果。这种情况下所有者将面临更高的债务融资成本，甚至是债务筹资困难。这样，债务融资导致了风险投资激励成本。这是债务融资的代理成本效应，一般

---

① Grossman和Hart（1982）提出了另一种负债融资利益，即如果破产对经理人员而言意味着是一种成本（因为破产将造成经理人员声誉或控制权损失），那么债务融资就存在一种激励效应，它能促使经理人员努力工作、减少在职消费、注重投资决策，因为上述行为能够降低企业的破产概率。

② 显然，如果每个投资者按各种证券的价值比例持有每一种证券，那么证券持有者之间就不存在冲突。因此，我们假定所有者之间不存在共谋。

称为资产替代效应①。

Jensen 和 Meckling 认为，可以通过权衡债务代理成本与债务融资利益确定最优资本结构②。随着债务融资比例的提高，负债融资利益（即股权代理成本）将减少；相反，负债融资成本将增加。当负债融资的边际利益与负债融资的边际成本相等时，企业资本结构实现最优。

代理理论的政策含义在于：

（1）人们希望债务契约包括防止过度投资的有关条款，如要求设立利息保证金、禁止向新的无关领域投资；

（2）在那些资产替代受到限制的行业，企业的负债水平往往较高。因此，可以预期受到管制的公用事业、银行以及发展机会较少的成熟行业的企业可能有较高的负债水平；

（3）那些慢速成长甚至负成长更好的公司以及那些拥有较大内部现金流的公司应当有较高的负债。缺乏投资前景的大规模自由现金流是在职消费、建立企业帝国、过度奖励下属等股权代理成本形成的根源。提高负债水平可以减少自由现金流、增加经理人员剩余索取权。Jensen（1989）认为钢铁、化学、酿造、烟草、电视、无线电广播以及木器和造纸行业具有上述特征。依据代理理论，这些行业应当有较高的杠杆水平。

2. 债务担保模型（Grossman 和 Hart）

Grossman 和 Hart（1982）建立了一个正式的代理模型（简称 GH 模型，又称债务担保模型）。在 GH 模型中，债务是一种担保机制，它能使经理人员增加个人努力，减少个人享乐，从而降低所

---

① Myers（1977）提出另一种代理成本。他认为当企业濒临破产的时候，所有者没有投资于增加企业价值项目的动机。其原因在于此时所有者承担全部投资成本，而其投资收益可能主要被债权人所得。这样，较高的债务水平使得更多的增加企业价值的投资项目被拒绝。这种代理成本可以得出与 Jensen 和 Meckline 相似的结论。

② 一些学者指出通过经理人员激励计划或更为复杂的金融工具（如可转换债券）可以减少乃至消除代理成本问题（Bamea et al.，1985；Brander 和 Poitevin，1989）。

有权与控制权分离所形成的股权代理成本。GH 模型认为经理人员的效用依赖于其职位，从而依赖于企业的生存。原因在于一旦企业破产，经理人员将丧失他们所享有的一切任职好处，即经理人员必须承担破产成本。因此，经理人员必须权衡个人收益流量与自身承担的破产成本。然而，破产对经理人员约束的有效性取决于企业的融资结构，尤其是负债/权益结构，这是因为企业破产概率与其负债/权益比率正相关。假如项目投资完全通过股权融资，其破产概率为零，经理人员就可能挥霍无度；假如项目投资完全依赖负债融资，则任何非利润最大化的选择都可能导致企业破产。因此，负债融资具有一种缓和股东与经理人员之间冲突的激励作用。在 GH 模型中，负债融资可能对经理人员有利，原因在于如果经理人员完全依赖股权融资，企业就没有破产风险，这意味着经理人员处于软约束状态，也就是说，经理人员缺乏追逐利润最大化的积极性。其结果是市场对企业的评价较低，企业融资成本较高。相反，如果经理人员进行负债融资，就会向股东传递这样一种信号：一旦经理人员放弃利润最大化目标，其自身利益也要受到损害（因为企业破产将使经理人员丧失所有的任职好处）。基于上述理由，市场将负债看做是企业利润增加的信号，因此，负债将使企业市场价值提高。这样，经理人员具有进行负债融资的积极性。

3. 优序融资理论（Myers 和 Mujluf）

优序融资理论，又称融资顺序理论，在资本结构理论中占有重要的地位。他们认为，信息非对称源于控股权与管理权的分离，在非对称信息条件下，经理人员作为内部人比市场或投资者（外部人）更了解企业收益和投资的真实情况。外部人只能根据内部人所传递的信号来重新评价自己的投资决策。企业资本结构、融资决策或股利政策都是内部人传递信号的手段。假设企业现有一个新的高盈利性投资项目，且该项目一旦付诸实施，一定能使企业价值上升。当存在非对称信息时，投资者对这个项目的盈利能力缺乏足够的认识。此时，企业若选择发行新股筹集资金，往往被市场误认为其资金周转失灵。因此，其公司股票价格将下跌，而不是上升。此外，公司招股说明书用语相当谨慎，并不能充分说明投资项目的前景，证券交易法规也禁止企业在招股说明书上过分乐观地描述项目前景。所以，企业最为稳妥的融资选择是保留盈余进行内部融资。这样不仅可以避免外部融资所造成的企业价值下跌，而且可以确保原有股东的利益。在企业保留盈余不足以满足项目投资的资金需要的情况下，企业外部融资的最优选择应当是债务融资。因为利用债务融资，一旦项目实现盈利，债权人得到的只是固定利息，得到大头的仍然是原股东。再者，债务融资以企业资产为抵押，通常对企业价值的影响较小。在这种情况下，企业一般采取的融资顺序是内部融资、债务融资、发行股票，即企业总是尽可能地利用内部积累资金来投资，其次是进行债务融资，直到因债务融资导致企业可能发生财务危机时，最后才考虑发行股票。

Krasker（1986）假设企业可以选择投资项目及相应的股权融资规模，证明了股权融资规模越大，所传递的信号越糟糕、企业股票价格下跌得越深，支持了 Myers 和 Mujluf（1984）的观点。Narayanan（1988）、Heinkel 和 Zechner（1990）的研究也得到了相似的结论，他们提出当信息非对称只涉及新项目价值时，可能出现过度投资现象，即一些 NPV 为负的项目将付诸实施。其原因在于当唯一的可观信号为项目是否实施时，不可能借助项目 NPV 将企业区分开来。均衡状态下，所有企业鱼龙混杂，因此被市场以平均价值定价。项目 NPV 较低的企业将从销售高估股权中获益，且其股权收益可能抵补甚至超过项目损失。因此，存在一个负值临界 NPV，所有 NPV 超过临界 NPV 的项目都会得以实施。投资者意识到这一点，企业股权融资就难以实施。在 Narayanan 模型中，（风险）债务不像股权那样容易被高估。因此，依赖债务融资的项目临界 NPV 也较高。而在 HZ 模型中，债务存量使投资项目吸引力大大下降，进而提高临界 NPV。这样，增量负债或存量负债缓解了全部依赖股权融资所导致的过度投资问题。这两个模型表明，企业投资新项目向市场传递了该项目 NPV 高于临界 NPV 的信号，其股票价格将因此而上升。Narayanan 认为，如果允许企业在债务融资与股权融资之间进行选择，所有企业不是发行债务就是拒绝项目。由于项目实施与发行债务联系在一起，因而债务发行是好消息，也就是说，债务发行将导致企业股票价格上升。我们注意到，无论是 Narayanan 模型还是 HZ 模型都将项目是否实施作为一种信号，这是他们的模型与 Myers 模型的重要区别。如果投资者只能观察到企业是否发行证券，项目 NPV 为负的企业就可能模仿好企业，发行与好企业相同的证券，并将所筹资金投资于短期国库券而获益。

4. 控制权模型（Harris 和 Raviv）

Harris 和 Raviv（1988）考察了经理人员持股、资本结构与接管市场之间的关系。他们假定经理人员既从其所持股份又从其控制权获益。由于在任经理人员与其竞争对手的经营能力不同，企业价值取决于接管市场竞争的结果。接管市场竞争的结果反过来又受经理人员持股比例的影响。因此，必须对经理人员持股比例进行权衡：一方面，随着在任经理人员持股比例的提高，其掌握企业控制权的概率增大，其收益也随之增大；另一方面，如果在任经理人员持股比例过大，企业价值及相应的经理人员持股价值就会下降，这是因为更有能力的潜在竞争者成功的概率变小。在任经理人员通过权衡其持股收益与控股损失确定其最优持股比率。由于经理人员持股比率由企业资本结构间接决定，对持股比率的权衡也就演变为一种资本结构理论。具体而言，假定在任经理人员所持股份固定不变(可用其初始股份代表)，他们可以通过提高企业负债水平，回购消极投资者所持股份，增加其持股比例，从而最大化其个人收益。最后，他们得到如下结论：一般而言，代理权之争需要负债，而确保企业不被接管则需要更多的负债，因此，接管目标通常会提高其负债水平。

5. 信号传递模型（Leland 和 Pyle）

在存在信息不对称的情况下，为使投资项目融资能够顺利进行，筹资方与出资方就必须交流信息，这种交流可以通过信号的传递来进行，例如掌握了内幕信息的企业家本身对申请融资的项目进行投资，这本身就向投资者传递出投资项目是个好项目，即企业家进行投资本身就可作为投资项目质量的信号。利兰派尔提出几个有意义的命题：（1）给定投资项目越真实、项目风险越大意味着债务最优水平越低；（2）与可能的破产成本无关，带来风险收益的企业其最优负债水平越低。

6. 激励信号模型（Ross）

给定投资水平，负债比率可以作为传递内部人私人信息的一种信号。负债的这种信号传递效应由 Ross（1977）首先发现。在 Ross 模型中，企业收益服从一阶随机显性分布，且经理人员了解其企业收益的真实分布状态，而投资者不了解。如果市场高估企业证券价值，经理人员将从中受益。反之，如果企业破产，经理人员将受到相应的惩罚。因此，投资者将高负债看作是企业高质量的一种信号①。对任一负债水平而言，低质量企业的边际预期破产成本都较高，因此，其经理人员难以模仿高质量企业进行债务融资。这样，高质量企业通过发行更多的债务将自己与低质量企业区分开来。

假设时期 1 企业的预期收益 x 在区间 $[0,\ t]$ 上服从均匀分布，则公司的破产概率为 D/t，该公司的破产损失为 L，预期收益为 $t/2$，经理人员具有关于 t 的私人信息。为了最大化企业时期 0 的加权平均市场价值及时期 1 的预期价值，并最小化其自身面临的破产惩罚②，经理人员将选择票面价值为 D 的债务融资。以 $V_0(D)$ 表示时期 0 企业负债的市场价值，经理人员的目标函数为：

$$\text{Max}\ \{(1-\gamma)V_0(D)+\gamma\ (t/2-LD/t)\} \tag{5.2}$$

式（5.2）中：γ 为权重；$t/2$ 为给定经理人员信息条件下企业在时期 1 的预期盈余；D/t 为经理人员对企业破产概率的估计。如果经理人员发行债务为 D，投资者预期 $t=a(D)$，则：

$$V_0(D)=a(D)/2 \tag{5.3}$$

将式(5.3) 代入目标函数，并对 D 求一阶导数。在均衡条件

① 一个相似的方法是：假设经理人员承诺支付红利，设计了一个包括红利支付承诺与负债的模型，且一旦违背诺言则受到相应惩罚。Ravid 和 Sarig（1989）得出红利和负债水平与企业质量正相关的结论。

② 破产惩罚包括声誉损失、求职成本等。它不同于破产成本，因为它只影响经理人员福利但不影响企业价值。

下，投资者能够依据 D 正确地判断 t，即如果经理人员选择最优负债水平 $D(t)$，则：

$$a(D(t)) \equiv t \tag{5.4}$$

将式(5.4) 代入式(5.2) 的一阶条件，并解所得到的等式，得：

$$D(t) = ct^2/L + b \tag{5.5}$$

式(5.5) 中：c，b 为常数。

Ross 模型的主要结论是企业价值或企业获利能力与负债/股权比例正相关①。由式（5.5）还可以看出，在其他条件相同的条件下，破产惩罚的增加将导致负债水平的下降。

7. 债务缓和模型（Harris 和 Raviv）

Harris 和 Raviv（1990）的债务缓和模型（简称 HR 模型）认为，经理人员与投资者（股东及债权人）的利益冲突缘于对经营决策的分歧。其分歧表现在：即使清算（liquidation）对股东更为有利，经理人员仍会希望企业继续运营。经理人员与投资者之间的这种利益冲突不可能通过现金流量或投资费用契约来消除。负债赋予债权人在现金流量不足时强迫企业停业清算的权力，从而缓和经理人员与投资者之间的利益冲突。较高的负债水平使企业违约的概率提高，从而有利于做出清算决策。然而，债权人行使控制权需要对企业前景进行调查，这会导致相应的信息成本。企业拖欠款项的频率越高，相关信息成本也就越大。最优资本结构就是权衡完善清算决策与信息成本的结果。依据 HR 模型，企业清算价值越高或破产调查信息成本越低，其负债水平可能越高，市场价值也随之提高；反之，企业清算价值越低或破产调查信息成本越高，其负债水平也就越低，市场价值也随之降低。

8. 企业声誉模型（Diamond，Hirshleifer 和 Thakor）

Diamond（1989），Hirshleifer 和 Thakor（1989）分别提出了两个模型，借以揭示声誉在缓和经理人员与债权人之间利益冲突的作

---

① Ross. The determination of financial structure: The incentive signaling approach. Bell Journal of Economics, 1977, 8 (1): 23-40.

用，我们将其称为“声誉”模型。在Diamond看来，“资产替代效应”因经理人员顾及其声誉而得以缓解。Diamond的声誉模型假设有两个可能的投资项目：一是安全项目，即净现值（NPV）为正的项目；二是风险项目，即NPV为负的项目。两个项目所需投资相同，且均通过负债筹集资金。一方面，风险项目有两种可能结果：成功或者失败。成功将使其具有较高的盈利能力，进而具有如期偿债能力；反之，失败将使经理人员声誉受到损失。另一方面，安全项目总是能确保企业如期偿还债务。现有三类企业，第一类只投资于安全项目；第二类只投资于风险项目；第三类则既可能投资于风险项目也可能投资于安全项目。由于债权人事前无法区分这些企业的类型，债务融资的市场利率反映了债权人对被选项目风险的平均预期。然而，一旦企业向债权人证明自己只投资于安全项目，它就可以以较低的利率进行负债融资。由于债权人只能观测到企业偿债的历史记录，企业有可能通过按时偿债建立只投资于安全项目的良好声誉。企业按期偿债的历史越长、声誉越好，其负债融资成本也就越低。因此，历史悠久的企业将发现选择安全项目是最优的，即为了避免声誉价值损失不应进行以过度投资为目的的资产替代。与具有悠久历史的企业不同，缺乏声誉的新企业可能选择风险项目。如果他们很幸运，没有违约而得以继续生存并发展，他们最终将转向安全项目。由Diamond声誉模型不难得出在其他情况相同的条件下年轻的新公司相对于历史悠久的老公司而言较难进行负债融资的结论。

在HT（Hirshleifer, Thakor；1989）声誉模型中，出于自身声誉考虑，经理人员也具有追求相对安全项目的动机。该模型假设经理人员面临两个项目，每个项目只有成功与失败两种可能结果。对于两个项目而言，失败具有相同的意义。但在股东看来，高风险高回报项目不仅具有较高的预期收益，而且项目一旦成功也将有较高的实际回报。同时，假设每个项目的成功对于经理人员声誉而一言具有相同的意义，即经理人员市场只区别“成功”与“失败”，也就是说经理人员声誉只依赖其经营项目的成败，而不考虑其盈利或亏损的数额。在上述假设基础上，经理人员以最大化“成功”的可能性为目标，股东则偏好于较高的预期收入。在安全项目成功的可能性更大的情况下，即使选择风险项目更有利于股东，经理人员也有选择前者的积极性。经理人员这种行为方式有助于减少负债融资的代理成本。这样，相对于其他企业而言，其经理人员属于声誉效应敏感型的企业应当有更高的负债水平。在 Hirshleifer 和 Thakor 看来，接管市场上目标企业的经理人员对声誉效应更敏感；相反，已采取反接管措施的企业的经理人员对声誉效应不敏感。因此，前者倾向于负债融资，后者则倾向于股权融资。

9. Heinkel 模型

Heinkel（1982）设计了一个模型。但在 Heinkel 的模型中，没有假定企业收益服从一阶随机显性分布，相反，而是假定高质量企业有较高的市场价值，且其股票价值较高，债券价值较低（对于给定面值的债券，其市场价值较低）。在这一假设条件下，内部人借助给定数量的外部融资追求剩余索取权最大化，与此同时，企业质量得以自动分离。这是因为，任何一家企业，如果企图模仿其他类型企业进行融资，虽然会从一种证券的价值高估中获益，但同时也要承担另一种证券被市场低估的损失。均衡状态下，每一类企业按照边际收益等于边际损失的原则决定发行各种证券的数量。高质量企业不会模仿低质量企业。低质量企业要模仿高质量企业必须增加低定价的债务发行，减少高定价的股权发行，这会增加低质量企业的经营风险。结果，高质量企业发行更多的债务，低质量企业发行较少的债务，其结论与 Ross 模型一致。

第二节 上市公司融资现状分析

一、美国上市公司与我国上市公司融资现状的比较分析

按照优序融资理论，企业一般采取的融资顺序是：内部融

资、债务融资、发行股票，即企业总是尽可能地利用内部积累资金来投资，其次是进行债务融资，直到因债务融资导致企业可能发生财务危机时，最后才考虑发行股票。实际上，美国企业从证券市场筹集的资金中，债权融资所占的比重较之股权融资要高得多。统计表明1970—1985年，美国企业通过债权融资筹集的资金在企业外源融资中所占的比重为91.7%，远远大于股权融资所筹集的资金。事实上，从1984年开始，美国企业不仅普遍停止了通过发行股票来获得融资，而且大量回购自己的股份。美国上市公司的实际融资情况表明，企业融资顺序是先内源融资后外源融资，先债权融资后股权融资，见表5-1。这从一定程度上证实了优序融资理论。

表5-1　**美国上市公司的股票发行净额（1992—1996年）**

（单位：10亿美元）

	1992年	1993年	1994年	1995年	1996年
股票发行净额	103.4	129.9	23.3	−19	−21.6
非金融公司	27	21.3	−44.9	−74.2	−82.6
金融部门	44	45.2	20.1	4.5	3.3
国外	32.4	63.4	48.1	50.7	57.8

资料来源：李扬．我国资本市场若干问题研究．中国证券报，1997-12-15.

从表5-1中我们可以看出，1994年以后，股票市场已成为美国非金融上市公司的资金负来源，股权作为一种融资工具在公司的融资结构中越来越不被使用。

考察我国上市公司的融资结构时，却发现了与之相反的情况，即一方面上市公司大多保持了较低的资产负债率，另一方面上市公司依旧偏好股权融资，甚至有些公司的资产负债率接近于零，仍然渴望股权融资。从当前的情况来看，几乎没有已上市的公司放弃其利用股权再融资的机会，这一现象称为中国上市公司的股权融资偏好，见表 5-2。

表 5-2　　我国上市公司融资结构构成　　单位：亿元

项目	1993 年	1994 年	1995 年	1996 年	1997 年	1998 年	1999 年
上市公司数	183	291	323	530	745	851	949
募集资金额	315. 58	138. 4	119. 92	350. 5	958. 86	746. 38	856. 64
募集资金占筹资比例（%）	72. 8	62. 3	43. 5	63. 9	72. 5	24. 9	21. 1
借款比例（%）	24. 2	36. 9	43. 8	28. 5	17. 8	72. 6	76. 3
其他（%）	3	0. 8	12. 7	7. 6	9. 7	2. 5	2. 6

从表 5-2 可以看出，1993—1997 年股权融资的比例一直维持在一个较高的水平，特别是 1997 年出现了 72. 5%的高权益融资的现象，而 1998 年和 1999 年则出现高负债融资的现象，负债融资占全部融资的比例达到 72. 6%和 76. 3%，与前几年形成强烈的反差。原因在于 1997 年以前权益性融资的主要表现形式是配股，任何上市公司都可以进行配股，并且配股比例不受限制。为约束上市公司配股圈钱成风的行为，1997 年出台了有关对配股行为进行限制的政策，即：连续三年净资产收益率达到 10%；距上次配股时间超过一年；每次配股比例不超过股本的 30%。1999 年对国有企业的配股资格略有放松，净资产收益率三年平均 10%，最低不低于 6%。2001 年又修改为净资产收益率三年平均不低于 6%，达到以上条件的上市公司才有配股资格。因此，1997 年后能获得配股资格的上市公司大大减少，以配股的方式筹集权益资金的比例也大幅度下降。但 2000 年以来上市公司增发新股的数量越来越多，由于这种方式融资金额不受限制，发行规模根据项目需求来确定，对上市公司股本规模的扩张压力较小，逐渐成为上市公司再融资的首选方式，股权融资的比重又有提高。

二、我国上市公司债权融资偏好分析

对于我国的上市公司来讲，其偏好股权融资有其深层次的原因。对于上市公司特别是国有企业本身，股权融资比债权融资成本更低。股权融资的成本主要由股利构成，而债权融资的成本主要由利息构成，一般情况下取得股利支付要高于利息支付，因此在获得同样大小的融资额度的情况下，股权融资成本要高于债权融资的成本。然而我国上市公司由于存在投资主体缺位，监管乏力等制度方面的原因，极少有公司对股东分配利润，这样对于上市公司本身股权融资较之于债权融资反而是一种成本更低的融资方式。而这个先债权后股权反转后形成的成本，并没有落在企业身上，而是由整个社会来承担，应归于制度成本的范畴。从公司治理结构的控制权角度来讲，对于上市公司中占多数的国有企业，投资主体出现错位的情况，代表全民利益的国家成为国有企业的最大股东，这样对企业的经理人员缺乏相应的监督机制和激励机制，弱的监督机制和激励机制最终导致企业的控制权实际上落在了经营者的手上。对企业的经营者来说，增加股权融资不会影响到其对企业的控制权，反而增加了其可操控的自由现金流和在职消费。企业如果选择债权融资，那么它将很可能面临银行等债权人严格的监督，被迫遵守银行严厉的借款条款，企业的管理者对整个企业的控制权被削弱。并且此时企业面临着支付银行利息的压力，可用的自由现金流将大大减少。

就我国现状而言，债务融资至少在以下一个方面对加强公司治理、提高企业业绩、增加市场价值方面具有积极的意义。

首先，我国的投资主体错位。真正有能力、有资格当股东的投资者成了债权人，而没有能力、没有资格当股东的国家却成了最大甚至唯一的股东（张维迎，1996）。代表全民利益的国家实质上无动力也无能力去监控和激励公司管理层，而对公司高管人员的监督和激励则是现代公司治理的一个重要方面。弱的监控和激励机制导致经理人对企业资源具有很强的控制力，却没有提高企业运作效率的动力。股东和代理人之间的代理成本非常高。通过扩大企业的债务融资，债权人比国家更能约束经理人的行为，控制经理人可操纵的现金流从而减少代理成本。

其次，如上文提到的，与一般西方国家相比，我国上市公司的融资顺序并不遵守优序融资理论，上市公司对股权融资尤其偏好，这种偏好所形成的制度成本由整个社会来承担。袁国良等（1999）指出："上市公司基本上是把股票当作一种圈钱的工具，企业内部还没有建立起规范的股份公司治理结构，企业内部和企业外部都没有建立起有效的激励约束机制。"由于我国股权融资的成本低，股权融资并不影响经理人对公司的控制权，反而增加了经理可自由支配的现金流。同债权融资相比，股权融资是一种更弱的约束。此时，债权融资应该充分地被上市公司考虑，它在一定程度上可以起到控制公司现金流、约束经理人寻租与过度投资等作用，并在一定程度上降低社会所承担的制度成本。

此外，上市公司与投资者之间存在较严重的信息不对称。投资者往往对公司的情况不是很了解，如果上市公司采取股权融资，投资者很难分清楚公司是真的有好的投资项目还是只是为了圈钱，投资者对公司的融资项目很难把握。也就是说，当投资者缺少公司信息时，公司采用股权融资可能会因为投资者对公司的不信任而失败。而投资者对公司发行债券往往持有肯定的态度，所以债务融资可以减少这种信息不对称，发挥传递公司内部信息的作用。因此，基于以上分析，加强债权融资在一定程度上能够起到改善公司治理、提高企业市场价值的作用。

第三节　公司债权融资、公司治理与市场价值关系实证研究

一、样本选择和数据说明

这个部分就债务融资能够改善公司治理做一个实证分析，选取2001—2004年湖北省48家①上市公司的相关财务数据作为样本进行分析。所有的湖北省上市公司均来自于我国A股市场，都在上

---

① 截至2004年底湖北省共有上市公司63家，此处由于部分上市公司财务数据不全，或者数值过于极端而未予采纳。

海证券交易所或者深圳证券交易所挂牌上市①。考虑到本文所用的研究方法，剔除掉某些数据不全的公司，所有湖北省上市公司财务数据均来自于Wind资讯系统，部分市场数据来自于大智慧资讯系统。

二、研究方法和变量解释

如果债务融资对公司治理有积极的意义，那么债务融资的增加能够增加公司的价值。本文收集了湖北省48家上市公司的财务数据，每一家上市公司都包括公司价值（Q）、债务融资率（DFA）、净资产收益率（ROE）、公司规模（LNSIZE）、国家股比例（PSE）、成长性（DO）、资产负债率（L），所有的数据为平衡综列数据。变量的计算方法和含义如下。

（1）公司价值（Q），用托宾Q值（公司总市值/资产重置成本）来衡量公司价值。公司的总市值分为三个部分：流通股市值、非流通股市值和公司负债总市值。流通股市值等于流通股数量与流通股股数之积，非流通股市值等于每股净资产与非流通股数量之积（李志文，2001），公司的负债总市值就用公司的负债总额来代替。因此有：公司价值＝流通股数×股价＋非流通股数×每股净资产＋总负债。

（2）债务融资率（DFA），即公司当年的债务融资净额与年末公司总资产的比率，债务融资包括公司发行债券所取得的直接融资和向银行、其他机构以及个人借款的间接融资。我们用公司年末的短期借款、长期借款、应付债券之和减去年初这三项之和来计算公司当年债务融资净额。

（3）净资产收益率（ROE），即公司税后收益与总资产的比率。这是一个衡量公司盈利能力的指标，一般公司的净资产收益率越高，公司的价值越大。

（4）公司规模（LNSIZE），即公司年末总资产的对数值。公司规模也是公司价值的重要影响因素。

---

① 华新水泥和沙隆达同时发行了A、B股，在样本中被剔除。

（5）国家股比例（PSE），即公司拥有的国家股占股票总数的比例。根据以上分析，国家股比例越高，投资主体错位的现象就越严重，公司治理结构越不合理，公司价值可能越小。

（6）成长性（DO）。这里用折旧费用与销售额的比例来衡量公司的成长性，一般成长性越佳，公司的价值越大。

（7）资产负债率（*L*），即公司的总负债与总资产的比率。

三、关于公司债权融资、公司治理与市场价值关系的实证研究

（一）湖北省上市公司的债务融资现状

表5-3给出了湖北省上市公司债务融资率的描述性统计。在2001—2004年期间，湖北省上市公司的债务融资率保持在2%~5%，这表示每年上市公司用借款和发行债券的方式取得的融资占总资产的比率在这个范围内。总样本的均值为3.93%，中位数为3.00%。这个比率与股权融资相比要小得多，据统计一般上市公司一次配股融资量常常占其总资产的10%以上，有的更是高达20%或者更高。而在西方成熟的资本市场上，仅债券融资的比重常常会几倍于股权融资的比重，见表5-3。可见湖北省上市公司债务融资的程度不高，并且通过阅读公司的资产负债表，笔者发现湖北省上市公司用发行债券取得融资的情况少之又少，一般是采取借款来获得债务融资。

表5-3　**上市公司债务融资率描述性统计**

	2001年（N=48）		2002年（N=48）		2003年（N=48）		2004年（N=48）		总样本（N=192）	
债务融资率	均值	3.39%	均值	4.68%	均值	4.83%	均值	2.81%	均值	3.93%
	中位数	2.10%	中位数	3.50%	中位数	3.95%	中位数	1.75%	中位数	3.00%
	标准差	0.109	标准差	0.079	标准差	0.089	标准差	0.079	标准差	0.090

表5-3是湖北省上市公司4年总样本债务融资率分布的示意图。从图5-3中可以看出，大约有11%的观察值的债务融资率小于-5%；大约有33%的观察值的债务融资率为负，即当年不仅没有增加净负债额，反而还了一部分借款；债务融资率在0~5%的观察值最多，占总样本的27%；债务融资率在5%~10%和大于10%的各占20%。

在整个实证研究过程中，文章用到的变量有 Q、DFA、ROE、LNSIZE、PSE、L，其含义不变，如上文介绍。文章试图从两个方面来验证资本结构与公司治理之间的相关关系：第一，资本结构对公司治理的作用；第二，公司治理对资本结构的反作用。下面就这两种情况分别设计模型来研究，样本数据为2001—2004年湖北省48家上市公司的相关财务数据，其性质为平衡综列数据，参数估计用LS-AR的方法。

（二）资本结构对公司治理的作用

如上文所讲，我们认为如果公司资本结构对公司治理有积极的影响，那么资本结构的改善会通过加强公司治理在一定程度上增加公司价值，则模型中将公司价值 Q 作为一个衡量公司治理好坏的量化指标，而公司债务融资率DFA则是公司资本结构的一个衡量指标。

模型设定为：

$$Q_{i,t} = \alpha + \beta_1 \mathrm{DFA}_{i,t} + \beta_2 \mathrm{LNSIZE}_{i,t} + \beta_3 \mathrm{PSE}_{i,t} + \beta_4 L_{i,t} + \varepsilon_{i,t} \tag{5.6}$$

其中，Q 为被解释变量，DFA为解释变量，LNSIZE、PSE、L 为控制变量。初步预期参数符号：β_1 为正，体现债务融资对公司治理的积极意义；β_3 为负，体现国家股比例越高，投资主体缺位现象越严重，公司治理越不理想；β_2、β_4 符号未定。参数估计结果见表5-4。

表 5-4　　公司价值与债务融资率关系的回归结果（一）

Dependent Variable：Q		
Independent Variable	Coefficient	t-sta
DFA	0. 373	10. 738
Control Variable	—	—
LNSIZE	-0. 445	-5. 844
PSE	1. 925	6. 425
L	-0. 615	-3. 602
Constant	9. 834	5. 953
R-squared	0. 663	—
D-W	182. 110	—
F-sta	1. 680	—

从表 5-4 的回归结果可以看出，公司的债务融资率（DFA）与公司的市场价值（Q）之间存在显著的正相关关系，公司的债务融资率每增加 1%，则公司的市场价值增加 0. 373%。并且模型（5. 6）中所有参数在 99%的置信水平上是显著的。这表示增加湖北省上市公司的债务融资率，的确对其公司治理有积极的意义，这与我们的预期一致。另外公司规模（LNSIZE）与公司市场价值之间是负相关关系，这表明市场并不青睐规模大的上市公司，投资者看好的是一些规模虽小、但有发展潜力的公司。资产负债率（L）与公司市场价值之间呈负相关关系，这表示湖北省上市公司负债水平过高，已经对上市公司的市场价值产生了负面的影响。与最初的预期不一致的是，对湖北省上市公司来说，国有股比例（PSE）与市场价值之间竟然呈现出正相关关系，这与其他学者的研究结果和事先的理论分析不太一致。一般认为，国有股比例越小，市场化程度越高，公司治理应该更有效率，公司的市场价值也应该更大。一

个可能的解释是，湖北省上市公司虽然国有控股比例较高，但是控制较为严格，并没出现投资主体严重缺位的现象，公司的经理层仍然受到国有资产管理部门的严格监督，另外，国有股比例越高的公司，在政府项目的招标过程中更容易中标，并且更可能从国有商业银行取得融资来改善经营状况。

有趣的是，在模型（5.6）的基础上我们采用滞后一期的债务融资率（$DFA_{i,\ t-1}$）作为解释变量，其他不变再做回归分析发现，$DFA_{i,\ t-1}$ 的系数为负值（-0.286，t=-6.143），其他变量的系数符号均与表 5-4 对应变量的符号一致。可以这样来解释这种结果：前一年的负的债务融资率（债务融资率为负表示当年归还了一部分之前的借款或者回购了一部分之前的债券）为投资者提供了“前一年该公司效益好”的信号，因此该公司在这一年得到投资者的信任和青睐，所以该公司市场价值增大。

（三）公司治理对资本结构的反作用

我们知道，对公司治理比较好的公司，一方面它本身由于业务扩展、增加投资的需要会增加融资需求，另一方面银行对这类公司也特别偏爱，因为这类公司治理结构合理，业绩优秀，银行借款给它们的风险也相对安全，因此这类公司从银行处取得债务融资也要方便简单得多。

设计模型如下：

$$\begin{aligned} DFA_{i,\ t} = \alpha + \beta_1 Q_{i,\ t-1} + \beta_2\ LNSIZE_{i,\ t} + \beta_3\ PSE_{i,\ t} + \\ \beta_4\ DO_{i,\ t} + \beta_5 L_{i,\ t} + \varepsilon_{i,\ t} \end{aligned} \quad (5.7)$$

模型（5.7）中所有的变量含义同模型（5.6），其中被解释变量为 DFA，解释变量为 Q，LNSIZE、PSE、DO、L 为控制变量。为了在一定程度上消除债务融资率的内生性影响，解释变量采用前一年度的 Q 值，因此（5.7）中的解释变量写成 $Q_{i,\ t-1}$。此处我们预期参数 β_1 为正，即公司业绩越好，企业越会加强债务融资率，其他控制变量符号未定。参数估计结果见表 5-5。

表 5-5　　**公司价值与债务融资率关系的回归结果（二）**

Dependent Variable：DFA		
Independent Variable	Coefficient	t-sta
Q	0.068	18.743
Control Variable	—	—
LNSIZE	0.075	27.952
PSE	-0.247	-7.060
L	-0.024	-8.980
DO	-0.025	-4.325
Constant	-1.460	-30.097
R-squared	0.464	—
D-W	2.944	—
F-sta	11.490	—

从表 5-5 可以看出，Q 的系数为 0.068，并且在 99%的置信水平上是显著的，这表示公司业绩对债务融资率的影响显著为正，公司治理越好的公司，债务融资率越大。这也给我们一个提示：债务融资率可作为湖北省上市公司治理好坏的一个信号。

为进一步检验公司治理对债务融资的积极作用，我们用净资产收益率（ROE）来取代公司市场价值 Q 作为公司治理的量化指标来重新做回归估计①，使用一个类似于（5.7）的模型：

$$DFA_{i,\,t} = \alpha + \beta_1 ROE_{i,\,t-1} + \beta_2\, LNSIZE_{i,\,t} + \beta_3\, PSE_{i,\,t} + \varepsilon_{i,\,t} \tag{5.8}$$

被解释变量为 DFA，解释变量为 ROE，LNSIZE 和 PSE 为控制变量。此处我们仍预期解释变量的符号为正。参数估计结果见表 5-6。

① ROE 可代表股东财富，因此可以用来衡量公司业绩和公司治理情况。

表 5-6　　公司价值与债务融资率关系的回归结果（三）

Dependent Variable：DFA		
Independent Variable	Coefficient	t-sta
ROE	0. 001	-18. 081
Control Variable	—	—
LNSIZE	0. 064	4. 926
PSE	-0. 105	-80. 680
Constant	-1. 236	-18. 081
R-squared	0. 425	—
D-W	2. 915	—
F-sta	8. 455	—

从表 5-6 可以看出 ROE 的参数为 0. 001，并且在 99%的置信水平上是显著的，这与我们之前的预期一致。

四、上市公司债务融资与公司治理结构相互影响

基于前文的研究我们可以得出下面的结论。

首先，从大的范围来讲，我国上市公司存在所谓的“股权融资偏好”，并且这一现象相当明显，我国上市公司的融资行为并不遵守 Myers 和 Mujluf 提出的优序融资理论。

其次，以湖北省上市公司为例，上市公司债务融资率一般在 2%~5%，上市公司的债务融资水平比重并不大。

再次，以湖北省上市公司为例做实证研究结果表明，上市公司债务融资率与上市公司市场价值之间呈显著的正相关关系。一方面，提高债务融资率能够改善上市公司治理结构，提高上市公司市场价值；另一方面，治理结构更合理，市场价值更大的公司一般有更高的债务融资水平。

我们认为，上市公司整体出现“股权融资偏好”现象的根本原因在于制度方面，这恰好说明规范公司治理结构对资本结构的影响，就我国而言，这更多地要靠政府提供强力支持。对于上市公司

个体来讲，应该积极地采取措施增加债务融资率以提高公司治理水平。

从上市公司资产负债表我们发现，依靠发行债券取得债务融资的公司实属罕见，即使在极少量的发行债券取得债务融资的上市公司当中，所有公司无一例外地发行短期债券，没有一家公司发行中长期企业债券。这其实说明了上市公司在依靠发展企业债券市场取得债务融资方面有很大的空间。

最重要的一个研究结论就是上市公司债务融资对其治理结构有积极意义，因此，为加强公司治理、增加公司市场价值，无论是政府方面，还是上市公司的管理层方面，或者是各类投资者方面，都应该对此持支持的态度。债务融资中，尤其是通过企业债券融资这种长期的债务融资形式应引起高度重视，并支持其发展。

对于上市公司债务融资的构成来讲，不可避免地要谈及其向银行的借款，因为在上市公司债务融资中，向银行的借款是占绝大部分比例的。如上所述，上市公司多是由国有企业改制而来，其要么是被国家绝对控股，要么被国家相对控股，这意味着上市公司的国有性质没有改变。而同时上市公司的融资方——银行也是国有商业银行，这就出现了上市公司和银行具有相同的利益主体——国家，那么银行作为上市公司的债权人，其监督的有效性到底有多大，值得我们怀疑。这个监督效果可能比股权的监督效果要大，然而肯定不及独立的利益主体的监督来得严厉。

国有四大商业银行作为我国金融体系的中枢，其地位和作用举足轻重，所以要让其形成独立的利益主体并非一朝一夕。然而可以从小的方面来进行，如推进国有商业银行市场化改革等，应该看到在进行市场化改革之后，银企关系也越来越市场化。当然就上市公司目前的状况来说，这样的改革是远远不够的，那么回到上文的观点，积极推行企业债券市场的发展，对公司取得债务融资、加强治理结构有十分重要的意义。

本文得到的第二个重要结论是治理结构更合理的公司有更高的债务融资水平。这意味着上市公司的债务融资率可以作为甄别上市公司治理好坏的一个信号。那么，对于政府，可以大力扶持这类企业，争取做大做强；对于其他的公司，可以模仿这类上市公司的治理模式，优化本身的治理结构；对于投资者，投资于这类公司将会获得收益。这其实也可以形成资源的整合和优化配置。

◎ 参考文献

1. 李维安．国际经验与企业实践：制定适合国情的中国公司治理原则．南开管理评论，2001（1）.
2. ［美］科斯、哈特、斯蒂格利茨等著，［瑞］拉斯·沃因、汉斯·韦坎德编．契约经济学，北京：经济科学出版社，1999.
3. 傅元略．企业资本结构优化理论研究，大连：东北财经大学出版社，1999.
4. 吴敬琏．现代公司与企业改革，天津：天津人民出版社，1994.
5. 张维迎．所有制、治理结构与委托—代理关系．经济研究，1996（9）.
6. 林毅夫、蔡防、李周．现代企业制度的内涵与国有企业改革方向．经济研究，1997（3）.
7. 郑红亮．公司治理与中国国有企业改革．经济研究，1998（10）.
8. 钱颖一．企业理论．经济社会体制比较，1994（4）.
9. 田志龙．经营者监督与激励，北京：中国发展出版社，1999.
10. ［荷］莫兰德．不同公司体制中替代性约束机制．改革，1999（12）.
11. 张维迎．公司融治结构的契约理论：一个综述．改革，1995（4）.
12. 刘芍佳，李骥．超产权论与企业绩效．经济研究，1998（8）.
13. 魏成龙．双重过渡下的国企改革．中国改革，1998（12）.
14. 斯蒂格利茨，朱蕾．转轨经济中公司治理结构的失败．经济社会体制比较，2000（3）.
15. 王洪．作为不完全契约的产权：一个注释．改革，2000（5）.
16. 梅里特·福克斯，迈克尔·海勒．俄罗斯公司治理结构失败的教训．经济社会体制比较，2000（2）.

17. 罗中伟，郑江淮．国有企业有权控制结构的选择与调整．改革，2000（5）.
18. 刘世锦．从产品市场到资本市场：国有企业转轨的机遇与条件.改革，1998（2）.
19. 张曙光、赵农．市场化及其制度．经济研究，2000（10）.
20. 马克思、恩格斯．马克思恩格斯全集（第23卷）．北京：人民出版社，1972.
21. 张曙光．企业治理结构及其改革．21世纪．2000（57）.
22. 青木昌彦，张春霖：对内部人控制的控制：转轨经济中公司治理的若干问题．改革，1994（6）.
23. 费方城．控制内部人控制．经济研究，1996（6）.
24. 张春霖．从融资角度分析国有企业的治理结构改革．改革，1995（3）.
25. 张春霖．论国有企业的债务问题．改革，1996（1）.
26. 张维迎．企业理论与中国企业改革，北京：北京大学出版社，1999.
27. 北京大学中国经济研究中心宏观组．当前债转股面临的重要问题．经济社会体制比较，1999（6）.
28. 梁国勇．企业购并动机和购并行为研究．经济研究，1997（8）.
29. 弗雷德·威斯通等．兼并、重组与公司控制．北京：经济科学出版社，1999.
30. [美] 道格拉斯·R·爱默瑞，约翰·D·芬尼特．公司财务管理．北京：中国人民大学出版社，2003.
31. 梁能．公司治理结构：中国的实践与美国的经验．北京：中国人民大学出版社，2000.
32. 徐晓东．第一大股东的所有权、企业业绩与公司治理效力．北京：清华大学博士学位论文，2003.
33. 袁国良，郑江淮，胡志乾．我国上市公司融资偏好和融资能力的实证研究．管理世界，1999（9）.

34. 原红旗．股权再融资之“谜”及其理论解释．会计研究，2003（5）.

35. 姚伟，黄卓，郭磊．公司治理理论前沿综述．经济研究，2003（5）.

36. Agriwal, A. , N. Nagarajan. Corporate Capital Structure, Agency costs, and ownership control: The case of all-equity firms. Journal of Finance 1990, 45 (4): 1325-1331.

37. Amihud, Y; B. Lev, N. Travlos. Corporate control and the choice of investment financing: The case of corporate acquisitions. Journal of Finance, 1990, 45 (2): 603-616.

38. P. Asquith, D. Mullins. Equity issues and offering dilution. Journal of Financial Economics, 1986, 15 (2): 61-89.

39. Barber, B. , J. Lyon. Detecting long-run abnormal stock returns: The empirical power and specification of test statistics. Journal of Financial Economics. 1997, 43 (3): 341-372.

40. Brown, S. , J. Warner. Measuring security price performance. Journal of Financial Economics. 1980, 8 (3): 205-258.

41. F. Modigliani, M. H. Miller. The cost of capital, corporation finance and the theory of investment. American Economic Review, 1959, 48 (3): 261-297.

42. Dann, L. Common stock repurchases: An analysis of returns to bondholders and stockholders. Journal of Financial Economics, 1981, 9 (2): 560-585.

43. H. DeAngelo. Corporate financial policy and corporate control: A study of defensive adjustments in asset and ownership structure. Journal of Financial Economics, 1988, 20 (1): 87-127.

44. W. Mikkelson. Convertible debt issuance, capital structure change and financing-related information: Some new evidence. Journal of Financial Economics, 1984, 13 (2): 157-186.

45. Grossman . S. , O. Hart. Corporate financial structure and managerial incentives. Social Science Electronic Publishing, 1983:

107-140.

46. Harris, M., A. Raviv. Corporate control contests and capital structure. Journal of Financial Economics, 1988, 20 (20): 55-86.
47. Jensen, M., Agency costs of free cash flow, corporate finance and takeovers. American Economic Review, 1986, 76 (2): 323-339.
48. Lee, L. Do firms knowingly sell overvalued equity. Journal of Finance, 1997, 52 (4): 1439-1466.
49. Loughran, T., J. Ritter. The operating performance of firms conducting seasoned equity offerings. Journal of Finance, 1997, 52 (5): 23-1850.
50. A Korwar. Seasoned equity offerings: An empirical investigation. Social Science Electronic Publishing, 1986, 15 (2): 91-118.
51. Maloney M., R. McCormick, M. Mitchell. Managerial decision making and capital structure. Journal of Business, 1993, 66 (2): 189-217.
52. Meyers, S. The capital structure puzzle. Journal of Finance, 2010, 39 (3): 575-592.
53. Stulz, R. Managerial control of voting rights: Financing policies andthe market for corporate control. Journal of Financial Economics, 1988, 20 (2): 25-54.

第六章　社会文化对资本结构影响研究

Modigliani 和 Miller（1958）在《美国经济评论》上发表的《资本成本、公司财务和投资理论》一文中提出了 MM 定理，开创了现代资本结构理论的先河。MM 定理认为，在完美资本市场和没有税收的情况下，企业的市场价值和企业的资本结构无关。此后的几十年中，学者们围绕 MM 定理进行了一场激烈的反驳与捍卫的争论。其中包括 Modigliani 和 Miller（1963）本人对 MM 定理进行的一项重要修正，即他们明确提出税收利益对资本结构有重要的影响。Stiglitz（1969）试图将破产成本、清偿成本等因素引入资本结构理论。他认为，在存在破产可能性的条件下，企业必须支付的名义利率必定会随着企业负债的增加而提高，因此，MM 定理只是在极其严格的条件下才能成立。但是，Warner（1977）在对美国的 11 家宣告破产的铁路企业进行破产成本的实证研究时，却发现破产成本的作用远非人们所预计的那么大。

随着现代经济学的发展，越来越多的因素被纳入到资本结构理论中来。例如，Jensen 和 Meckling（1976）提出了代理成本理论；Ross（1977）、Myers 和 Majluf（1984）考察了非对称信息对资本结构的影响。因此，税差和破产成本逐渐被看作是影响资本结构两个较为重要的因素，而不再是全部决定因素。在资本结构理论不断丰富的过程中，实证研究并没有停止，Titman 和 Wessels（1988）用因素分析法对影响美国企业资本结构的因素进行了研究。Allen 和 Mizuno（1989）利用 1980—1983 年的数据研究了日本 14 个行业 125 家企业的资本结构的决定因素，Ozkan（2001）使用 390 家英国企业的面板数据研究了它们的资本结构决策行为。与理论研究一样，实证研究仍然得出了不一致、甚至相互矛盾的结论。

资本结构理论研究结论的分歧和实证分析结论的矛盾暗示，资本结构背后可能还有一些潜在的决定因素没有得到充分的重视。社会文化可能是被忽视的重要因素之一。实际上，社会文化早已被纳入到经济学家的分析视角中。新制度经济学把社会文化看成一种非正式制度，行为金融学从心理影响的角度强调了社会文化的作用。然而，由于文化自身固有的高度抽象性以及对其具体表达上的技术困难，社会文化因素很少被主流的资本结构理论当成影响企业资本结构的重要因素加以考虑。本章将在分析社会文化的内涵及其作用的基础上，尝试着将社会文化纳入资本结构分析框架中，以期考察社会文化对企业资本结构的影响。

社会文化是一个十分宽广的概念。Leslie A. White（1959）指出，尽管文化是文化人类学的一个基本的概念，但学者们并没有就这个术语达成共识。实际上，在社会学文献中，“社会文化”、“社会习惯”和“传统”有时交替使用（Gellner，1988）。① 到底何为文化？Tylor（1871）提出的概念曾经在很长时间内被人们看成是文化的统一概念。他认为“文化是包含知识、信仰、艺术、道德、法律、习惯和人类作为一个社会成员所具备的其他任何能力和习惯”②。随着人类社会的进步和社会科学的发展，文化的概念逐渐增多。按照哈佛学者 Kluckholn 和 Strodtback 的定义，文化就是“价值观”，是指一个民族或社会全体成员对社会上各种事物的好恶及是非黑白的看法，也可以称为社会价值观。荷兰学者 Hofstede 教授从个人主义和集体主义、权力距离、规避不确定程度、生活的数量与质量，长期导向与短期导向五个层面，建立了分析文化的框架体系。③

经济学家们常常将文化当成一种重要的行为规范加以研究，而不详细区分社会文化和社会规范，本文将沿袭这一传统。Kenneth

① 参见 Hanming Fang（2001）。

② 转引自 Leslie A. White（1959）。

③ 转引自张林超、张新英、柴效武（2005）。

Arrow（1971）认为“社会行为的规范包括道德规范……是社会补偿市场失灵的反应”。① 从博弈论的视角来分析，文化是一种人类行为的规则，是一种人群行为的稳定预期和共同信念。Kaushik Basu（1998）将文化或社会规范归结为三种类型。第一种为理性限定规范，即阻止人们选择某种特定行动的规范，而不论这种行动带给当事人的效用大小。第二种为偏好变异规范，即改变人们偏好的社会规范，这种规范随着时间的推移变成人们偏好的一部分。第三种规范指均衡筛选规范，即协调人们在众多的纳什均衡中选择某个特定的纳什均衡的规范，其作用在于使人们在多个可行选择中筛选出一个。②

无论是作为一种价值观，还是作为一种非正式的制度，Kaushik Basu 归纳的三种类型的社会文化或社会规范对人类行为的影响都无所不在。人类学家发现，在相同的历史、人文、地理、经济等生态环境的影响下，同一社会的成员对事物形成的共识——价值观将通过家庭、教育及社会代代相传。这种共识会在无形中通过人们内心的自省和自律，或者通过群体的认同和压力而左右大众的行为。Assar Lindbeck（1997）则强调，社会规范通过小集团内部单个成员之间自发的相互影响来引导人们的行为。一旦一种社会规范被内在化为个人的价值系统，如果一个人采取的行动符合该价值系统，个人会感到自尊和自豪；如果个人的行动偏离了该价值体系，个人会感到愧疚或羞耻。

社会文化还可以借助法律制度的强制力量发生作用。法律制度限制了公民的选择范围，并在某种程度上决定了其选择行为所产生的结果。但是制度发生作用必须以非正式制度（包括社会文化）为基础，制度发生作用的实质是社会对制度所体现的文化的认可。因此，社会文化可以通过影响制度的存在和制度的演变而规范人类的行为。

作为一种人类行为的规范，社会文化具有自身的优越性。尤其

① 转引自 Hanming Fang（2001）。

② 参见张维迎（2000）的总结。

令经济学家们津津乐道的是，社会文化能够以比法律更低的成本规范人类的行为，从而成为法律制度一种廉价的和有效的替代物（Richard A. Posner，1997）。在资讯发达的时代，不遵守社会文化意味着将要承担一定的成本。然而，是否遵守社会文化依赖于其他成员是否遵守同样的规则。只有整个集团的成员都遵守相同的社会文化时，社会文化才能成为一种有效的行为机制。但在很多情况下，人们能够以较低的成本背离社会文化。因此，Posner（1997）指出，尽管社会规范的成本更低，但需要法律来替代和补充社会规范。当背离社会规范的私人收益较大（或私人成本较小）而社会成本很大时，尤其需要法律来制裁背离合理的社会规范的行为。此外，社会文化并不是结果导向型（outcome-oriented）社会规则，它仅仅是一种动机机制（Motivational Mechanism），可能对任何人都没有好处（Jon Elster，1989）。换言之，社会文化本身可以是一种落后的、低效率的机制，它可能引导人们以低效率的方式行事。而且作为一种伦理习惯或习俗，社会文化的变化非常缓慢。当一种新的、更高效率的机制出现时，社会文化可能对其产生排斥反应，甚至导致“路径依赖”和“道路锁定”。

第一节 社会文化对企业决策行为和资本结构影响

本节以行为金融理论为基础，通过研究分析社会文化对企业决策者决策行为的影响，分析得出一个新的观点。受社会文化影响的企业决策者不再是传统经济理论分析的具有完全理性的“经济人”，而是具有有限理性、有限控制力和有限自利特征的“社会人”。因此社会文化将影响企业决策者的效用函数。在接下来的社会文化对企业资本结构的影响分析中，将重点从企业决策者是“社会人”这个特征出发，来推导社会文化如何通过影响企业决策者的效用函数来影响企业的资本结构。我们的分析认为社会文化在影响企业决策者的效用函数的前提下，企业决策者融资决策的作出就不再是通过融资成本最小化求得，而是通过企业决策者的效用函数最大化来求得。本书将建立一个决策者效用最大化模型来分析社会文化是如何通过影响决策者的决策行为的效用函数从而影响资本结构。

一、社会文化对企业决策行为的影响

企业文化是在特定的社会文化的影响下形成的。社会文化影响到企业文化以及个人的决策行为最后影响到企业的决策行为。但是文化是如何影响到企业决策和个人决策的呢？可以从行为金融理论角度来考察。

（一）社会文化与行为金融理论

行为金融理论是在对现代金融理论，尤其是在对有效市场假说（EMH）和资本资产定价模型（CAPM）的挑战和质疑的背景下形成的。现代金融学是围绕着人类的决策在构建模型。但是，主流金融学所代表的传统理论当中，把行为人预设为一个完全意义上的理性人，这样的理性人不仅具备理性，而且无论在何种情境下，都可以运用理性，根据成本和收益进行比较，从而做出对自己效用最大化的决策。而行为金融学，恰恰就在这最基础的预设上，与主流金融学表现出显著的不同，对传统金融理论进行了前提性反思。

（1）行为金融学并不完全肯定人类理性的普遍性，而认为人类行为当中，有其理性的一面，同时也存在着许多非理性的因素。这一点，应该说在社会科学的其他领域，如社会学、政治学、历史学当中，早已被广泛谈及，由于人类先天的心智结构以及后天的知识储备、信息获得使得人类的理性是不完备的。行为金融学的理论预设当中，首先便是人类的理性是有限的，认知的局限决定了人类存在许多理性之外的情绪、冲动和决策。在这里也就是说人的决策行为是受到非理性因素影响的，其中这种个人的非理性因素是由个人的先天心智和后天的知识储备、信息等因素共同作用的结果。而后天的因素中人的家庭环境、社会环境、教育背景对其影响最大。而这些正是社会文化直接影响的范畴。

（2）即使在有限理性的条件下，因为外在社会文化价值观条件的限制，有时候未必能够实践理性行为。真实的金融市场中，企业在做出公司治理决策的时候，往往存在着很多客观的非理性的障碍。比如在中国的文化传统价值观里面，是不喜欢举债经营的，所以在中国大多数企业的资本结构中，一般股权资本占相当大的比重。而在美国和英国的传统价值观和文化因素里面，更加喜欢举债经营，所以可以看出他们的企业资本结构是不同于中国的。同时也可以理解为什么中国可以在短时间内发展起一个庞大的股票市场，却没有一个健全发展的债券市场。这都说明了社会文化对企业决策的一个影响。

(3) 在特定社会文化和人文环境下，人们的多样化动机会导致放弃使用理性行为。现实中的人并非像传统理论所预设的一成不变和感情中立，社会化过程当中所形成的利他主义、公益责任、行为定势、偏见歧视以及其他观念导引都会对人类行为产生影响。对理性的判断有两种，一种是经济学上的，另一种则是社会学上的。经济学上不是理性的行为在社会学上则未必亦然。感情丰富的人类所采取的行为并非都是纯粹经济动机、完全进行经济效用最大化算计的。在传统金融理论中的“经济人”到了行为金融学中已经比较接近制度学派所倡导的“社会人”的理念了，他们在行为中显示出明显的社会文化影响的痕迹，往往是追求最满意的方案而不是最优的方案。市场上的最优方案，如果从社会角度看，其实许多后果是无优可言的。

综合以上论述，社会文化对行为金融即对企业或个人决策行为存在着重要影响。行为金融学提出了人类行为的预设，可概括为：有限理性、有限控制力和有限自利，并以此为根据来展开解释金融活动中与理性选择理论相悖的地方。这在根本前提上与主流的金融学理论不同。但是需要指出的是，行为金融学并不是否定主流金融学理论，而是在接受其人类行为具有效用最大化取向的前提下，对其理论进行修正和补充，丰富其分析问题的视角，将行为分析理论与经济运行规律有机结合。在这里把社会文化与行为金融理论结合起来研究，也正是要扩大我们对行为金融和企业资本结构决策的视角，即从文化这个角度来分析现实有限理性、有限自利、有限控制力条件下的企业的资本结构决策行为。

行为金融学在对人类行为进行了有限理性、有限控制力、有限自利的基本预设基础上，把行为者的感情因素、心理活动、社会规范、思维定势注入了投资预测和资产管理活动之中，认为这些因素都在人类的决策过程当中扮演着重要角色。行为金融学认为，人们在进行决策的时候，往往会选择一个决策参考点来判断预期的损益，而非着眼于最终的财富状况。在心理预期的过程中，人们会把决策分成不同的心理账户来考虑，常常拥有自信情结，高估已经拥有的商品或服务，并且倾向于增加这类物品或服务的使用次数，还将对预期的损失过于敏感，把同样价值的损失算计成远高于同样价值的收益，而对已经形成损失的东西却表现出一种“处置效果”，由于期待机会收回成本而继续经受可能的损失。在决策的过程当中，行为者还表现出易获得性偏误、小数法则偏误、从众心理、模糊规避等一些心理现象。同时，需要决策的问题是以何种方式呈现在决策者面前也将影响决策行为，这就是所谓的“框架效应”。不同的框架前提下，人们会出现不同的金融行为。这些都不是一种理性的行为方式，但却是在客观金融行为当中被证实经常发生的。也就是说，人们在金融活动中的行为并不是严格遵循最优化的数学模型达到最佳解，而是在不同的框架条件和自身偏好下，寻求一种满意解。

（二）“社会人”、社会文化与企业决策行为

本章的研究分析就是要在不确定情况下，分析社会文化、理性、行为与金融四者的互动。需要指出的是，行为金融学是在传统金融学上进一步发展，它并不试图拆毁以往的理论，而只是开拓了金融学的研究思路和研究方法，以求完善和修正金融理论，使其更加可信、有效。而把社会文化加到行为金融理论上来研究，就是希望把鲜活的“人”从假设的完全理性的“经济人”还原为一个受社会文化影响的有自己独特价值观的“社会人”。

在这里的“社会人”是相对“经济人”来定义的。“社会人”是在特定的社会文化背景下成长的，由社会背景决定其价值观的，

他的经济决策行为只符合这种独有的价值观理性的人。而且“社会人”的决策行为不是以“经济人”的完全理性下的利益最大化为目标而是以他本身的价值观下的期望利益最大化为目标。

“社会人”是由其成长的社会背景影响的。他成长的社会背景下的社会文化决定了他的价值观。社会文化是在同一个环境中的人所具有的“共同的心理程序”。因此，社会文化不是一种个体特征，而是具有相同社会经验、受过相同教育的许多人所共有的心理程序。不同的群体、不同的国家或地区的人们，这种共有的心理程序之所以会有差异，是因为他们向来受着不同的教育、有着不同的社会位置和工作，从而也就有不同的思维方式，形成自己独特的价值观。中西方的文化冲突就是表现在文化影响下形成的价值观的冲突。

不同文化背景将对其环境下的人产生不同的影响，他们的价值观，对事物的看法和评判标准就不同，也就是说他们将具有自己独特的效用函数。有关学者认为不同的社会文化可以用5个指标来衡量。

1. 权力距离（Power Distance）

权力距离即在一个组织当中，权力的集中程度和领导的独裁程度，以及一个社会在多大的程度上可以接受组织当中这种权力分配的不平等，在企业当中可以理解为员工和管理者之间的社会距离。一种文化究竟是大的权力距离还是小的权力距离，必然会从该社会内权力大小不等的成员的价值观中反映出来。因此研究社会成员的价值观，就可以判定一个社会对权力差距的接受程度。

例如，美国是权力距离相对较小的国家，美国员工倾向于不接受管理特权的观念，下级通常认为上级是“和我一样的人”。所以在美国，员工与管理者之间更平等，关系也更融洽，员工也更善于学习、进步和超越自我，实现个人价值。中国相对而言，是权力距离较大的国家，在这里地位象征非常重要，上级所拥有的特权被认为是理所应当的，这种特权有助于上级对下属权力的实施。这些特点显然不利于员工与管理者之间和谐关系的创造和员工在企业中不断地学习和进步。因而要在中国的企业当中采纳“构建员工与管理者之间和谐的关系”以及“为员工在工作当中提供学习的机会，使他们不断进步”这两项人本主义政策，管理者有必要在实践当中有意识地减小企业内部权力之间的距离，才会更好地实现管理目标。这种情况所带来的成本也是相当可观的。

2. 不确定性避免（Uncertainty Avoidance Index）

在任何一个社会中，人们对于不确定的、含糊的、前途未卜的情境，都会感到面对的是一种威胁，从而总是试图加以防止。防止的方法很多，例如提供更大的职业稳定性，订立更多的正规条令，不允许出现越轨的思想和行为，追求绝对真实的东西，努力获得专门的知识等。不同民族、国家或地区，防止不确定性的迫切程度是不一样的。相对而言，在不确定性避免程度低的社会当中，人们普遍有一种安全感，倾向于放松的生活态度和鼓励冒险的倾向。而在不确定性避免程度高的社会当中，人们则普遍有一种高度的紧迫感和进取心，因而易形成一种努力工作的内心冲动。

例如，日本是不确定性避免程度较高的社会，因而在日本，“全面质量管理”这一员工广泛参与的管理形式取得了极大的成功，“终身雇佣制”也得到了很好地推行。与此相反，美国是不确定性避免程度低的社会，同样的人本主义政策在美国企业中则不一定行得通，比如在日本推行良好的“全面质量管理”，在美国却几乎没有成效。中国与日本相似，也属于不确定性避免程度较高的社会，因而在中国推行员工参与管理和增加职业稳定性的人本主义政策，应该是适合的并且是有效的。此外，不确定性避免程度低的社会，人们较容易接受生活中固有的不确定性，能够接受更多的意见，上级对下属的授权被执行得更为彻底，员工倾向于自主管理和独立的工作。而在不确定性避免程度高的社会，上级倾向于对下属进行严格的控制和清晰的指示。

3. 个人主义与集体主义（Individualism Versus Collectivism）

“个人主义”是指一种结合松散的社会组织结构，其中每个人重视自身的价值与需要，依靠个人的努力来为自己谋取利益。“集体主义”则指一种结合紧密的社会组织，其中的人往往以“在群体之内”和“在群体之外”来区分，他们期望得到“群体之内”

的人员的照顾，但同时也以对该群体保持绝对的忠诚作为回报。美国是崇尚个人主义的社会，强调个性自由及个人的成就，因而开展员工之间个人竞争，并对个人表现进行奖励，是有效的人本主义激励政策。中国和日本都是崇尚集体主义的社会，员工对组织有一种感情依赖，应该容易构建员工和管理者之间和谐的关系。

4. 男性度与女性度（Masculine Versus Feminality）

男性度与女性度即社会上居于统治地位的价值标准。对于男性社会而言，居于统治地位的是男性气概，如自信武断，进取好胜，对于金钱的索取，执著而坦然；而女性社会则完全与之相反。有趣的是，一个社会对“男子气概”的评价越高，其男子与女子之间的价值观差异也就越大。美国是男性度较强的国家，企业中的重大决策通常由高层做出，员工由于频繁地变换工作，对企业缺乏认同感，因而员工通常不会积极地参与管理。中国是一个女性度的社会，注重和谐和道德伦理，崇尚积极入世的精神。正如我们前文的叙述，让员工积极参与管理的人本主义政策是可行的。

5. 长期取向与短期取向（long vs short term orientation）

长期取向的价值观注重节约与坚定；短期取向的价值观尊重传统，履行社会责任，并爱“面子”。这一维度的积极与消极的价值取向都可以在孔子的教义中找到，孔子是最有影响力的中国哲学家，生活于公元前500年，然而这一维度也适用于没有儒家传统的国家。

以上五种文化指标或因素对于个人和企业的决策行为，会产生巨大的影响。决策是为了达到一定的目标，从两个或两个以上的可行方案中选择一个合理方案的分析判断过程。

那么这些社会文化又是如何影响到决策企业决策行为的呢？决策的关键问题是：真实情况是怎样的？我们的核心价值观和真正的目标是什么？也就是说，我们代表了什么？我们究竟想干些什么？驱动我们的内部因素何在？而这些内部的判断正是由社会文化影响下的价值观决定的。所以我们的研究认为社会文化从核心价值观、行为偏好以及激励内容来影响个人和企业的决策行为。

1. 核心价值观

对核心价值观影响最大的因素是“个人主义与集体主义”以及“长期取向与短期取向”。美国是个人主义最高的国家，因此美国的领导理论以被领导者追求个人利益为基点。然而美国的领导理论并不适用于第三世界国家，因为这些国家属于集体主义社会，职工关心群体，希望从群体中得到保障，并且愿意以对群体的忠诚为酬报。所以美国的价值观和中国人的价值观就有显著的不同，美国人在做决策的时候更加强调的是自我价值的实现。而中国人更加强调在集体中去实现自己的价值。“长期取向与短期取向”也影响到个人和企业的核心价值观。在这种因素的影响下，有的个人和企业会比较重视眼前的利益，有的更加重视长期的利益。

2. 行为偏好

对行为偏好影响最大的因素是“接受权力差距的程度”和“防止不确定性的程度”。这是因为个人和企业的决策行为就是分配权力以及减少或防止经营中的不确定性。美国接受权力差距的程度大，能够接受经营中的不确定性，他们的资本结构比较分散，他们的决策行为是风险偏好的。亚洲国家接受权力差距的程度比较差，同时比较喜欢规避不确定性。所以亚洲国家的行为相对比较保守，公司治理结构比较单一。

3. 对激励内容的影响

对企业和个人激励内容影响最大的因素是“个人主义与集体主义”、“防止不确定性的程度”和“男性化与女性化”。美国和其他西方民族国家是个人主义程度很高的国家，所以这些国家的激励方法多从个人出发，以个人的自我实现和个人获得尊严作为激励的主要内容。第三世界国家与日本是集体主义程度较高的国家，激励就要着眼于个人与集体的关系，过分奖励个人往往行不通。美国人倾向于“男性化”，所以适于把承担风险、进取获胜作为激励的内容。日本和法国虽然也倾向于“男性化”但是防止不确定性的心理较强，因此一种无危险、很安全的工作岗位就成了激励因素。荷兰和北欧各国人民的价值观倾向于“女性化”，防止不确定性的心理又比较强，因此他们不像美国人那样爱好个人竞争，而以维护良好的人际关系作为激励因素。

社会文化通过“社会人”在以上三个方面的影响，使得“社会人”不再是经济学上假设的完全理性的“经济人”。而是有了自己独特价值评判标准和自己的决策效用函数的“社会人”。于是他们在现实的决策行为中就表现出我们在行为金融学理论里分析得出的“社会人”特征：有限理性、有限控制力和有限自利。

公司治理人作为独立存在的个体，也存在着很大的差异，每个治理人也是我们所定义的“社会人”的范畴。他的决策行为自然受到社会文化的影响，表现着有限理性、有限控制力和有限自利的“社会人”特征。“社会人”需要做出各种各样的决策，而思考的出发点是他的价值观，他的决策行为是由他受到的社会文化影响的行为偏好决定的。所以他的融资决策将受到他的效用函数的制约，他在进行融资决策的时候必将遵循他的效用函数最大化规则。

二、社会文化对企业资本结构的影响

资本结构是指企业各种长期资金筹集来源的构成和比例关系，是企业的管理层和股东在现有制度下共同选择的结果。长期以来，人们主要从经济成本的角度来考察企业资本结构的决定因素，即认为企业在决定融资方式的时候仅仅遵循经济成本最小化的原则。在社会文化对人类行为方式没有任何影响，以及企业管理层和股东完全按照主流资本结构理论的“超世俗”理性方式行动时，经济成本最小化原则的确能够成功预测企业的资本结构决策。然而，企业管理层和股东都不能脱离社会而存在，他们的行为方式会同时受到社会规范和理性的影响，社会价值观和传统习惯在其思维方式和行为模式上打上了深深的烙印。因此，当企业在金融市场做融资决策时，往往会出现主流资本结构理论无法解释的“非理性”现象。

（一）资本结构理论

企业资本结构是指在企业的总资本中，股权资本和债权资本的构成及其比例关系。资本结构决定企业的财务结构、财务杠杆的运用和融资决策的制定。关于资本结构问题有这样一些理论。

1. 早期的资本结构理论有净收益理论、净营业收益理论和传

统理论

首先，净收益理论是早期资本结构理论中的一种极端理论。净收益理论认为利用负债融资，负债的成本低于权益资本的成本，所以提高企业的财务杠杆比率，可以降低总资本成本率，从而提高企业的市场价值，故企业采用负债融资总是有利的。其次，净营业收入理论代表了早期资本结构理论中另外一个极端的看法。该理论认为不论企业财务杠杆怎么变化，加权平均资本的成本率是固定的，对企业总价值没有影响。该理论也假设负债的成本低于加权平均资本的成本，但当提高企业的财务杠杆比率时，会相应增加企业权益资本的成本，使普通股的投资者要求更高的收益率，财务杠杆上产生的收益将全部作为股利向股东发放，权益资本的成本率上升，正好抵消了财务杠杆带来的好处。因此，权益者仍以原来的固定的加权平均资本成本率来衡量企业的净营业收入，故企业的总价值没有变化。最后，传统理论是介于净收益和净营业收益理论两种极端之间的一种折中理论。该理论认为债务资本成本率、权益资本率和总资本成本率均非固定不变，但也认为债务资本的成本率是小于权益资本的成本率的，该理论承认，企业确实存在一个可以使企业市场价值达到最大化的最佳资本结构，这个资本结构可以通过财务杠杆的运用来得到。一般来讲，在最佳资本结构点上，负债的实际边际成本率与权益资本的成本率相同。

2. 现代资本结构理论

1958 年，美国学者莫迪利安尼（Modigliani）和米勒（Miller）在《美国经济评论》上发表的著名论文，《资本成本、公司财务与投资理论》得出 MM 理论，创建了现代资本结构理论。MM 资本结构理论的基本结论可以简要归纳为：在符合该理论的假设之下，公司的价值与其资本结构无关；公司的价值取决于其实际资产，而不是其各类债权和股权的市场价值。

MM 资本结构理论的修正观点认为若考虑公司所得税的因素，公司的价值会随财务杠杆系数的提高而增加，从而得出公司资本结构与公司价值相关的结论。

3. 新的资本结构理论有代理成本理论、信号传递理论和啄序

理论

代理成本理论是经过研究代理成本与资本结构的关系而形成的。这种理论通过分析指出，公司债务的违约风险是财务杠杆系数的增函数；随着公司债权资本的增加，债权人的监督成本随之上升，债权人会要求更高的利率。这种代理成本最终要由股东承担，公司资本结构中债权比率过高会导致股东价值的减低。根据代理成本理论，债权资本适度的资本结构会增加股东的价值。上述资本结构的代理成本理论仅限于债务的代理成本。

信号传递理论认为，公司可以通过调整资本结构来传递有关获利能力和风险方面的信息，以及公司如何看待股票市价的信息。按照资本结构的信号传递理论，公司价值被低估时会增加债权资本，反之亦然。

资本结构的啄序理论认为，公司倾向于首先采用内部筹资；如果需要外部筹资，公司将先选择债券筹资，再选择其他外部股权筹资，这种筹资顺序的选择也不会传递出对公司股价产生比例影响的信息。

在这里影响最深远的就是莫迪利安尼（Modigliani）和米勒（Miller）的MM理论。该理论的提出使资本结构的研究成为一种严格的、科学的理论。MM理论是在净营业收益理论做了进一步发展的基础上提出的。它通过严格的数学推导，证明了在一定条件下，企业的价值与它所采取的融资方式——发行债券或发行股票无关，该理论又称为资本结构无关论。

（二）社会文化与资本结构

社会文化除了通过影响决策者的融资决策行为来影响资本结构外，还从多个方面影响企业的资本结构决策。

1. 社会文化影响金融制度

作为一种价值观念，社会文化对某种融资方式和资本结构模式的认同与否在很大程度上决定着正式金融制度的变迁及其功能的发挥。社会文化是社会成员潜在的行为规范，它代表着社会成员的价值取向，而社会的主流价值取向又影响着各国的金融法规，从而使不同国家形成了各异的融资模式和所有者结构。一项金融制度（包括一种资本结构模式）能否得到一个社会的全面接受，不仅仅取决于制度本身是否有效率，而且依赖于该种制度是否符合社会主流文化的价值取向。即使建立了正式的金融制度，但若没有非正式制度（包括社会文化）的支持，它也很难实施。试想一下，虽然金融制度允许企业采用某种融资方式，但如果投资者和企业管理层在主观上排斥该种融资方式，企业就不会、也不可能因之而改变资本结构。反之，当一个社会已经认同某种资本结构模式，即使正式的金融制度尚未建立，社会力量也会促使金融制度发生改变，或者以变相的方式实现。

需要注意的是，社会文化对金融制度变迁的作用是双向的。社会文化可以对金融制度的变迁产生积极、正面的影响，也可能产生消极、负面的影响。由于不能排除社会文化本身的落后性，一种新的金融制度或者一种更合理的资本结构模式有可能因为社会文化的排斥作用而无法被采纳。而且社会文化是一个社会群体本身的共同信念，是群体成员长期共同选择的结果，一旦形成，其变化相当缓慢。所以，社会文化的变迁一般跟不上金融制度的变化，从而可能限制企业的资本结构优化行为。

2. 社会文化影响融资环境

社会文化直接影响企业股东和其他投资者的信念和行为。实际上，自企业的诞生之日起，股东就面临着融资结构的选择。股东的资本结构决策行为不但受到金融市场的发达程度、股东自身的财务状况等因素的影响，而且要受到股东所处的社会文化环境的约束。如果主流社会把一种融资方式视为企业发展壮大的捷径，股东理所当然会加以考虑。

由于长期处于某种特定文化的影响下，社会文化会内在化为股东和其他投资者的内在信念，成为一种理性限定规范而支配其行为。当理性限定规范转变为偏好变异规范时，股东和其他投资人会自觉地偏好主流社会文化认同的那种融资模式。在金融市场上，不同的社会文化导致的风险偏好差异常常会成为股东和其他投资者的内在信念，从而影响企业的资本结构决策。因为股东和其他投资者风险偏好的差别不但决定着其要求的投资回报率，而且决定着企业可以获得资金的方式和来源。

在社会文化的影响下，股东和其他投资者对一种融资工具的看法可能发生偏差，从而盲目地改变企业的资本结构。例如，发行股票是一种先进的现代融资方式，有助于企业快速地筹集所需要的资本。但如果社会将上市发行股票看成一种快速"圈钱"的方式，股票原有的融资功能将会被扭曲。当这种不良的风气（社会文化）盛行时，企业股东们会千方百计地寻求上市，而不管这对企业的发展是否真正有益；其他投资人则会将股票看成一种投机工具，只关心短期收益。债务融资同样如此，在一个缺乏"自由交易、借债还钱、损害赔偿"信念和传统的社会中，企业大多一心一意谋骗贷，债权人则全副身心防骗贷。在此情况下，企业借款必须以充足的担保为前提，债务融资在企业的资本结构中不会占很大的比例。

虽然社会文化影响到金融制度和融资环境从而影响到资本结构。但是这也只是影响到企业的融资成本，并不影响到企业决策的融资效用函数。从企业决策角度分析社会文化主要是通过影响决策者的融资效用函数来影响企业资本结构的。

社会文化影响企业融资决策。社会文化对企业管理者的影响是本文研究的重点。社会文化影响了企业决策者的效用函数。通过上面的分析，我们认为企业决策者不是我们经济学上认为的具有完全理性的"经济人"。而是受到文化影响的"社会人"，他有自己独特的价值观念，从而他有独特的效用函数。我们在研究企业管理者融资决策的时候就不能用传统的融资成本最小化，而是要用效用最大化来分析。

具体来说，企业决策者的行为方式受其价值观念的支配，有什么样的价值观念就会有什么样的行为方式。根据社会学的研究，在企业这个紧密联系的社会群体内部，更具风险倾向的成员可能更有影响力。由于大多数现代企业的所有权和控制权相互分离，当企业内部的风险爱好者成为企业的内部控制者时，整个社会将会偏好与高收益挂钩的高风险融资方式。高风险价值观形成的另外一个重要原因是，个人代替群体决策时往往不需要承担全部成本。当然，并不是在所有已经建立了现代企业制度的社会中，企业成员都会具有风险偏好的价值观念。例如，在儒家文化占主导地位的东亚，企业成员的价值观就不太偏好风险，这种价值观显然是从相反的方向影响企业的资本结构。

此外，具有决策权的管理人员偏好提出他们认为更容易得到社会承认和其他成员重视的融资方案。社会认同感本身能够带来效用，它意味着一种精神激励和社会奖励（Assar Lindbec，1997）。当管理人员的融资行为得到社会的认可时，他们会感到心情愉悦，并且具有更高昂的工作激情。相反，在得不到员工理解和股东赞许时，即使其融资决策至少在他们自己看来是合理的，管理人员也会因感到沮丧而失去工作的动力。而且，对于管理层来说，选择能够得到社会认同的资本结构可以起到规避风险的作用。当采取社会认同的融资方式时，管理层不需为其融资方案受到舆论谴责而担心。但当管理层为了重要的战略目标而改变企业资本结构时，如果预定的目标因为各种不可控制的因素没能实现，他们的行为难免受到诟病。

总之，在理解企业的资本结构决策时，一定要考虑相关社会规范的本质及其在群体决策中发生的重要作用。Adam Smith 主张的工具理性和 Emile Durkhein 强调的社会规范同时影响着人类行为（Jon Elster，1989），只有充分重视二者，才能正确理解投资者和公司管理层经常做出的表面上不符合主流资本结构理论预测的“非理性行为”。将社会文化因素的影响纳入分析框架之后，把企业决策者看作是“社会人”。我们也许会发现这些“非理性行为”实则是当事人在不同社会文化观念影响下所追求的其效用函数最大化的“理性行为”。

三、在不同文化背景下的企业的资本结构存在差异

本章通过研究分析社会文化对企业决策者的影响来分析社会文化对企业资本结构的影响，论证了在行为金融学理论下，企业的决策者不再是我们传统理论分析上的“经济人”。而是受文化影响的有自己独特的价值观和自己独特的效用函数的“社会人”。因此他

有自己独特的效用函数。

企业决策者的融资决策模型：

$$\pi = \max F_i(D, E, C_D, C_E, \nu) \qquad (6.1)$$

其中 F 为效用函数的对应法则，下标 i 表示决策者的社会文化区域。本文这里的文化主要分为英美、日德、东南亚和中国这几个文化区域。D 为债券资本数量，C_D 为债券资本的融资成本，E 为股权资本的数量，C_E 为股权资本的融资成本，ν 表示其他影响到决策者效用函数的其他因素。在这里我们认为 C_D 和 C_E 都是内生的。那么企业决策者的效用函数就受如下因素的影响，首先是文化因素影响的效用函数法则，其次就是债务资本和股权资本的数量。如果我们能够找到不同文化下的企业决策者的效用函数法则，就可以通过 $\pi = \max F_i(D, E, C_{D,} C_{E,}, \nu)$ 函数分别对 C 和 D 求一阶导数。然后通过一阶导数等于0，就可以大致分析出在不同文化下的最优资本结构。

换个角度思考也就是说，如果社会文化对资本结构存在显著的影响，那么在不同文化背景下企业的资本结构必然存在显著的差异。

第二节　社会文化特征与公司治理结构和资本结构差异分析

一、不同社会文化与公司治理结构和资本结构特征差异

所谓“社会文化”，是在同一个环境中的人们所具有的“共同的心理程序”。因此，社会文化不是一种个体特征，而是具有相同社会经验、受过相同教育的许多人所共有的心理程序。不同的群体，不同的国家或地区的人们，这种共有的心理程序之所以会有差异，是因为他们向来受着不同的教育、有着不同的工作，从而也就有不同的思维方式。

近期国外研究文献表明，文化影响经济和公司行为。无论是理

论工作者、政策制定者，还是从业者，似乎都有一种直觉，那就是公司治理结构反映了民族文化。资本结构也是公司治理的一部分，企业的资本结构也反映了民族文化的特征。

国内学者对于公司治理和资本结构特征问题曾经总结出英美、德日、东南亚三种模式，比照之下，中国在建立现代企业制度的过程中，比较倾向的是英美模式，为什么在英美国家比较有效的模式在我国的表现却不尽如人意？所谓橘生淮南则为橘，生于淮北则为枳，二者的文化土壤不同。股东大会、董事会、监事会、管理层和利益相关者是现代公司治理中的基本要素，一个优良的治理结构是多方长期博弈所形成的一个相对稳定的均衡结果。而一个博弈因为参与人偏好、信息等的不同，博弈结果肯定不同，文化深刻地影响着个人的偏好。同样中国和美国的企业决策者的思维模式和价值观念有很大不同，他们的效用函数也不同，即便是相同的治理模式，其融资结构也会不同，比如中国的企业更加偏好股权融资，而英美企业则更加偏好债券融资。

文化总是一种带有地方性的现象。静态地看，正是各国历史和文化传统的不同，导致其在经济制度安排上的差异，产生了公司治理模式的多样性和资本结构的复杂性。完全用资本结构理论来分析公司的资本结构是很难得出跟现实一致的结论。任何事物都有两面性，也都有一个发展变化的过程。西方的文化模式一度与公司治理的有形制度安排相协调，但到20世纪80年代以后，文化的负面效应逐渐暴露出来。正如1986年1月哈佛大学“思想意识与经济发展”讨论上人们所言：“这种个人精神越来越不适应日益剧烈竞争的国际环境。个人主义轻视个人对国家、团体的义务，不重视整体利益和各方面的协调，结果导致劳资关系紧张，政府、企业、劳工各自为政。”在企业中，一度行之有效的治理机制日益暴露出它的弊端：短期雇佣和频繁流动给职工带来不稳定、不安全感；能力主义强调竞争的以物质激励为主的方式使职工感觉疲惫与厌倦；利益驱动为主的功利性的参与管理使员工难以真正形成主人翁精神和共命运的意识等。董事会中，其成员对公司经营者的不佳绩效轻易不提出批评，在其内部谦恭和礼貌替代了真诚和坦率，有人将之戏称为“董事会文化”。大量经验证据表明，美国公司治理结构后来出现了种种问题，原因仍与文化相关。但是美国是一个自由主义的国家，人们注重提前消费，有风险意识也愿意承担风险。所以在美国的资本市场上，债券市场和股票市场同样发达，从而美国公司的资本结构中债券资本占的比重比较大。如果从决策者的决策偏好角度考虑，决策者在进行融资决策时更加愿意承担举债带来的风险。在他的融资效用函数里，同样的融资规模下，债券资本的比重能给他们带来更大的效用。

同样，日本企业的治理机制以及资本结构原先是充分考虑并利用了传统文化中的集团精神和家族主义，从而在一定阶段实现了有效的公司治理，特别在20世纪70年代，日本企业在腾飞阶段日本的公司治理结构和资本结构被世界学者关注和研究，都试图找到日本企业腾飞之谜。在研究中大家都看到了日本文化因素在企业的发展中起到极其重要的作用。但随着实践的深入以及外部环境的变迁，其家族本位等级制度对人才的压抑，其集体主义观念对员工能力发挥和独创性的制约等，也日渐显露出来。在我国，传统文化源远流长，其优秀的部分一直是国民引以为豪的，但其消极的一面对公司治理机制以及企业发展的制约也是不容回避的。这个问题在目前的国企改制进程中尤为突出。转轨过程中，文化的转型成为一个关键环节。但文化变迁具有的滞后性和缓慢性，使文化模式与公司治理的有形制度之间形成一种张力格局。同时中国的中庸保守文化、官本位主义等也对中国企业的公司治理结构和资本结构有重要的影响。具体关于中国文化与中国企业的资本结构关系问题在下文将再做详细的论述。

（一）英美文化与公司治理和资本结构特征

在这里我们把欧美放到一起，主要研究的是英美的共同文化特征与公司治理和资本结构特征。因为他们在文化本就属于一脉。虽然德国、法国与英国同属欧洲，但其文化特征和企业治理模式却有很大的不同，在下文的分析中也就一起来论述。

（1）民主文化较浓，权限的分配分散。

总的来说 英美在文化上具有比较浓厚的民主色彩。在美国，企业的治理也具有民主的文化氛围。他们的企业通常制定了颇具约束力的协调决策程序。企业的决策必须有员工的参与。经过多数员工的同意，而不能由管理层强制执行或强加到每个职工身上，经理们也希望自己被认为是具有团队凝聚力和平易近人的人。所以劳资双方关系可以说是相当融洽。德国企业虽然也采取了民主决策的政策，然而很多重大方针策略则是由管理层集中决定，只不过在此过程中领导层非常重视向工会代表咨询，从职工中汲取改进企业经营管理方面的建议，因而一般来讲德国企业领导具有相对较高的地位和较大的决策权。在英国，企业业务决策权通常下放到了中层经理人员中，决策的制定主要通过商议而不是根据企业董事会的命令。因此，英国的各层经理们通常被赋予了高度的自主权，所以英美企业的公司治理比较重视经理层的作用。企业赋予了经理层更多的决策权，英美的企业治理决策和融资决策更多的带有经理层的个人利益色彩，融资效用函数更加体现了经理层的偏好。

（2）男权色彩，注重个人功利。

我们有这样的体会，男权色彩越强烈的社会，越提倡物质主义、竞争、强权及强调性别角色；而女性社会则更提倡和谐关系，无论男女之间还是上下关系都强调平等和伙伴关系。英国和美国则属于前者，企业文化中利润导向明显，鼓励每个员工在竞争中力争攀升，用高盈利换取高报酬。高奖金、高职位，这些自然导致员工对企业忠诚度的下降。与此形成对比的是斯堪的那维亚半岛，如瑞典、丹麦、芬兰，在企业文化中更强调雇员的工作质量和生活福利，而非单纯追求利润最大化。这并非是说企业追求利润回报的目标对他们来说没那么重要，而是说这些企业是以鼓励而不是刺激来达到这一目标的。这样的一种文化特征使得企业管理者比较重视个人的能力。企业管理者的决策行为具有较强的个人功利主义色彩，喜欢个人英雄崇拜，那么资本决策和治理决策更加重视自我价值的实现，他们在进行公司治理决策的时候更加注重个人价值的实现。他们的效用函数更加具有个人主义色彩，也就是追求个人的非经济学理性的利益最大化。在他们的公司治理和融资决策中呈现出有限理性、有限控制力和有限自利的典型“社会人”特征。

（3）鼓励个人主义，崇尚个人奋斗。

主要指企业是提倡员工的个人表现还是更提倡团队协作；如何平衡集体利益与个人利益；企业赋予个人多大程度的独立处理事务的权限，员工是否强烈要求企业保证其私人休息时间和表达个人观点的机会。在这方面，英国的企业文化非常接近于美国，鼓励个人主义，崇尚个人奋斗和表现企业家的管理职能。企业常常鼓励员工间的内部竞争，鼓励不惜一切代价追求最大利润的个人冒险精神。

（4）注重激励措施，所有权与经营权分离。

美国企业奖励方式通常是给予被奖励人一定的荣誉，让他们感觉到被承认和受到他人的敬佩。同时还通过赋予被奖励人更高的职位和更大的职权这种方式。英国企业则通常用薪酬等物质手段来表彰被奖励人对公司做出的突出贡献，有时用股票期权来奖励那些创造利润最多的员工。这样一些文化特征使得英美国家企业的智力结构和资本结构呈现出了自己的有别于别的国家的特征。总的来说由表 6-1 可知，英美国家公司治理模式和资本结构的特点和英美国家的文化特点很匹配。英美国家文化追求个人主义，重视个人利益，规避不确定程度很低，热衷于冒险，追求物质利益，希望创造一个自我奋斗、充分施展自己才能的环境。外强内弱的公司治理模式正好提供了这样的环境。公司因股权分散，实际上由内部管理层控制，董事会形同虚设。英美国家债券市场和股票市场发达。公司发行债券的成本比较低，不会分散公司的控制权。并且管理者也愿意承担借债带来的成本，社会文化也可以容许企业较高的负债水平，所以英美国家的资本结构中的债务资本的比重相对就比较高。英美等国流行 CEO，实际上表明公司决策权正在向管理层集中。管理层在做决策时不会受到不必要的约束和牵制，可以大胆创新，充分发挥自己的聪明才智，如果成功，在为公司和社会创造巨大财富的同时也为自己带来丰厚的物质回报，满足自己对物质生活的追求，但如果决策失败，就会通过外部机制撤换管理层。在英美国家文化的长期定位指数较低，这说明他们追求短期利益，不注重长期决策，内弱外强的公司治理模式在评价管理者绩效的时候主要看股票市场的反应，为了展示自己的经营成果，管理层往往只追求看得见的短期利益，使股票价格上涨，在英美国家文化的短期定位和公司治理模式下管理者追求短期利益是一致的。而且债务资本可以起一个杠杆作用，可以增强股权资本的盈利水平。在追求股票价格上涨的决策者的行为中，决策者也将必然在其融资偏好中追求高负债（见表6-1）。

表6-1　**英美、日本文化特征与公司治理和资本结构特征的比较**

	外部治理型（英美）		内部治理型（日本）	
	治理模式	文化背景	治理模式	文化背景
股权结构	股权高度分散	个人主义本位	银行法人相互持股	集体主义本位
股权流动性	高的流动性，“用脚投票”	偏重于短期功利主义，自利心理	低流动性，“用手投票”	注意长期利益
决策方式	偏重于个人决策，个人负责	个人能力主义，崇拜英雄	企业内部治理	等级观念，年功序列制
监督制衡力量	健全有效的外部市场体系	带有平民色彩自由主义	偏重于集体决策，集体负责	个人利益服从集体利益
资本结构	债务资本比重较大	消费观念强烈	债务资本比重较低	喜欢储蓄

（二）日本文化和公司治理与资本结构特征

德日两国和英美国家有很大不同。两国都有悠久的历史，在漫长的集权统治下，人民早已习惯于集权统治。他们对政府民主运作、企业透明经营的要求远没有美国那么强烈，对公司信息披露也没有特别的要求。这样，外部治理机制就不能有效地发挥作用，公司只有依靠内部治理。

从根本上来说，日本的企业治理模式和资本结构特征源于日本的传统文化。在日本的企业文化中，充满了日本民族“大和精神”的传统文化的精粹。日本的文化，是对中国儒家文化，如重视思想统治、讲究伦理道德，以及重仁、义、礼、智、信等文化传统进行了现代化改造后，与日本传统民族精神中的群体、忠诚等融为一体，日本的企业文化结合欧美国家先进的管理经验，如企业策略、市场分析、信息处理、现代广告等以后逐步形成的。日本的企业文化中渗透着民族魂。

日本企业的形成不像欧美国家那样是一个社会自发变迁的结果，而是在已经有了现代企业范例的情况下人为移入的产物。日本企业正是在与既定社会的互动中，慢慢开始对传统文化资源进行重新挖掘和利用，并使之发生创造性的转换，与从西方移入的“理性化制度”相衔接，进而形成了独具特色的企业文化。日本企业文化形成的最大特点，是通过确立新的“义”、“利”观，使之成为企业文化的核心。日本企业文化的特点还包括以下几点。

（1）强调“家内和合”，弱化雇佣意识。

日本企业发展的历史，使日本企业具有了传统的家族观念，企业内部形成了一种亲属式的团结感。日本企业家认为，员工对企业的忠诚和长期为之贡献的品质比现有劳动生产率和科学技术更为重要。日本企业的三大支柱是终身雇佣制、年功序列工资制和企业工会。在雇佣方式上，采用最多的是终身雇佣制，当然，真正能够享受到的是一些对公司具有杰出贡献的高级管理、技术人员，其他人如果表现不好，还是会被公司“炒鱿鱼”，以员工的工龄为基础，综合考虑职工的工作能力、技术、年龄、贡献和道德水平，以确定所付报酬的多少，对于那些干得突出的雇员，一般以年终分红及精神奖励的形式给予认可，即所谓的 KK 年功序列工资制。这样的一种文化使得日本的企业更加重视内部治理。同样日本企业的决策者更加重视个人的能力和个人价值的实现，在融资决策中他们也就更加重视这种文化内涵。

（2）强调集团功利，弱化个人意识。

日本企业的管理，继承了中国儒家学说中的和、爱、诚、忠、信等行为标准，公司的决策强调集体主义，企业内部员工和谐、团结，具有团队精神。日本公司提拔负责人的主要条件之一，就是此人能被团体所承认。公司内部员工的责权不很明确，更多强调的是员工间的相互协调、主动工作。日本企业所培养的，是能够胜任多种工作的“多面手”。日本的企业决策者更加强调集体决策，其决策行为和效用函数就有别于前文提到的美国企业决策者的效用函数。在进行决策的时候，日本的企业决策者更加愿意把决策权力下放。而美国是比较注重个人功利主义，他们的决策更加具有个人主义色彩。

（3）强调国家利益，弱化家族意识。

日本许多企业是家族制企业，是以生产资料的同一家族共同占有为基础，以家族继承制为保证，家族成员为企业的核心。这种家族式企业强调的是对家族的“忠诚”。随着现代社会的发展，日本企业为了适应现代企业制度发展的需要，逐步将这种对家族的“忠诚”转化为强烈的国家意识以及对国家的认同。如岩崎弥太郎就曾告诫公司的全体员工：昔日经营是为了我家族，今日经营是为国家效劳，三菱的使命首先是贡献于国家，家族利益必须服从与此至高无上的目的。日本有很强的国家意识，日本的银行集团支持日本企业的发展。但是日本的金融集团给企业提供资金的方式却和中国的企业不同。在中国，国有银行给国有企业提供大量的贷款，这些贷款大多是政策性的还带有浓厚的关系色彩，但是国有银行不愿意给民营企业贷款。而日本金融集团是大力支持和扶持日本的本土企业，他们的资金支持表现为互相持股而不是完全的贷款。这就使得日本的企业资本结构中的债务资本结构较低。

（4）强化勤俭精神，弱化享乐意识。

日本地域狭小、资源缺乏的自然条件影响并造就了日本人节俭朴实的特点。这种民族特点又决定了日本在企业经营过程中具有战略眼光。20 世纪 70 年代，全世界面临巨大的石油危机，作为石油进口国的日本，只能耗费巨资购买石油。恶劣的现实条件迫使日本调整产业结构、研制节俭设备，走革新高科技之路，从而降低生产成本，以物美价廉来保住并取得市场。日本企业以牺牲眼前利益为代价取得了长远利益。日本的企业利润一般用来作为企业进一步发展的资本，而不是分红。这也使得日本企业的融资偏好于股权资本。而美国更加喜欢强调股票市场的表现，他们更加愿意把利润分红。在资金不足时再发行债券融资。

东亚国家和地区之所以大多选择家族监控型的公司治理模式，与其深受儒家文化影响有密切关系。这些国家和地区以前都是经济欠发达、资本市场不发达的地区，在市场经济不完善的情况下，家族监控成为公司一种可行的选择。他们选择的发展途径一般都是自己内部的资本积累。凡是经济强大的国家都有先进的公司治理结构，更重要的是这一公司治理结构适应了其历史文化传统。

不少落后国家也曾引进美英日德等国的公司治理模式，然而最终效果不太理想甚至以失败告终，其根本原因在于这种成功模式和自己国家的社会文化环境不相适应。每个国家的公司治理系统和资本结构特征的形成，折射出该国特有的思想文化和社会心理。我国在公司治理结构和资本结构选择时不仅遇到了与西方国家相同的问题，即委托代理问题和相应的激励约束问题，也遇到了与他们不同的问题，即中国文化与公司治理结构以及资本结构的冲突。现代公司治理的核心就是民主决策和监督，它根源于西方的宗教文化，人与人之间的核心理念是自由、平等。而中国文化传统的根本是不平等，所谓君臣、父子，长幼要有序，正如著名社会学家费孝通先生所说的“差序格局”。我国的公司治理结构，从董事会和管理层的职能上看，仿效了英美国家的模式，从监事会的设立来看，又在一定程度上采用了德日的二元委员会体制。中国在主要借鉴英美模式的基础上又小部分地借鉴了德日模式，搭建了一个既有股东大会、董事会，也有监事会的治理结构。这种综合了两种根植于不同文化背景下的公司治理模式的“嫁接产物”，是否考虑到了治理结构背后的文化问题尚待研究。我们的资本市场是畸形发展的，股票市场发展比较好，债券市场没有形成，那么照搬国外的治理结构和资本结构而不顾本国的文化特点，自然不能有很好的效果。

二、中国文化特征与中国企业资本结构现状分析

一个企业的公司治理结构和资本结构特征的形成与发展与一个

国家的历史背景、文化渊源、民族习惯、社会体制、管理方法等因素都有着非常直接的关系，现实条件的差异性同样在公司治理结构和资本结构中有所体现。中国的公司治理结构和资本结构特征，在具有东亚共性特征的基础上，同样有一些自己的特点。中国的公司治理结构和资本结构特征大体来讲受以下一些文化因素的影响。

（一）儒家文化与传统重农轻商国策

在中华民族灿烂的五千年文明史中，在诸子百家学说中，在儒家一贯倡导的“修身、齐家、治国、平天下”的理论中，有着极其丰富的管理思想。它是中国古代政治、文化、法律，尤其是管理文明的重要标志之一。儒学管理思想具有鲜明的人本主义色彩，从尊重人出发，以人性善的假设为基础，以道德的自律为核心，以阴阳互补为其方法论，以安民富民为目标，建立起了系统的人性管理模式。

儒家文化对现代商业的影响很大，主要影响的是企业领导者的价值观，使他们的价值评判标准深受儒家文化的影响，他们个人的行为决策效用函数具有了中国特殊的文化特征。我们把这些受传统儒家文化影响的企业家或商人称为“儒商”。

从汉朝的董仲舒“罢黜百家、独尊儒术”开始，在以后的漫长岁月中，儒家思想随着历史不断前进，中国的统治者一直执行的是重农轻商的国策。认识农业才是国之根本，不但不重视商业而且限制商业的发展，使得中国的文化传统里面就有对商业的蔑视。直至明朝嘉靖万历年间，对重农轻商的政策有所改善。张居正进行经济制度的改革，对传统的重农轻商政策提出了否定意见，他旗帜鲜明地提出“省征发以厚农而资商，轻关市以厚商而利农”的主张，指出商业不发展，不利于农业，即农业也很难发展，农业的发展应该支持商业，两者是相辅相成的，只有农商共同发展，国家才能发达。张居正把商业发展摆在与农业并驾齐驱的地位。著名思想家黄宗羲更进一步提出了“工商皆本”的口号，他说：“世儒不察，以工商为末，妄议抑之。夫工固圣之所欲也，商又使其愿出于途者，盖皆本也。”指出士大夫不了解国情，轻视工商业，压制工商业的发展，明确提出发展工商业也是国家发达的基础，是国家发展的国策。在这种时代条件和进步思想的影响下，华夏大地发生了变化，涌现出徽商、晋商、潮商、江右（江西）商、临清（山东）商等商帮，由个体成长为地方群体。在明清年代，徽州巨商大贾利用地处长江中下游的优势，依靠丰富的茶叶、木材、瓷器、粮食、棉花、纺织、丝绸、铁矿、盐业等物资和发达商业城市，通过长江的交通便利，雄踞江南，面向全国进行商品交易。

而三晋商人，有其深厚的社会基础，崇商习贾的民俗和社会文化氛围，特别是其金融票号，星罗棋布，汇通天下，独领风骚。他们盘踞中原，不畏长途跋涉，足迹遍布华夏，辐射欧亚，堪称中国外贸第一商贾。

徽商、晋商在全国各地迅速发展，资本积累越来越多，他们在历史实践中，以其勤劳、节俭、智慧传承文明，纵横华夏，跨越欧亚，成为我国两大赫赫有名的商业劲旅。在中国、在亚洲，甚至于世界商业史上都有一定的地位。

徽商、晋商，以及各地商人，他们崛起于明清，衰落于清末，历时近500年，走完了商业历程。

商人，作为一种文化现象，它所积淀于社会观念形态的东西是精华与糟粕共存的。明清时代的商人，和任何历史人物一样，他们的思想离不开当时的社会共性。从其成分组成来看，其中一小部分是地方上比较殷实的农户，家庭生活自给有余，培养他们学习知识(读私塾)，精习珠算，用于管理账务之用。农闲之余做些小生意，随着形势的发展而步入商业领域。这部分人，从小比较勤劳、节俭，亲身参与劳作，又有基础文化知识，继承了传统的“仁爱道德”、“诚信”、“义利”的儒家思想，而且也意识到老百姓的艰辛生活。因此，在生意交易方面是比较通情达理的，基本上做到“公平守信，童叟无欺”的经商原则，在商场上赢得了信誉，谓称“文明商人”，也称“商贾”。

他们的企业治理特点和他们的社会文化息息相关。所以无论徽商还晋商他们的治理结构都是家族式的。他们也从来不敢大量的举债经营。他们重视自由资本的积累，重视节俭和信誉。这样的治理特征和资本结构和中国的传统文化是一致的。这也就决定了中国的商人他们的企业不可能做大做强，他们摆脱不了小农经济的影响，永远是赚了点钱然后回家买地娶媳妇生小孩。

中国的文化，传统的东西很多，儒家的影响很深。在中国传统的价值观念中，伦理的味道很重，讲究仁、义、礼、信、和等。把道德标准作为思考问题、看待事物的第一准则，而把事物本身作为次要因素来看待。受这样一种传统观念影响很深的中国人，在企业文化建设中也不可避免地受到影响，把伦理问题放在中心位置，以道德伦理的标准来判断和衡量一切。企业内部干部的优劣、职工的好坏，乃至企业决策与经营行为的衡量准则都采用道德是非和伦理的标准，从而在企业内部形成了一种重义轻利、重工作态度轻工作效率的观念。在企业文化中，对干部的科学管理方法和决策能力要求得少，对干部的为政清廉、身先士卒、以身作则要求得多；干部不是依靠科学管理来调动员工的工作积极性，而是要通过自身道德修养的感召力来影响群众，感化和带动员工。另外，受中国传统统治思想和方法的影响，在企业经营中，过多强调的是“德治”，注重道德化管理，忽视制度化建设和管理。

（二）中国文化与中国家族式企业的关系

中国儒家思想中的伦理道德标准不但影响着中国整个政治制度的发展，也影响着中国企业文化的形成和企业治理结构的形成和发展。这也使得中国现代民营企业都是以家族企业的形式出现而不是建立西方的所有权和经营权分离的现代企业制度。正是由于中国这样的文化特征使得中国企业的公司治理有别于其他国家。

企业的根本目标是利润，所以西方国家的企业家的价值观是如何赚更多钱而不是太在意这个公司是姓什么由谁在治理。而受中国文化熏陶的中国企业家更加喜欢的是把企业的决策权掌握在自己手上。他们关心的是企业跟不跟他姓，他是不是企业的最高决策者。在比较其经济利益来说也许他们更加重视自己地位的体现。这种地位的体现不仅包括他在自己企业的绝对权威，也包括他能达到的社会地位。中国的商人都想成为政治家，这不能不说这是中国文化下的一大特色。

中国的企业家们更加重视个人的地位和权力，如果用“经济人”理性来分析中国企业家的决策行为那估计就是没有了解中国的文化特色。这也是为什么很多做得很好的中国家族企业他们的治理结构有其特殊性。所以中国的企业家只会相信自己的人，也只会把企业的经营权分享给自己的人。于是在中国儒家文化的影响下，民营企业基本都是家族企业。家族企业的一个核心特征是家族所有和家族控制，即企业所有权和经营权合一。家族企业这种类型的企业形态主要出现在东亚与东南亚国家的华人企业中并由此产生了独特的家族治理模式。有数据显示，东亚地区最大的 15 家家族控股公司的市值占其国内生产总值的比例分别为：中国香港 84.26%、马来西亚 76.2%、新加坡 48.3%、菲律宾 46.7%、泰国 39.3%、印度尼西亚 21.5%、中国台湾 17%、韩国 12.9%、日本 2.1%。

中国企业这种紧密的血缘亲情关系是不可能用制度来代替的，你很难看到有完善的制度，因为中国人认为制度代表着不信任，而人情的价值恰恰就是信任。因为没有制度，没有共同认可的价值标准，对资本、分工、贡献都没有明确的认定与衡量，所以家族企业发展到一定规模后容易走向分裂。家族治理模式的基本特征首先表现在所有权与控制权配置家族化，企业所有权与经营权没有实现分离，企业与家族合一，企业的主要控制权在家族成员中配置。在这样的一个企业制度下，他们的公司治理照搬美国的模式肯定是行不通的。企业决策者的价值标准也就不同于西方文化的行为价值标准。他们在进行融资决策的时候具有中国文化特征。他们的效用函数里面把个人的权利、家族的利益，以及个人的社会地位看得比较重要。而不是单纯把经济利益放到第一位，所以他们的资本结构有自己的特征。具体来说，家族企业的股份制是家族股份制，不愿意上市来获取资本。因为他们害怕控制权被削弱。同时他们也害怕举债，他们愿意通过自己的资本积累来实现企业的做大做强，所以他们的资本结构里面同样是债务资本比重较低，而股权资本比较集中。在中国就算是上市公司也要至少占有 20%以上的股份才能对企业有绝对的控制权，而在西方国家可能拥有 5%甚至更低的股份就可以控制一家企业。

（三）中国企业文化特征与治理结构和资本结构

1. 文化特征

（1）伦理至上 、重视个人权威。

中国的文化，传统的东西很多，儒家的影响很深。在中国传统的价值观念中，伦理的味道很重，讲究仁、义、礼、信、和等。把道德标准作为思考问题、看待事物的第一准则，而把事物的确认作为次要因素来看待。受这样一种传统观念影响很深的中国人，在企业治理结构和资本结构建设中也不可避免地受到影响，把伦理问题放在中心位置，以道德伦理的标准来判断和衡量一切。企业决策与经营行为的衡量准则都采用道德是非和伦理的标准，从而在企业内部形成了一种有中国文化特色的价值观念。中国的企业决策往往是由“一把手”拍板决定，缺少集体决策。所以中国企业的治理结构是典型的内部治理结构模式，其决策行为具有明显的“社会人”特征，也就体现在了他们的融资决策和资本结构中。

（2）政治为本。

政治为本，即在企业生产经营过程中的衡量标准是政治，而不是经济指标。在社会主义计划经济相当长的一段时间内，企业附属于国家政府机构，企业的价值取向、行为方式、目标选择，以至于经营计划，都是由国家政府部门控制，以指令性计划来要求完成的。在这种经营管理体制下，企业不是作为完全意义上的商品生产者和经营者，而只是一个政府部门的下属单位。这样，企业自身具有浓厚的政治色彩，反映到企业文化上也是有着强烈的政治倾向，在企业内部，经济性的部门和非经济性的部门同时存在，企业的经济目标要与政治目标协调一致，并受到政治目标的统帅。企业各项任务都根据上级部门的命令来完成。企业内部机构庞杂臃肿，大量的闲杂人员无所事事。企业内部领导分权混乱、政企不分、党政不分情况严重，各部门间因相互牵制而产生矛盾，部门之间的钩心斗角、人浮于事造成了企业效率的低下。

同时对于民营企业来说，企业家也重视自己政治地位的提高，这和中国传统的商人地位不高的原因有关系。可以说在 20 世纪 90 年代以前，中国的商人还处于社会低等位置。中国的企业家在企业发展到一定阶段的时候，就开始重视自己政治地位的提高，希望通过这样的途径提高自己的地位也保障企业的顺利发展。所以企业的决策行为就具有企业家个人的理性特点，而不能用经济学里的理性来解释。他们的决策行为表现出有限理性、有限控制力和有限自利的特征，而这种有限理性是对决策者自己而言，在他们的价值观念和效用函数里面确实完全理性的。

（3）注重人际关系。

中国的企业文化，一般是把人际关系作为企业治理的中心。企业员工所看重的，是建立良好的同事关系，以取得社会和团体内部的认可和尊重，至于生产任务完成的多少、生产技术能力的提高与否、劳动生产率的高低，都没有放在首位来抓。企业管理人员关心的也是建立良好的上下级关系，树立良好的领导者形象，提高自己在群众中的威望，对生产情况的好坏，并没有放在一个十分重要的角度来考虑。在具体管理工作中，人情大于法理，科学管理必须在很大程度上迁就人事管理，管理的科学程度相对不高。在中国这样的文化氛围下的企业治理具有浓厚的人文色彩，在企业决策行为表现就是有限控制力。

（4）非制度化。

现代企业管理中，制度化是非常重要的一种管理方法和手段。但是，在中国相当数量的企业中，企业行为的许多操作程序都缺乏严格的规章制度来加以保证。企业运行过程中，起作用的往往是口头的承诺或约定俗成的东西，显得相当松弛、拖沓，不能适应现代化大工业生产整齐有序的管理要求，所以妨碍了企业生产的正常运行，也阻碍了企业劳动生产率的提高，企业职工的积极性得不到调动，不利于企业的进一步发展。

2. 中国企业文化特征下的治理结构和资本结构

（1）重视对企业的控制权。

中国的企业决策者更加重视的是对企业的控制权。国有企业的管理者在意的是自己的位置。他们的行为决策不能完全从企业利益最大化出发，也不能用完全理性下的个人利益最大化出发，因为很多利益是不能用经济利润来衡量的。有些人的控制欲望和权力欲望太强，那么在他们的效用函数里面，他们更加重视的是控制权，而不是经济上的最大化。于是在他们的行为决策里融资决策中必然体现这样的特点。所以国有企业是希望做大而不是做强，这样他们就有了更大的控制力。民营企业也希望做大，但是不愿意上市，害怕分散自己的控制力。在中国的治理结构和融资决策方面国有企业和民营企业就有很大不同，但是文化根源却是一致的。

（2）内部治理，权威主义。

正是受中国传统文化的影响，中国企业内部治理结构特征显著。企业决策比较个人主义，无论是国有和民营企业都是比较权威主义。一般决策由领导人说了算，下级人不会去参与决策，他们不愿意承担风险。下属就算知道决策有问题也一般不愿意提出来，很多的时候下级认为是对的就马上执行。认为是错的就边执行边看，而不是去反映和纠正。这样的情况就是中国文化中庸之道的充分体现。中国的企业就具有浓厚的内部治理色彩，这也必然影响到资本结构的形成。

第三节　社会文化对最优资本结构选择的影响

一、社会文化决定企业家的融资偏好

Modigliani 和 Miller（1958）在《美国经济评论》上发表的《资本成本、公司财务和投资理论》一文中提出了 MM 定理，开创了现代资本结构理论的先河。MM 定理认为，在完美资本市场和没有税收的情况下，企业的市场价值和企业的资本结构无关。此后的几十年中，学者们围绕 MM 定理进行了一场激烈的反驳与捍卫的争论。其中包括 Modigliani 和 Miller（1963）本人对 MM 定理进行的一项重要修正，即他们明确提出税收利益对资本结构有重要的影响。Stiglitz（1969）试图将破产成本、清偿成本等因素引入资本结构理论。他认为，在存在破产可能性的条件下，企业必须支付的名

义利率必定会随着企业负债的增加而提高，因此，MM 定理只是在极其严格的条件下才能成立。但是，Warner（1977）在对美国的 11 家宣告破产的铁路企业进行破产成本的实证研究时，却发现破产成本的作用远非人们所预计的那么大。

随着现代经济学的发展，越来越多的因素被纳入到资本结构理论中来。例如，Jensen 和 Meckling（1976）提出了代理成本理论；Ross（1977）、Myers 和 Majluf（1984）考察了非对称信息对资本结构的影响。因此，税差和破产成本逐渐被看作是影响资本结构两个较为重要的因素，而不再是全部决定因素。在资本结构理论不断丰富的过程中，实证研究并没有停止。Titman 和 Wessels（1988）用因素分析法对影响美国企业资本结构的因素进行了研究，Allen 和 Mizuno（1989）利用 1980—1983 年的数据研究了日本 14 个行业 125 家企业的资本结构的决定因素，Ozkan（2001）使用 390 家英国企业的面板数据研究了它们的资本结构决策行为。与理论研究一样，实证研究仍然得出了不一致、甚至相互矛盾的结论。

传统的资本结构理论之所以难以解释资本结构的成因，是因为这些理论忽视了资本结构的选择过程，并从最优资本结构的角度来分析资本结构选择。行为金融学在对人类行为进行了有限理性、有限控制力、有限自利的基本预设基础上，把行为者的感情因素、心理活动、社会规范、思维定势注入了投资预测和资产管理活动之中，认为这些因素都在人类的决策过程当中扮演着重要角色。行为金融学认为，人们在进行决策的时候，往往会选择一个决策参考点来判断预期的损益，而非着眼于最终的财富状况。在心理预期的过程中，人们会把决策分成不同的心理账户来考虑。实际上，企业的资本结构选择在很大程度上是由企业决策者（企业家或经理）决定的，作为一个自利主义的决策者，其融资决策也是一项代理行为，融资决策的目标是为了其个人利益最大化而非股东财富最大化，因此实际的资本结构并不等于最优的资本结构。而这种决策行为的作出是出于他个人利益的最大化。而决策者自身利益最大化的判断是有他主观方面的偏好，这种偏好的来源主要受到其教育、认知、心理等方面的影响，这些方面的因素就是由他所处的文化背景来决定的。本文就是通过行为金融学理论来搭建文化与资本结构关系之间的桥梁，具体作用机制是文化影响决策者的利益最大化偏好，利益最大化偏好又决定了企业决策者的资本结构选择。

传统的资本结构理论如 Grossman 和 Hart（1982），Jensen（1986），Stulz（1990），Hart 和 Moore（1995）等大都强调债务在减少经理和股东之间的代理冲突中的作用。债务增加了效率因为它防止经理为不赚钱的项目融资。与此同时，债务也有可能阻碍一些有利可图的投资机会，于是最优资本结构代表了在成本和收益之间有效率的平衡。

Novaes 和 Zingales（1995）明确提出应该从经理的角度检查资本结构决策，并认为，为了避免接管和破产，企业家选择的资本结构或偏离事前最优的资本结构。在这里也就是考虑到了影响经理资本结构决策的经理人本身因素。

Novas 和 Zingales（1995）的研究提到了决策人的目标是最小化失去控制权的可能性，并没有强调为什么决策人不愿失去控制权。他们忽视了企业家的控制权私人利益因素以及社会文化的影响，不同的文化下对控制权的要求或者说控制权对经理人的效用并不同。我们认为，经理人对融资结构选择的目标是最大化其私人收益，同时受到控制权争夺的威胁。而经理人的私人利益最大化目标以及控制权效用都会受到他价值观的影响，这样的影响可以从行为金融学的角度去理解，其成因与经理人的社会文化息息相关。

但是这些理论留下没有解决的问题，即谁将选择这个最优资本结构，他选择这样的基本结构的动机形成主要受什么因素的影响。它们强调了债务在减少经理和股东之间代理问题的作用，但是忽略了债务本身的选择也受制于代理问题。在理性人的假设下，利己主义的经理永远都是以追求个人利益最大化为目标。因此，本文认为，当企业家掌握控制权时，债务的选择行为是为了满足企业家个人利益最大化的目标。因此，融资决策本身也是利益最大化的追求行为。这个行为是企业家基于本身的感情因素、心理活动、社会规范、思维定式等行为金融因素的考量而形成其独特的利益偏好。这种利益偏好的形成与企业家的教育背景和社会文化背景有很重要的关系。

我们可以有这样的思路：资本结构是决策者基于自己利益的选择。企业的决策者要么是企业家自己要么是经理人。社会文化决定企业家或经理人利益偏好，利益偏好决定他的行为金融选择，最后决定他在企业中的融资偏好。社会文化对最优资本结构的影响如图6-1所示。

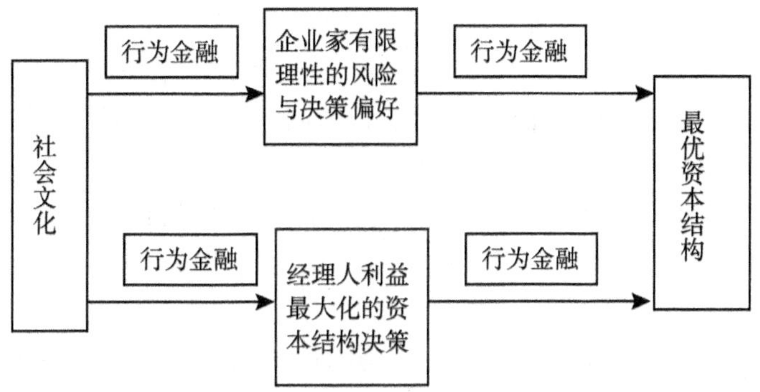

图6-1　社会文化对最优资本结构的影响

二、社会文化对最优资本结构选择影响分析

（一）社会文化对企业家决策的最优资本结构选择影响

假设当企业家持有控制权时，外部股东是完全分散的，不存在任何监督激励。当企业家实行股权融资时，仍然会保持分散的外部股东，避免大股东的出现夺走自己的控制权力，因此，一般情况下，股权融资的结构并不是企业家所关心的内容。在融资结构中，企业家最关心的是企业的财务杠杆，因为财务杠杆跟企业接管和破产风险存在密切的关系，这两种事件的发生会直接威胁到企业家的位置。因此，企业家掌握控制权时，会利用财务杠杆减少外在的威胁，并且最大化自己的个人收益。

假设企业家自己拥有企业的控制权并自己亲自经营企业，企业不存在与经理人的代理关系。资本结构的变化以及财务杠杆的增加既能带来税盾效应，又会增加企业破产的风险，因此，最优的债务水平是在破产成本和税盾效应之间的权衡。但是，企业家的融资决策中，财务杠杆是为了避免接管威胁和减少破产风险的条件下最大化其私人利益。

假设企业两期收入 y_1、y_2，对应的时间为 t_1、t_2。假设两期收入中企业价值不会受到外部冲击的影响，而是受到资本结构的影响，两期企业的资本结构用 e_1、e_2 表示，$e \in [0, 1]$。假设两期企业总资本不发生变化，资本总量为 L。经理的努力水平在两期中也是相同的，$y_1(e_1) = L$；t_2 期的企业价值同 e_2 有关，资本结构为 e_2 的企业后期价值为 $y_2(e_2)$，企业家为了提高企业或者个人的利益水平①才把资本结构从 e_1 调整 e_2。因此认为 t_2 期的企业价值总是会大于 t_1 的企业价值，即 $V_2(e_2) \geqslant V_1(e_1)$（$V_1$ 和 V_2 为两期的企业价值）。

在这里要关注的不是资本结构的调整而引起了企业价值的变化，而是关注于企业家为什么要进行资本结构调整，企业家调整资本结构的原因是什么，以及最优的企业资本结构的形成受企业家本身哪些因素的影响。这里面最重要的应该是企业家对企业价值的判断，企业家会用自己的偏好去判断不同资本结构下企业价值的优劣，从而得到他认为最大的企业价值以及最优的资本结构。理性的有限性下的人最关心的是自己的利益，而不是别人的，同时人的利益不仅包括物质利益，在很多时候，精神利益甚至高于物质利益。人不是单纯追求物质本身的，更多的时候，人追求物质本身的象征意义。所以不同的企业家对同一物质利益下企业价值的效用认同是有差别的。所以我们在这里引入一个企业价值效用并用 U 表示。

影响 U 的因素除了 V 外，还有一个外部因素，这里我们认为企业家的个人偏好主要受其文化背景的影响，正是这个个人偏好会影响到 U。这里文化的影响因素用 h 表示，h_0 表示企业家的文化类型。所以在 t_1 时期企业价值给企业家带来的效用为 $U(V_1, h_0)$，t_2

---

① 在这里假设企业家个人利益和企业利益水平相当。

时期企业价值给企业家带来的效用为 $U(V_{2,}h_0)$ ，并有 $U(V_{2,}h_0) \geqslant U(V_{1,}h_0)$ 。对于任何的 h 都有 $U(V_{2,}h) \geqslant U(V_{1,}h)$ 。

到这里我们就可以看到 e 的调整要达到两个目的，第一，一般人都可以理解的企业价值要有提升，任何一个理性经济人在价值会有提升的时候才会去调整资本结构。第二，从有限理性视角出发，在文化影响下的有限理性的企业家还要求企业价值的改变能给他本身带来更高的效用。

企业资本结构提高的动力，就是要达到 $V_2(e_2) \geqslant V_1(e_1)$ 和 $U(V_{2,}\ h_0) \geqslant U(V_{1,}\ h_0)$ 的目的。但是，即使企业资本结构提高带来企业价值的增加，企业资本结构提高也并非总是有利可图的，因为企业资本结构提高是存在成本的，只有当企业资本结构提高收益大于企业资本结构提高成本时，企业资本结构提高的激励才存在。设 c 为企业资本结构提高的成本，企业资本结构提高的成本取决于控制权市场的成熟程度、法律的支持、股权的集中程度和股份的流动性等多方面因素。

企业家私人收益 $B=\rho\theta$，$\rho \in (0,\ 1)$；企业债务为 D，税盾效应 $D_s=tD$，$t=rT_{tax}$ 。资本结构改变影响到企业家对企业的控制权，使得企业破产风险加大，不同企业家会在企业价值和风险之间找一个平衡点。这个平衡点的选择应该就是基于企业家有限理性的偏好。本文认为该种偏好正是由文化因素 h 决定的。假设 θ_D 为 t_2 时期企业在面临破产边界时的外部冲击状态，(y_1+y_2-B) 表示税后收益，企业破产条件 $(y_1+y_2-B+D_s) \leqslant D$；因此 $\theta_D=[(1-t)D-y_2(e_2)]/(1-\rho)$；在 t_2 时期企业资本结构为 e_2 面临 $\theta \in [0,\ \theta_D]$ 时，企业就会破产，在这里破产风险可以用 $(y_1+y_2-B+D_s)-D$ 的大小表示。企业家就是要在 $B=\rho\theta$ 与 $(y_1+y_2-B+D_s)-D$ 之间找到一个平衡点，从而决定最优的资本结构水平。而这个平衡点的选择受到企业家风险偏好的影响，这种风险偏好的形成主要受到文化①的影响。

---

① 这里的文化就是前文社会文化的概念，是一个泛指，它包括企业家的家庭社会背景，所受的教育方式与水平等诸多因素。

这里需要指出的是由于风险偏好的存在，以及有限理性下的企业家的决策条件，企业家的决策一般不会真的选择在破产风险最大 $(y_1+y_2-B+D_s)\leqslant D$ 的条件下来最大化自己的收益。他会在风险与收益上做一个有自己有限理性偏好水平下的一个平衡点。正是因为这样的有限理性下的风险偏好的差异，我们就不能从完全理性出发来做一个准确的企业家的最优资本结构分析。但是通过分析可以得出一些影响资本结构决策的重要因素。

资本结构变化以及财务杠杆上升增加了税盾收益，企业家的目标就是找到合适的资本结构水平最大化企业价值和实现本身效用的最大化。也就是在风险与收益中找到一个均衡。

在中国企业有比较强的家族企业文化的特点，企业的决策权一般就是由企业家自己掌握，表现就是中国的企业里面董事局掌握一切决策权利，董事长就是企业的决策者。所以企业家愿意选择一个新的资本结构就要满足下面的条件：

$$V_2(e_2)\geqslant V_1(e_1) \tag{6.2}$$

$$U(V_{2,}\ h_0)\geqslant U(V_{1,}\ h_0) \tag{6.3}$$

同时在新的资本结构下，企业家的收益给他的效用要大于风险的效用。式（6.3）可以表示为：

$$U(V_{2,}\ h_0)=U((y_1+y_2-B+D_s)-D,\ h_0)\geqslant U(V_{1,}\ h_0) \tag{6.4}$$

本文认为只有资本结构调整在满足上面两个条件的时候企业家才会进行。如果不考虑到企业家的非理性偏好，那就只要求 $V_2(e_1)\geqslant V_1(e_1)$ 或者 $(y_1+y_2-B+D_s)-D\geqslant 0$ 时，企业家就会进行。$V_2(e_2)\geqslant V_1(e_1)$ 这个约束的意义不大，这样就可以计算出一个资本结构调整的临界点 D^*。一般在 D^* 这个不威胁到企业破产的临界点下的资本结构都不是最优的。企业家就是在找 $D>D^*$ 这样一个临界点，此时财务杠杆越高企业的价值也越高，同时企业面临接管或破产的风险加大。但是我们大体选择一个什么样的主要由第二个约束条件 $U(V_{2,}\ h_0)\geqslant U(V_{1,}\ h_0)$ 来决定。但是企业家的非理性的因素无法估算对决策效用的精确影响。正是由于 $U(V_{2,}\ h_0)$ 函数的不可测性导致了现实中企业最优资本结构的差异。企业家并不都会完全追求同样水平的资本结构。企业家面临的资本结构变化企业价值的变化同时面临着控制权和企业风险的变化，而控制权和企业风险的变化对于有限理性的企业家来说是不可测的，所以在对最优资本结构进行选择的时候就存在个体差异。

得出的结论是，企业家在做决策的时候，企业的资本结构由企业家的效用函数决定，主要是由企业家对控制权和风险的偏好来决定的。而这种偏好由文化决定。东方的文化偏向保守与风险厌恶，所以中国的企业家在最优化资本结构的时候并不会选择很高的财务杠杆。西方的文化比较自由与开放，西方文化偏向开放与风险偏好，所以现代西方企业家在选择最优化资本结构的时候会选择很高的财务杠杆。文化不同决定选择的最优化的结构不同。

（二）文化对经理决策的最优资本结构选择的影响

在国际上很多的现代企业是经理人拥有企业的决策权力，在很多发达国家有比较完善的职业经理人制度。当经理人拥有企业决策权力的时候，也许可以用一个比较理性的眼光来看待资本结构优化的问题，也就是考虑经理的利益，假设他的收益分为两部分，一是在位时的固定收益 $\overline{w}$，包括稳定的货币收入和社会地位等非货币收益，二是不稳定的私人收益 B，这部分收益随企业的绩效变动，企业业绩越好，得到的私人利益就越多，我们假设私人利益受外部冲击的影响 $B=\rho\theta$，$\rho \in (0, 1)$ 为常量。经理人的目标就是最大化 $(\overline{w}+B)$，即是最大化私人收益部分 B。

我们就可以理性的最大化经理人的决策收益。经理人和企业家一样都会想经营好一家企业。企业家经营企业出问题的时候就面临破产和接管威胁，经理人经营不善的时候面临的是被撤换的威胁。这里假设企业股东撤换经理人的成本为 c。经理人改变企业资本结构的动力是最大化其私人收益的同时要保证自己的职位，所以经理人决策时的资本结构最优化条件如下。

（1）最大化私人收益。

$$MaxEU(D)=\int_0^{\theta_D}0d\theta+\int_{\theta_D}^1(\overline{w}+B)d\theta=\int_{\theta_D}^1(\overline{w}+\rho\theta)d\theta \quad (6.5)$$

（2）避免自己被撤换的风险。

$$\Delta V(D)<c ① \quad (6.6)$$

因为经理人要避免的是被撤换，所以我们先考虑 $\Delta V(D)<c$ 的条件约束。

$$\Delta V(D)=V_2(e_2)-V_1(e_1)<c \quad (6.7)$$

经理人被撤换的临界点就是

$$\Delta V(D)=V_2(e_2)-V_1(e_1)=c \quad (6.8)$$

由于 $\theta_D\in[0,\ 1]$，令 $\theta_D=0$，得到 $D_p=\frac{y_2}{1-t}$

当 $D\in\left[0,\ \frac{y_2}{1-t}\right]$ 时，企业是安全的，企业的债务结构不会有破产的风险，但是企业的价值可能会没有提升，所以经理人要最大化企业价值并让股东满意的话也就是不能把债务水平停留在这样的阶段。

当 $D>\frac{y_2}{1-t}$ 时，企业存在了风险，债务结构过高，这个时候经理人面临了企业可能为接管的风险，这个时候债务的上升会带来接管收益的边际损失增加，接管的临界点为 $\Delta V(D)=c$。当 $\Delta V(D)>c$，即 $D<D^*$ 时，接管才会发生，经理被替换掉；经理掌握控制权，为了避免接管的发生，会提高 $D>D^*$，从而 $\Delta V(D)<c$，即接管无利可图，经理人才会继续在位。因此，我们可以得到以下结论：当经理人面临接管威胁时，最优的选择就是尽可能提高企业债务水平，从而降低接管收益，防御接管的发生。

现在再关于 θ_D 求 $F.O.C$，得：

$\frac{dU}{dD}=-\overline{w}-\rho\theta_D$，而 $\theta_D\in[0,\ 1]$，所以 $\frac{dU}{dD}<0$，即债务水平

---

① 当企业的股东可以联合或者来自控制权市场的大股东发现接管有利可图时（$\Delta V(D)>c$），就会接管企业替换更为合适的经理人，此时也会得不到任何收益。

越低，经理人效用越高。

因此，可以选择最优的债务水平 $D=0$；但是，当 $D \in \left[0, \frac{y_2}{1-t}\right]$ 时，$\theta_D=0$；也就是说，最优的债务水平可以是 $D^*=D \in \left[0, \frac{y_2}{1-t}\right]$ 中的任一债务水平。但是如果经理选择了这样的低的资本结构水平显然是没有实现企业的价值，这样的选择只有在经理人没有任何撤换威胁时，才会将债务水平降到最低程度，以降低破产风险的约束。

所以可以得到这样的结论：只要存在经理人被撤换的风险的时候，企业经理人会选择高的资本结构，当经理人是很安全时①，经理人会选择很低的债务水平。

文化又如何影响到经理人决策的最优资本结构选择呢？上面得出的结论是经理人会根据他的外部环境（是不是面临被撤换威胁的时候）作出他的最优的资本结构选择。这种外部环境就是社会文化的一部分，他是受社会文化的影响的。这种外部环境就是公司的治理结构问题。具体来说，在不同的文化环境下，企业的经理人面临的被撤换的风险是不同的，尽管在同一文化下也会有差异，但是总体来看同一文化环境下的企业有相同的特点。比如在中国文化中就有不求有功但求无过的思想，这样的文化也体现在企业的决策里面，经理人只要没有过就不会被撤换掉，所以经理人选择比较低的资本结构水平来最大化收益的同时又不存在被撤换。在西方发达国家已经建立起比较完整的委托-代理制度，经理人不能只求无过还要有功，如果企业没有业绩同样会被撤换掉，所以在西方文化环境下的经理们会选择比较高的资本结构水平，来在自己的收益与风险中寻求一个平衡。

另外经理人本身的决策行为也会受到文化的影响。经理人在选

① 经理人经营的过程只要企业不破产就不会被撤换，股东并不在意企业的价值提升的时候。

择什么样的资本结构的时候也一定是考虑决策给他带来的效用后作出的。

通过这一节的分析我们大致可以得出这样的结论：首先，文化是直接影响决策者的有限理性的行为然后来影响企业的最优资本结构选择，这点在企业由企业家自己掌控的时候表现得最为明显。其次，文化会影响企业的治理结构从而影响到企业者的决策风险，最终影响企业的最优资本结构的选择，这在企业控制权在经理人手上的时候表现得很明显。

三、中国文化与最优资本结构选择

中国儒家思想中的伦理道德标准。不但影响着中国整个政治制度的发展，也影响着中国企业文化和企业决策者的行为。中国的现代民营企业都是以家族企业的形式出现而不是西方的所有权和经营权分离的现代企业制度，这种东西方的差异更多的是文化选择的结果。自然而然中国企业决策者的决策行为也深深打上了文化的烙印。

（一）决策者关心企业和个人的利益但更重视企业的控制权

企业的根本目标是利润，所以西方国家的企业家的价值观是如何赚更多钱而不是太在意这个公司是姓什么由谁在治理。而受中国文化熏陶的中国企业家更加喜欢的是把企业的决策权掌握在自己手上。他们关心的是企业跟不跟他姓，他是不是企业的最高决策者。在比较其经济利益来说也许他们更加重视自己地位的体现。这种地位的体现不仅包括他在自己企业的绝对权威，也包括他能达到的社会地位。中国的商人都想成为政治家，这不能不说这是中国文化下的一大特色。

中国的企业决策者更加重视的是企业的控制权。国有企业的管理者在意的是自己的位置。他们行为决策不会完全从企业利益最大化出发，也不会从完全理性下的个人利益最大化出发。因为很多利益是不能用物质利益来衡量的。有些人的控制欲望和权力欲望很大，那么在他们的效用函数里面，他们更加重视的是控制权，而不是经济上的最大化。于是在他们的行为决策和融资决策中必然体现这样的特点。所以国有企业是希望做大而不是做强，这样他们就有了更大的控制力。民营企业也希望做大，但是不愿意上市，害怕分散自己的控制力。在中国的治理结构和融资决策方面国有企业和民营企业就有很大不同，但是文化根源却是一致的。

中国的企业家们更加重视个人的地位和权力，如果用"经济人"理性来分析中国企业家的决策行为那估计就是没有了解中国的文化特色。这也是为什么很多做得很好的中国家族企业他们的决策行为有其特殊性。这种控制权给企业决策者们带来很大的满足效用，而经济上的利益反而不是他们最先考虑的。所以就不能简单地用经济利益最大化模型来求得最优资本结构。正是由于这种对控制权的重视，即便是建立了现代企业制度的中国企业，无论是企业家还是经理人都会以保守的态度来进行财务决策。

（二）企业的治理结构的家族式而非经理人制

中国传统文化讲究子承父业，企业权力也自然要代代相传绝对不能落入别人的手上。要保证企业的绝对控制权就必然采取保守的财务结构。于是在中国儒家文化的影响下，民营企业基本都是家族企业。家族企业的一个核心特征是家族所有和家族控制，即企业所有权和经营合一。有数据显示，在整个儒家文化圈都有这样的特点。东亚地区最大的 15 家家族控股公司的市值占其国内生产总值的比例分别为：中国香港 84.26%、马来西亚 76.2%、新加坡 48.3%、菲律宾 46.7%、泰国 39.3%、印度尼西亚 21.5%、中国台湾 17%、韩国 12.9%。

中国企业这种紧密的血缘亲情关系是不可能用制度来代替的，很难看到有完善的制度，因为中国人认为制度代表着不信任，而人情的价值恰恰就是信任。在这样的一个企业制度下，他们的公司治理照搬美国的模式肯定是行不通的。企业决策者的价值标准也就不同于西方文化的行为价值标准。他们在进行融资决策的时候具有中国文化特征。他们的效用函数里面把个人的权利、家族的利益，以及个人的社会地位看得比较重要。而不是单纯把经济利益放到第一位，所以他们的资本结构有自己的特征。具体来说，家族企业的股份制是家族股份制，不愿意上市来获取资本。因为他们害怕控制权被削弱。同时他们也害怕举债，他们愿意通过自己的资本积累来实现企业的做大做强，所以他们的资本结构里面同样是债务资本比重较低，而股权资本比较集中。在中国就算是上市公司也要至少占有20%以上的股份才能对企业有绝对的控制权，而在西方国家可能拥有 5%甚至更低的股份就可以控制一家企业。

（三）中庸文化与决策者的风险厌恶

中国的中庸之道可以算是中国文化的精髓。企业家和经理人在治理公司的时候也会运用这样的思想。特别是那些从别人那里接过决策权力的企业家和经理们害怕冒险、害怕风险。他们的经营之道更多的时候不求有功但求无过，这一点可能在国有企业里面表现得最明显。因为对国有企业来说决策成功的利益是集体的，而决策失误的过失是个人的。所以那些经理们更多的是采取保守的经营策略。

同时建立了现代企业制度的国有大型企业的经理们，他们被撤换的威胁比较小，根据本章第二节的分析我们知道这个时候他们的最优资本结构选择为将债务水平降到最低程度，以降低破产风险的约束。因为只要企业不破产，他就还是经理，还是企业的控制者。在这样文化下的企业决策者天生就是风险厌恶的，所以最后他们的资本结构选择一定也是保守的。

通过以上分析，我们得不到一个具体的适合中国企业文化的最优的资本结构，但是通过分析我们知道在现在的中国文化下，企业家和经理们的最优资本结构选择是选择较低的资本结构水平来维持他们的控制权和利益。这是一种文化偏好决定的。如果说这种选择是不好的，那么只能改变这种文化环境才可以改变这种资本结构的选择。

第四节 结论与政策建议

以行为金融学理论为基础，通过研究分析社会文化对企业决策者决策行为的影响，可以分析得出一个新的观念。受社会文化影响的企业决策者不再是传统经济理论分析的具有完全理性的“经济人”，而是具有有限理性、有限控制力和有限自利特征的“社会人”，于是社会文化将影响企业决策者的效用函数。我们从企业决策者是“社会人”这个特征出发，来推导社会文化如何通过影响企业决策者的效用函数从而影响到企业的资本结构。我们分析认为在社会文化影响了企业决策者的效用函数的前提下，企业决策者融资决策的作出就不再是通过融资成本最小化求得，而是通过企业决策者的效用函数最大化来求得。本章建立了一个决策者效用最大化模型来分析社会文化是如何通过影响决策者的决策行为的效用函数从而影响资本结构。然后研究分析不同文化下的公司治理结构和资本结构特征，来论证了文化通过影响决策者的决策函数最后影响到了公司的治理结构和资本结构。得出的结论是公司的治理结构和资本结构必须和他们的文化相适应。我们在公司治理资本结构选择上不能照搬某个理论或者某个国家的经验，而是要找到适合本国文化特点的公司治理模式和资本结构。对于中国文化背景下的公司治理和资本结构选择有如下建议。

一、要重视企业的产权问题和制度问题

对于中国民营企业和国有企业都要解决产权不清的问题。国有企业产权不清尤其明显，国有企业只知道产权是国家的，但是具体是谁的由谁来控制却不清楚，在很多的情况下会出现地方与地方，地方与中央的矛盾。家族企业产权对外可以说非常清晰，即企业全部或者大部分为家族所有。但是，在家族内部，家族企业的产权却不够明晰甚至是模糊的，它没有把产权落实到个人，这种家族内部产权不清为家族企业以后的内部争端埋下了伏笔，特别是当企业发展到一定程度时，每个人对待荣誉和金钱的看法也会有分歧。在这

种情况下，即使是亲兄弟之间、父子之间都难免出现反目现象，甚至另立门户。在中国家族企业里，这是屡见不鲜的事情。

其次就是制度问题。大部分的中国企业没有完善的现代制度，即使有制度，也只是挂在墙上，实际却不按制度办事，制定制度只是走过场、搞形式。归纳一下，中国企业存在的制度问题主要有以下两方面。

一是任人唯亲。大多数企业都有任人唯亲的传统，过分信任和依赖一小群亲属，无原则地重用没有能力的亲属。任人唯亲的后果，一方面使管理混乱，制定的规章制度难以执行；另一方面又会使一些非信任成员但有才能的人对企业失去信心，纷纷离去，结果企业必然丧失生机和活力。

二是家长作风。由于产权的“一股独大”，中国企业实行的多是高度集中的管理体制。“一把手”拥有绝对的决策权，不少领导者存在着家长作风，他们的决策行为以经验决策为主，使企业的投资决策存在较大风险。

从文化根源上讲，中国传统文化十分强调伦理道德，这种观念在“重仕轻商”的封建社会表现得淋漓尽致。先秦的世袭制，从天子诸侯到公卿大夫，都是依靠血缘关系，祖、父、孙世代相承。一人为官得势，家族中父兄子侄、家庭外姻亲故旧都可以跟着得到好处。这种“一人得道，仙及鸡犬”的家族传统表现在今天的商业领域就是：创业依靠家人，成长之后惠及家人。因此，中国企业对与自己有血缘关系和亲戚及朋友关系的人总是多加照顾。此外，由于中国处于低信任度文化中，人们对与自己有关系的人自然产生一种信赖，而对没有关系的人却产生隔阂，因此在法制不完善的中国，中国企业宁愿让没有能力但令人信任的人担任重要职位。

家长作风的基础是家族主义和专制主义的传统文化。中国的封建社会以封建宗法家族制为基础，在国家中，老百姓是皇帝的臣民，皇帝是普天下威严无比的权威，是国家的最高统治者。作为国家缩影的家族，同样强调的是族长的绝对权威，族人必须绝对服从和崇拜族长。这种传统产生了依赖和接受等级制度的社会规范，表现在中国企业就是员工对企业主的绝对服从。

二、大力发展资本市场，特别是债券市场

最近几年，股市不断扩容，上市公司规模已经很大，有效的资本市场正在逐步形成。但资本市场仍存在较大缺陷，一是上市公司中占总股本60%以上的国有股权还在资本市场上流通；二是大量非国有企业未能成为上市公司，抽样调查表明，我国上市公司中大概只有6%的公司没有国有股；三是上市公司退出机制尚未形成。因此，造成上市公司优于非上市公司获得优惠融资权。所以，发展资本市场，应根据公平、公正、公开的原则，核准一切要求上市而符合条件的公司上市，不论是国有企业还是非国有企业。只有形成供求相对平衡的资本市场，企业融资才能真正地比较判断融资成本，选择融资方式，实现资本结构最优。

企业债券市场是资本市场的重要组成部分。经济效益好的企业融资，债权融资应是首先要考虑的，因为债权融资有抵税作用，可以获得税收优惠，使融资成本降低。近几年来，企业债券市场虽有发展，企业债券总规模每年增长，但企业债券占融资比重很低，影响企业融资效率，也不利于促进企业改善资本结构。因此，大力发展资本市场，特别是发展债券市场，是优化资本结构的前提条件。

三、根据企业价值最大化要求，确定最优资本结构

虽然本章研究的结论是社会文化影响了决策的行为函数，从而决定了企业的治理结构和融资偏好。但是我们就是要限制这种有限的理性行为，要让我们的决策者回到完全理性。或者说通过企业的激励机制使得决策者的效用函数和企业的利益保持一致，理顺资本结构与企业价值关系，只有当资本的使用者使用任何资本都必须支付其真实的社会成本，从而不存在免费资本时，才能更好地选择资本结构。

◎ 参考文献

1. Allen，D. E.，Mizuno，H. The Determinants of Corporate Capital Structure：Japanese Evidence. Applied Economics，1989，21（5）：

569-585.

2. Assar Lindbeck. Incentives and Social Norms in Household Behavior, The American Economic Review, 1997, 87 (2): 370-377.
3. Brennan, Michael J. Corporate Finance Over the Past 25 Years. Financial Management, 1995, 24 (2): 9-22.
4. Hanming Fang. Social Culture and Economic Performance. The American Economic Review, 2001, 91 (4): 924-937.
5. Hannu Ruonavaara. Moral Regulation: A Reformulation. Sociological Theory, 2002, 15 (13): 277-293.
6. Harris Milton, Raviv Artur. The Theory of Capital Structure. The Journal of Finance, 1991, 46 (1): 297-355.
7. Jerome Rabow, Y. Shibuya. The Role of Social Norms and Leadership in Risk-Taking. Sociometry, 1966, 29 (1): 16-27.
8. Jon Elster. Social Norms and Economic Theory. The Journal of Economic Perspectives, 1989, 3 (4): 99-117.
9. Leslie A. White. The Concept of Culture. American Anthropologist, 1959, 61 (2): 227-251.
10. Michael C. Jensen, William H. Meckling. Theory of the Frm: Managerial Behavior, Agency Costs and Ownership Structure. Journal of Financial Economics, 1976, 3 (4): 305-360.
11. Dawson E. Brewer, Jacob B. Michaelsen. The Cost of Capital Corporation Finance and the Theory of Investment: Commet, The American Economic Association, 1965, 55 (3): 516-524.
12. F. Modigliani, M. H. Miller. Corporate Income Taxes and the Costof Capital: A Correction. American Economic Review, 2010, 53 (3): 433-443.
13. F. Modigliani. MM-past, Present, Future. American Economic Association, 1988, 2 (4): 149-158.
14. Myers, Stewart C. The Capital Structure Puzzle. Journal of Finance, 2010, 39 (3): 575-592.

15. Ozkan, A. Determinants of Capital Structure and Adjustment to Long Run Target: Evidence from UK Company Panel Data. Journal of Finance & Accounting, 2001, 28 (1-2): 175-198.
16. Richard A. Posner. Social Norms and the Law: An Economic Approach. American Economic Review, 1997, 87 (2): 365-369.
17. Stiglitz, Joseph E. A Re-Examination of the Modigliani-Miller Theorem. The merican Review, 1969 (59): 784-793.
18. Titman, S., Wessels, R. The Determinants of Capital Structure Choice. Journal of Finance, 1988, 43 (1): 1-19.
19. J. F. Weston Development in Finance Theory. Financial Management, 1981, 10 (2): 5-22.
20. 胡国柳，黄景贵．资本结构选择的影响因素——来自中国上市公司的新证据．经济评论，2006（1）：35-40.
21. 沈艺峰．资本结构理论史．北京：经济科学出版社，1999.
22. 汤洪波．现代资本结构理论的发展：从MM定理到融资契约理论．金融研究，2006（2）：70-77.
23. 张继平．制度转型的文化制约：文化社会学的一个分析．社会科学战线，2006（2）：295-298.
24. 张林超、张新英、柴效武．从文化的视角看国外典型公司治理模式．技术经济与管理研究，2005（1）：42-43.
25. 张维迎．文化：一组人群行为规范的稳定预期和共同信念．读书，2000（8）：59-64.
26. 张维迎．法律制度的信誉基础．经济研究，2002（1）：3-13.